나도 그들을 따라 혼백이나마 조국의 독립을 위한 투쟁을 멈추지 않을 것이다. 그 어떤 권력도 누구를 지배할 수 없다. 다른 누군가를 지배할 권위를 부여받은 자는 그 누구도 없다. 본문에서

김상옥 의사 가족들.
맨 뒷줄 왼쪽에 부인 정진주 여사, 그 옆에 장남 태용이 서 있고 맨 앞줄 왼쪽에서 세 번째 자리에
딸 의정이 앉아 있다.

김상옥 의사 장남인 태용.

김상옥 의사 어머니인 김점순 여사.

김상옥 의사가 폭탄을 던질 무렵 종로경찰서.

종로경찰서에 폭탄을 던진 후 피신한 삼판통 집.

김상옥 의사와 동지들.
왼쪽 위부터 시계 방향으로 김동순, 서대순, 신화수, 정설교, 이창규(왼쪽)·이혜수 자매, 윤익중.

김상옥 의사와 동지들의
아지트가 되었던 영덕철물점.

혁신공보 제34호.
김상옥 의사와 동지들은 3·1운동 이후 혁신공보를 펴내 일제 식민지 정책과 해외 독립운동 소식
을 알려 민족에게 독립 의식을 심어 주고자 했다.

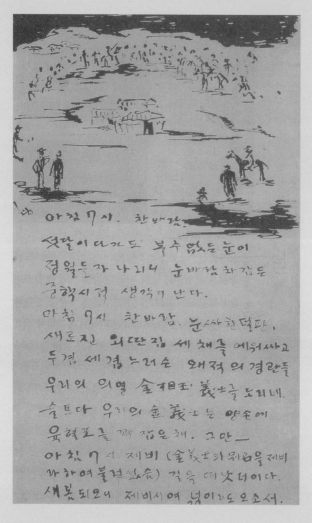

아침 7시. 찬바람.

섯달이 더가도 복수없든 눈이
졍월들자 나리니 눈바람 차겁든
중학시젘 생각이 난다.

아침 7시 찬바람. 눈ㅅ사히 덕판,
새로진 외단집 세 채를 에워싸고
두겹 세겹 느러슨 외젘의 경관들
우리의 의열 金壯조·巖士들 노리네.

슬프다 우리의 金義士는 양손에
육혈포를 꽉 잡은 채. 그만ㅡ

아칫 7시 제비 (金義士의 別名을 제비
라 하여 불렀음) 길을 떠낫더이다.
새봄되오니 제비시여 넘이라도 오소서.

구본웅 화가는 중학생 때 김 의사가 자결하기 직전 효제동에서 벌어진 최후의 격전 장면을 보았
다. 우리나라가 해방되자 당시 기억을 살려 그림을 그렸고 시화집 『허둔기』에 스케치와 시를 함
께 실었다.(한국데이터베이스진흥원 제공)

역사인물도서관 3

김상옥 이야기

역사인물도서관 3 김상옥 이야기

경성을 쏘다

이성아 글

북멘토

일러두기

□ 외래어는 국립국어원의 '외래어 표기 원칙과 표기 용례'를 따라 적었습니다. 용례가 없는 외래어는 한자를 함께 적어 이해를 도왔습니다.

□ 별도의 표기가 없는 사진 자료와 연보의 기초 자료는 김상옥의사기념사업회의 도움을 받았습니다.

□ 이 책에서 김상옥 의사가 암살단 거사에 필요한 군자금을 모집한 일화, 반민특위 재판정, 황옥·김시현과 거사를 주도한 이야기 및 주변 인물의 관계 등은 부분적으로 작가의 상상력에 의해 쓰여진 허구임을 밝혀 둡니다.

-차례

다시 태어나도 이 길을
(1923년 1월 12일 ~ 17일)

1장

◆

개명

김태석, 1949년 반민특위 재판정

닭 집에 닭이 없다

개명

전깃불이 처음 들어왔을 때를 기억한다.

종로통에 우뚝 솟은 시계탑도.

시계탑은 밤하늘의 중심 북극성처럼 어디에서나 보였다. 동대문 밖 창신동 집 마당에서도, 미아리 고개 너머 십 리나 떨어진 무내미 이모 집에서도, 영천 서대문 지나 무악재 너머 녹번동 숙부 집에서도 보였다. 시계탑은 지상의 우주였다. 신기루처럼 아득한 북극성이 아니라 손만 뻗으면 닿을 것 같은 현실이고 실체였다. 그리고 꿈이었다.

시계탑 건물은 종로통에 세워진 신식 건물이었다. 초가집이나 기와집과는 차원이 달랐다. 2층으로 지어진 육중한 석조 건물 위에 거대한 원통형 탑이 있었다. 마치 우물을 올려놓은 것처럼 보였다.

올빼미 눈 같은 시계가 거기에 박혀 있었다. 외눈박이 올빼미 눈은 보이지 않는 시간을 보여 주려는 것 같았다.

2층짜리 석조 건물은 전기회사라고 했다. 전기회사라니. 그건 또 얼마나 이상한 느낌인지. 그곳 어디를 둘러봐도 전기를 늘어놓고 팔지는 않았다. 어느 날, 고무줄 같은 걸 길게 연결하고 유리로 된 풍선 같은 걸 매달자 방 안이 대낮처럼 환했다. 아니, 대낮보다 불 켜진 밤이 더 눈부셨다. 그런 게 개명일까? 누구나 입만 열면 개명이란 말을 떠들어 댔다. 개명된 세상이 온다고 했다. 조선인들은 미개하므로 개명을 해야 된다고 사람들은 말했다. 황제도 밤마다 전깃불을 환하게 켜 놓고 노래를 부르며 논다는 말이 떠돌았다. 개명 세상이 너무 즐겁고 기뻐서 밤마다 잔치를 벌인다고 했다. 동네 형들과 덕수궁까지 갔지만 황제가 노래하며 노는 모습을 보지는 못했다. 동대문에서 덕수궁까지 이어진 밤길을 군데군데 켜진 가로등이 밝혀 주었다. 캄캄한 밤, 불빛은 은총처럼 부드럽고 자비로웠다.

시계탑은 점점 자라는 것 같았다. 경성도 시계탑처럼 점점 자라고 있었다. 전봇대가 장승처럼 일렬로 늘어서고 전기가 피돌기를 하듯이 큰길에서 작은 길로 작은 길에서 골목골목까지 휘감고 돌았다. 전기 닿는 곳마다 불꽃처럼 개명 세상이 펼쳐졌다. 확성기에서 음악 소리가 흘러나오고 상점 가판대 불빛 아래에는 바다를 건너온 알록달록한 상품들이 진열되고 알싸한 유색 음료가 입안에서 폭죽처럼 터졌다. 개명은 심청이 아버지가 눈을 뜨는 것처럼 천지가 개벽을 하는 일이었다.

낙산에서 내려다본 경성은 술떡처럼 부풀어 오르고 있었다. 어쩌면 술에 취해서 부풀어 오르고 있는 것일지 몰랐다. 눈자위에 핏발이 선 채.

외눈박이 올빼미 눈에도 핏발이 서 있었다. 누구에게나 똑같이 흘러 아름다웠던 시간과 불빛은, 집 안 깊숙한 어둠까지 여지없이 파고들어 피할 수 없는 감시의 눈길이 되었다. 그것은 언제 터질지 모르는 뇌관처럼 경성 사람들의 가슴속에서 째깍거리고 있었다. 돌이킬 수 없다는 것을 느꼈을 때는 모든 것이 늦어 있었다.

1915년, 전기를 팔던 시계탑 건물이 종로경찰서로 바뀌었다.

내가 스물여섯 살이 되던 해였다.

그리고 8년이 흘렀다.

나는 시계탑을 바라보며 서 있었다. 분수처럼 불꽃을 튕기며 전차가 달려왔다. 어둠에 가려 전차는 보이지 않고 불꽃만 선명했다. 기세 좋게 달리는 자동차들 사이로 인력거가 요령을 부렸다. 사람들은 가슴팍에 얼굴을 처박고 종종걸음을 쳤다. 정월의 추위가 맹렬했다. 얼어붙어 버린 귀가 고드름처럼 뚝 떨어질 것 같았다.

경찰서는 창마다 환하게 불을 밝히고 있었다. 불 켜진 창으로 사람들 모습이 비쳤다. 앉았던 사람이 일어서고 서 있던 사람이 앉았다. 창문 안에 있던 사람이 창밖으로 사라지고 창밖에 있던 사람이 창문 안쪽으로 나타났다. 전기회사일 때 상주하던 인원보다 경찰서로 바뀌면서 상주하는 인원이 몇 배로 늘었다고 했다. 순사만 삼백 명이 넘는다고 했다. 전기를 만들던 회사는 전기를 소비하는 곳으로 바뀌었다. 그곳으로 사람들이 끝도 없이 들어갔다. 들어가고 들어가고 또 들어갔는데, 나올 때는 병신이 되거나 병신이 되어서도 나오지 못한 사람들은 소리 소문 없이 사라졌다. 병신이 되거나 말거나 사람들이 들끓으니 식당이고 상점 들이 진을 치며 불빛 번드르르한 유곽처럼 번성했다.

국밥과 막걸리를 파는 식당들은 경찰서와 간판점 사이로 난 좁다란 골목에 줄지어 있었다. 나는 대로에서 제일 가까운 쪽 식당으로 들어가 국밥을 시켰다. 열린 문틈으로 경찰서 정문이 비스듬히 바라보였다. 식당은 노무자들로 북적거렸다. 사람들이 들어올 때마다 무쇠솥 뚜껑이 열렸다. 뚜껑이 열릴 때마다 하얀 김이 뭉게뭉게 피어올랐다. 뭉게뭉게 피어오르는 김 사이로 경찰서 건물이 사라졌다가 나타났다. 먹고 마시고 떠드느라 나를 눈여겨보는 사람은 없었다. 노무자들이 입는 검은 작업복에 검은 오버를 입고 벙거지를 눌러쓴 내 차림은 어디서나 흔한, 특별할 것 없는 모습이었다.

나는 천천히 국밥을 떠먹으며 경찰서를 주시했다. 왼손에 든 숟가락이 어색했다. 오른손은 주머니 속의 수류탄을 꼭 잡고 있었다. 황색 정복에 각반을 찬 순사들이 경비를 서고 있었다. 인력거가 멈추고 인력거가 떠났다. 한복 입은 사람들이 나오고 순사복 입은 사람들이 들어가고 갓 쓴 노인이 들어가고 아기 업은 아주머니가 나오고 작업복 차림의 남자들 서너 명이 담배를 피우며 나오고 머릿수건을 쓴 후줄근한 중년의 사내가 나오고 쟁반에 국밥을 받쳐 든 아낙이 들어가고 묵직한 가방을 든 중년의 사내가 나왔다. 서너 명의 순사들이 큰 소리로 웃으며 들어갔다. '지금'이라고 누군가 속삭인 것 같았다. 나는 벌떡 일어나 국밥값을 치르고 밖으로 나왔다.

국밥집에서 경찰서까지 가는 동안, 게다짝을 딱딱거리며 걸어가는 일본인들과 흰옷을 입은 조선인들이 활동사진의 배경처럼 스쳐지나갔다. 내 눈은 오직 한 곳 경찰서 1층 오른쪽 창문에 초점을 맞추고 있었다. 내 짐작이 맞다면 경무계였다. 극도의 긴장이 불러오는 현기증 속에서도 창문 안에 어른대는 경관들의 모습이 표적처럼 선명해졌다. 지금이다, 나는 속으로 이렇게 외치며 수류탄을 힘껏 던졌다.

폭발음과 함께 유리창 파편이 날카롭게 튀었다. 벽이 무너지면서 돌가루 먼지가 풀썩 피어올랐다. 매캐한 화약 냄새와 연기가 뒤섞였다. 동시에 비명 소리가 터졌다. 벌집을 뒤흔들어 놓은 것 같았다. 고함 소리와 발소리가 어지럽게 뒤섞였다. 곧이어 신경질적인 호각 소리가 들리기 시작했다. 마치 건물이 비명을 지르는 것 같았다. 나는 천천히 길을 건너 골목의 어둠 속으로 스며들었다.

종로 거리는 돌연 아수라장이 되었다. 경찰서 주변으로 걸어가거나 자전거를 타던 사람들이 폭발음과 동시에 쓰러지고 엎어졌다.

곱게 한복을 차려입은 여인네가 날카로운 비명을 지르며 몸을 동그
랗게 말았고 청년은 비명도 없이 풀썩 무릎을 꿇었다. 폭발음에 놀
란 건지 파편을 맞은 건지 분간이 되지 않았다.

폭발음이 가라앉으면서 정적이 깔렸다. 자동차와 인력거, 수레를
끌던 소와 말 그리고 사람들이 서고 동상처럼 그 자리에 얼어붙은
채 서 있었다. 전차도 멈추었다. 연기와 냄새가 조금씩 가라앉으면
서 종로경찰서는 어깨가 무너진 처참한 몰골을 드러냈다. 길바닥
에 엎드리거나 건물 벽 뒤로 몸을 숨겼던 행인들이 하나둘 고개를
들기 시작했다. 경찰서에서 순사들이 달려 나오는 모습이 보였다.
달려 나오기는 했으나 뭘 어찌해야 좋을지 몰라 허둥대기만 했다.

"뭐야? 누구야?"

"빠가야로, 저리 비켜!"

"사람들을 잡아."

"누구를?"

"목격자들."

놀라서 달아나는 이도 있고 구경을 위해 몰려드는 이도 있었다.
순사들은 밀려드는 인파를 밀쳐 내면서 붙잡고, 붙잡고는 밀쳐 냈
다. 밀려갔다가 다시 밀려오는 파도처럼 사람들은 흩어지는 듯 다
시 밀려들었다. 사람들은 순순히 흩어지지 않았다. 순사들은 마치
갯벌에 빠진 것처럼 허우적대고 있었다.

또 다른 순사들이 우르르 달려 나왔다. 그들은 일사불란하게 거

리를 통제했다. 우마차와 인력거, 그리고 멈춰 선 전차를 검문하면서 뛰어다녔다. 순사들은 전차의 승객들을 다 내리게 한 후에야 그게 쓸모없는 짓이란 걸 깨달은 것 같았다. 사람들이 너무 많았고 무엇보다 그들은 폭탄이 터진 후에 그곳을 지나고 있었다. 순사들은 몽둥이를 마구 휘둘렀다. 전차를 탕탕거리며 쳐 대고 영문도 모르는 사람들의 어깨를 퍽퍽 내리쳤다. 사람들은 가슴에 고개를 처박고 벌벌 떨었다. 순사들은 전차를 탕탕 치며 소리쳤다.

"출발, 출발!"

먼저 전차에 올라타려는 사람들로 입구가 소란스러웠다. 차장은 손쓸 엄두를 내지 못하고 연기가 피어오르는 경찰서를 바라보고 있었다. 나는 차장보다 한발 앞서 재빨리 전차에 뛰어올랐다. 뒤따라 올라타는 차장의 입술에 야릇한 미소가 감돌고 있었다.

사람들은 이마를 맞대고 수군거렸다.

"누가 그랬을까?"

"나는 직접 봤어요."

"뭘?"

"폭발이 일어날 때 그쪽에 있었다고요."

"누가 그랬는지도 봤겠네?"

"깜깜한데 그걸 어떻게 봐요. 보신각에서 경찰서 쪽으로 걸어가는데, 쾅 하는 거예요. 그리고 연기가 자욱하더라고요."

"난 또. 범인을 봤다고."

"범인? 이 사람이?"

"왜요?"

"관둡시다."

"아니, 왜요? 내가 뭘 잘못했소?"

"아, 관두자고! 뭐? 범인?"

범인이라고 말한 사람은 사람들의 매운 시선을 의식하고는 입을 다문 채 슬그머니 창밖으로 고개를 돌렸다.

전차는 꽁무니를 빼듯 동대문을 향해 달려갔다.

김태석, 1949년 반민특위 재판정

저는 김태석이올시다. 1883년 평안도에서 태어났습죠. 한성사범학교를 졸업하고 잠시 교편을 잡다가 일본으로 건너가서 니혼대학 야간부 법과를 수료했습네다. 귀국해서 1912년 9월 조선총독부 경찰관 통역생으로 들어갔고, 경무부 고등경찰과로 전직한 게 1918년 3월입네다. 1923년 8월 경시가 되었고 경기도 형사과장으로 근무하다가 그해 12월에 퇴직했습죠.

올해가 1949년이니까 경찰을 그만둔 지 26년이나 됐군요. 해방되고도 벌써 4년이나 흘렀습죠. 그런데 이제 와서 반민족행위자라고 재판정에 세우다니, 너무 억울하고 원통해서 어젯밤엔 한숨도 못

잤습네다. 저보다 훨씬 오랫동안 일본놈들 밑에서 주구 노릇을 한 사람이 얼마나 많은데 어째 힘없고 병든 늙은이를 괴롭히는지 가슴이 터질 것 같습네다. 저는 여러 애국자 선생님들이 생각하는 그런 악질 경관이 아닙네다.

제가 경찰이 되려고 결심한 건 1910년 데라우치 총독 암살 미수 사건 때문입네다. 그때 고향 선배들이 아무 죄도 없이 잡혀가는 걸 봤습죠. 예, 105명이나 검거된 바로 그 사건입네다. 그런데 말이 통하지 않으니 공판기일이 연기되고 예심 기간이 고무줄처럼 늘어나고 무자비하게 고문을 당하더군요. 그걸 보고 격분했습죠. 그래서 흑은 흑으로, 백은 백으로 가리겠다는 비장한 각오로 경찰에 들어간 겁네다.

허 참, 비웃는군요. 저는 사상범은 취급하지도 않았습네다. 제가 무슨 힘이 있습네까? 고저 상관이 시키니까 어쩔 수 없이, 단순사무만 본 겁네다. 제가 경시로 승진한 게 김상옥 사건 때문이라고 말하는데, 저는 심부름꾼, 소사에 지나지 않았습네다. 그러니 고저 제가 보고 들은 대로만 얘기하겠습네다.

1923년 1월 12일 밤이었습죠. 제가 그날 야근 중이었기 때문에 생생하게 봤습죠. 유리창 세 개가 산산이 깨져서 흩어지고 벽에는 휑하니 구멍이 뚫렸습죠. 폭탄 조각에 맞은 게시판은 벌통처럼 숭얼숭얼 구멍이 뚫리고 벽에 걸려 있던 순사복도 좀먹은 것같이 여기저기 구멍이 뚫렸습죠.

엄청난 사건이었습죠. 종로경찰서에 폭탄이 터지다니요. 종로경찰서는 대일본제국의 심장과도 같은 곳 아닙네까. 거기에 그야말로, 뻥 하고 구멍이 뚫린 겁네다. 총독부가 발칵 뒤집혔습죠. 총독부 경무국장 마루야마가 즉각 출동하고 경기도 경찰부장 우마노도 달려왔습죠. 종로경찰서 모리 서장은 기생 파티를 하다가 혼이 나간 얼굴로 달려왔더군요.

신문에는 매일신보 사원 다섯 명, 기생 한 명, 어린이 한 명이 부상했다고, 그렇게 났습죠. 설마 그걸 그대로 믿는 건 아니겠지요. 매일신보야 어차피 조선총독부 홍보지니까 그렇다고 쳐도, 동아니 조선이니 하는 신문들도 쓰고 싶은 얘기 다 못 썼습죠. 보도 통제를 걸면 아예 보도도 못 하는 건 예사였습죠. 두세 달씩 통제를 하는 경우도 왕왕 있었고요. 기사를 쓰면 뭐합네까? 사전 검열에 걸려서 뻥뻥 뚫려서 나가는데요. 그때도 부상당한 사람들이 더 있었습죠. 폭탄이 경무계 창문을 깨고 날아들었는데, 무사할 리가 있겠습네까? 심각한 부상을 입은 사람도 몇 됐습죠. 아까징기나 바른 정도까지 친다면 십수 명은 될 겁네다.

경기도 경찰부에 수사본부가 설치되고 전 경찰서에 비상경계령이 내렸습죠. 거리 곳곳에 순사들이 깔리고 삼엄한 검문검색을 실시했습죠. 그렇게 대대적인 검문검색은 아마 3·1만세운동 이후 처음이었을 겁네다. 행색이 조금이라도 의심스런 자는 가차 없이 연행했습죠. 물론 조선인, 불령선인의 소행이라는 게 경찰의 판단이었습죠.

우마노가 인터뷰한 기사 말입네까? 민심이 너무 평온해서 과격한 독립파 사람들이 최후 수단으로 그런 짓을 했다고 그랬던가요? 흐흐, 다 거짓말입죠.

따지고 보면 모두 3·1만세운동 덕분이었습죠. 저도 그때 만세를 불렀으니까 압네다만. 웃지 마십시오. 그때 만세 안 부른 사람이 있었습네까?

하여간 만세운동 때 제가 총독부에 근무하고 있었으니까 똑똑히 봤습죠. 그때 일본놈들 똥줄깨나 탔습죠. 야, 이거 조선 사람들 무서운 민족이구나. 공포정치를 하던 놈들이 오히려 공포를 느낀 게죠. 그러니까 민족대표들 33명도 처음엔 옥살이를 좀 시켰지만 나중엔 그 사람들 요구를 거의 다 들어줬지 않습네까. 민족 학교도 세우게 하고 신문 잡지도 만들게 하고 조선인들도 취직을 많이 시키고 각종 단체들도 만들게 허가했습죠. 그렇지만 그게 뭐 진짜로 반성한 거 간디요? 노선 변경, 그거죠. 당근 말입네다. 채찍 대신 당근을 줘 가면서 살살 달래자, 요거지요.

그러다 보니 결국 그 사람들 나중에는 다들 친일파 됐잖습네까. 보니까 반민특위가 기소한 반역자 명단에 최남선 선생도 들어 있던데. 헤헤. 선생은 우리 조선 민족정신을 제창하신 분이 아니던가요? 저 같은 것이 뭘 알겠습네까만, 선생은 대학자 아닙네까? 대시인이기도 하고 말입죠. 그런 분이 뭐가 아쉬워서 친일을 하겠습네까? 워낙 훌륭한 분이니 놈들에게 이용당한 게죠. 모난 돌이 정 맞는다고, 뛰어난 사람들은 가만두지 않으니까 말입죠. 저도 실력이 좋다 보니 통역관도 되고 그러다 보니 어쩔 수 없이 이용당한 게 아닙네까.

아, 예, 계속 말합지요. 하여간 당시 일본 사람들 입장이 그랬습죠. 속은 부글부글 끓고 뒤집어져도 겉으로는 태연한 척. 간신히 달래 놨는데 들쑤셔서 좋을 거 없거든요. 3·1만세운동 같은 거이 또 일어나면 골치 아프거든요. 그게 조선 반도 안에서만 끝나면 좋은데, 다른 나라 이목이 있으니 말입죠.

우마노는 약이 바짝 올라서 어쩔 줄 몰라 했습죠. 온 경성에 순사들을 개미 떼처럼 풀어서 초동수사를 했지만 용의자도 찾을 수 없었거든요. 쓸 만한 단서도 제보도 없었습죠. 종로경찰서 옆 간판점 모퉁이에서 어떤 사람이 폭탄 던지는 걸 봤다, 이게 전부였습죠. 다리에 파편을 맞은 신문 보급 사원도 술 마시고 가던 중에 정신을 잃고 쓰러져서 아무것도 못 봤다고 하고.

수뇌부들이 화가 나서 길길이 날뛰니 어쩝네까. 우리 같은 졸개들이야 그저 눈치나 보면서 일단 요주의 인물로 찍힌 사람들을 무작정 끌고 오고 무작정 족쳤습죠. 그러다 보니 경찰서에 폭탄이 터진 줄도 모르는 사람들까지 끌려와서 유치장이 북새통이었습죠.

그런데 모리 서장은 미와를 앞장세우더군요. 예, 고등계 형사 미와 말입네다. 온 경성을 벌벌 떨게 만들던 이름입죠. 그 사람이라면 저만큼 잘 아는 사람도 없을 겁네다. 제 직속상관이었거든요. 얘기가 좀 샙니다만, 이왕 말이 나왔으니 좀 해 볼까요? 명성이 그냥 생기는 게 아니란 걸 미와를 보면 알 수 있습죠. 얼마나 치밀하고 집요한지, 가까이서 보면 절로 존경심이 생기는 사람입죠. 아아, 흥분하지 마십쇼. 직업상 그렇다는 말입네다.

　김상옥 사건 나고 3년 후, 1926년 제2차 조선공산당 사건 때 일입니다. 미와가 단연 독보적인 공을 세워서 검거된 자가 70명이 넘었습죠. 그때 미와가 암호 해독하던 이야기가 전 경찰에 전설처럼 회자됐습죠. 공산당 책임비서를 고문해서 수십 권이나 되는 조직서류를 손에 넣었는데 모두 암호로 적혀 있었던 겁네다. 하지만 아무리 훌륭한 증거라도 수수께끼를 풀지 못하면 소용없는 거 아닙네까. 그런데 미와는 전 일본 경찰의 명예를 걸고 반드시 암호를 풀고야 말겠다는 결심으로 며칠 밤낮을 뜬눈으로 새우며 공책을 들여다봤습죠. 암호라는 건 언문과 같기도 하나 언문은 아니고 만든 글자가 틀림없다, 오직 그 생각 하나로 온몸에서 진땀이 비질비질 날 정도로 집중했습죠. 그랬더니 어떤 규칙이 드러나기 시작하는데, 머리의 부호가 같은 것이 몇 개씩 발견되는 걸 종류별로 나눠 보니, 김, 이, 박, 정, 조선인 성이더란 거죠. 그는 더욱 박차를 가해서, 언문과 한자를 분해하고 언문의 자모음이 뒤바뀌어 있는 것을 고문의 문법이나 용례 등을 활용해 가면서 판독했습죠. 그러니까 이름이 하나씩 보이더랍네다. 그 희열이 얼마나 크던지, 귀신 목이라도 따 온 것처럼 짜릿했다고 미와가 말하더군요.

공산당 조직 사건 때는 조직원이 고무인을 가위로 조각조각 잘라서 변소에 버린 걸 알게 됐습죠. 그러나 이미 분뇨를 두 차례나 퍼낸 후였습네다. 그 정도면 포기할 수밖에 없지 않겠습네까? 그러나 그는 바닥에 한 조각이라도 남아 있을지 모른다면서 변소의 분뇨를 최대한 퍼내고 분뇨 속에 손을 넣고 휘저었습죠. 절반가량이나 남아 있더군요. 그럴 때는 맹수 같습죠. 한번 문 먹이는 절대로 놓지 않는 맹수 말입네다.

그렇지만 개인적으로는 참 좋은 사람입네다. 조선인 순사들도 차별하지 않고 인간적으로 대해 줬습죠. 죄는 미워해도 사람은 미워하지 마라, 이런 말도 있지 않습네까? 조선을 통째로 집어삼키려고 한 건 일본 지도층들이지 힘없는 아랫사람들이야 무슨 죄가 있겠습네까? 그런 점에서는 저와 동병상련이랄까. 먹고살려고 월급 몇 푼 받자고 한 일을 가지고 매국노라고 몰아붙이는 건 너무 심한 거 아닙네까?

변명 말라구요? 아닙죠. 지금 저를 욕하는 사람들 중에 조선의 독립을 위해 싸운 사람이 몇이나 됩네까? 일본이 무슨 짓을 하거나 말거나 자기 먹고살기 바빠서 독립운동 같은 건 생각도 안 했잖습네까? 아무것도 안 한 사람들은 아무 죄가 없고, 저처럼 머리 좋고 부지런해서 관직에 오른 사람은 매국노라니, 이거 억울한 거 아닙네까?

예, 알겠습네다. 다시 이야기로 돌아갑지요. 미와, 그자는 벌써 무슨 낌새를 채고 있는 것 같았습네다. 단서를 잡고 있다고 할까, 미끼 같은 걸 이미 뿌려 둔 상태였다는 거입죠. 그래서 대단하다는 겝니다.

하지만 제아무리 날고 기는 재주가 있어도 정보력이 받쳐 주지 않으면 미와도 별수 없습네다. 밀정 말입네다. 여기저기 심어 놓은 밀정을 난초 다루듯이 애지중지 가꿔야 합죠. 너무 멀지도 않게 너무 가깝지도 않게, 줄을 잡았다 풀었다 하면서 길들여야 합죠. 그중에서도 가장 쓸모 있는 첩보를 제공하는 게 누군지 아십네까? 바로 조선인 밀정입죠.

닭 집에 닭이 없다

오후 들어 눈이 내리기 시작했다. 희끗희끗 날리던 눈발은 어스름 무렵이 되자 함박눈이 되어 펑펑 쏟아졌다. 온 천지가 자욱했다. 어지럽게 날리는 눈발이 마치 나를 가두어 두려는 것처럼 보였다. 꼼짝도 하지 말라는 경고인가.

종로경찰서 사건 이후 며칠째, 나는 여동생 아기 집에서 한 발짝도 움직이지 않고 있었다. 꼼짝 않고 앉아서 머릿속으로 남대문역을 몇 번이나 그렸다가 지웠다. 수도 없이 가 봐서 눈 감고도 그릴 수 있을 것 같았다. 역 광장에서 바라보이는 귀빈실 입구와 끽다점. 끽다점에 앉으면 모서리가 깨진 창문으로 역 광장이 내다보이고 거기 강우규 선생이 나를 물끄러미 바라보며 서 있는 것 같았다.

사이토, 네가 아무리 명이 길다 해도 이번만큼은 피하지 못할 것이다. 그동안 네가 한 짓을 보면 좀 더 일찍 죽이지 못한 것이 한이지만, 그것이 너를 죽여도 좋다는 명분을 더욱 분명하게 만들어 주었으니 나는 일말의 죄책감도 없이 너를 죽일 것이다.

1월 17일. 내일이었다. 사이토 총독은 내일 남대문역을 출발, 부산에서 배를 타고 일본으로 간다.

제국의회에서 조선을 식물처럼 무력화시킨 것에 대해 보고하고 천황으로부터 치하받을 생각에 너는 지금쯤 설레는 가슴으로 여행 준비를 하고 있겠구나.

그러나 그런 일은 일어나지 않을 것이다. 나는 남대문역 부근 인가에 미리 숨어 있을 것이다. 놈들이 환영객들을 정리하느라 정신이 없을 때 나는 슬그머니 놈들 주위에서 그림자처럼 움직일 것이다. 순사복 차림에 안경과 수염으로 얼굴을 가리고 놈들 사이로 섞여 들 것이다. 나는 환영객들을 정리하는 척하면서 귀빈실 쪽으로 조금씩 다가설 것이다. 나의 속바지 주머니에는 총알이 장전된 권총이 들어 있다.

너는 한껏 들뜬 기분으로 남대문역 광장에 도착하겠지. 광장에 도열한 환영객들의 환호 소리를 음악 소리처럼 황홀하게 들으며 대

일본의 위대함에 가슴이 부풀어 오르겠지. 그러나 그것이 얼마나 헛된 망상인지, 내가 알려 줄 것이다.

그런데 권총이 없었다. 속바지 주머니에 손을 넣었는데 주머니 밑창이 뻥 뚫려 있었다. 자동차에서 내린 사이토가 출영객들 사이로 천천히 걸어서 귀빈실로 다가오는데 권총이 잡히지 않았다. 손은 허공을 헤집고 이마에서는 진땀이 흘렀다. 땀이 뚝뚝 떨어졌다. 소매로 이마를 문지르는데, 피가 흥건히 묻어났다. 귀빈실 입구까지 걸어간 사이토가 뒤를 돌아보며 큰 소리로 웃기 시작했다. 출영객들도 큰 소리로 웃기 시작했다. 어느새 나는 웃고 있는 사람들 한가운데 서서 쩔쩔매고 있었다.

"오빠."

잠이 들었던가? 눈을 뜨니 아기가 나를 내려다보고 있었다.

"오빠, 나쁜 꿈이라도 꿨어요?"

나는 가만히 아기를 바라보고 있다가 벌떡 일어났다. 눈이 쌓인 것도 아랑곳하지 않고 맨발로 마당으로 달려 나가 찬물로 세수를 했다. 미친 듯이 얼굴을 씻고 또 씻었다. 아무리 씻어도 더럽고 불쾌한 기분은 떨어지지 않는 것 같았다. 얼음처럼 찬 물이 조금도 차게 느껴지지 않았다.

"오빠, 신발도 신지 않고서……."

아기가 수건을 들고 나왔다. 나는 얼얼한 얼굴과 손의 물기만 닦고 마루턱에 앉았다. 아기가 나란히 앉으며 말했다.

"경성 시내가 살얼음판 같아요. 종로경찰서 사건 때문이겠죠? 신문에는 한 글자도 나오지 않았지만 소문은 쫙 퍼졌어요. 남대문역 부근까지 순사들이 깔려 있더라구요."

묵묵히 듣기만 하자 아기가 얼른 말을 바꾸었다.

"요 며칠 오빠가 집에서 푹 쉬니까 얼마나 좋은지 몰라요."

나는 아기를 보고 웃으며 말했다.

"나도 참 좋다. 뜨끈한 아랫목에서 자고 네가 해 주는 밥 먹고, 평생 처음 이렇게 편히 쉬는 것 같아."

"빨리 언니가 해 주는 밥 먹고 태용이도 보고 그래야 되는데……."

내가 빙그레 웃자 아기가 장 봐 온 바구니를 뒤지며 말했다.

"내일도 집에 있을 거죠? 오빠 좋아하는 닭개장국 끓이려고요."

"닭개장국, 그거 좋지. 오늘 끓이면 되지 왜 내일이냐?"

"닭집에 닭이 없더라구요."

"닭집에 닭이 없으면 닭집이냐?"

"그러게 말이에요. 다 그래요. 개집에는 개가 없고, 푸줏간에 고기가 없고, 어물전도 신통치 않아요."

"어머니 닭개장국이 일품이었는데."

"어머니만큼은 안 되지만 저도 비슷하게 흉내는 내요."

"닭개장국 이야기를 하니 닭개장국이 사무치게 먹고 싶은걸. 뜨끈하게 한 뚝배기 먹으면 거뜬해질 것 같은 기분이 드네."

"염려 말아요. 내일은 닭이 꼭 들어온다고 했어요."

매제 봉근이 퇴근해서 돌아오기를 기다려 함께 저녁을 먹었다. 저녁 밥상에서 매제도 심상치 않은 거리 풍경에 대해 말했다. 직장에서도 거리에서도 사람들은 낮은 목소리로 종로경찰서 이야기를 수군거린다고 했다. 세상 돌아가는 이런저런 이야기를 하다가 건넌방으로 돌아왔다. 밤하늘에서는 다시 눈발이 날리기 시작했다.

잠자리에 누워서도 머릿속에는 남대문역 정경이 그려졌다. 중간중간 훼방꾼처럼 불길한 꿈이 끼어들었다. 고문을 당하는 꿈도 꾼 것 같았다. 꿈속의 내가 고문당하는 또 다른 나를 안타깝게 바라보며 몸부림치고 있었다. 하얀 눈에 이리저리 찍힌 발자국처럼 어지러운 꿈이었다.

발작적으로 몸을 일으켰다. 인기척이었다. 인기척이 먼저였는지, 깬 후에 인기척을 느낀 건지 분간이 되지 않았다. 분명한 건 꿈이 아니란 거였다. 예민한 촉수처럼 솜털 하나까지 곤두섰다. 의식은 수정처럼 맑고 몸은 총알처럼 긴장되었다.

발자국 소리였다. 숨죽인 소리였다. 숨죽인 소리였기에 불길하고 수상했다. 온몸에 전율이 흘렀다. 뭔가 잘못되었다는 걸 온몸으로 직감했다. 몸을 굴려 문창호지에 붙은 손바닥만 한 유리로 바깥을 내다보았다. 양손은 이미 요 밑에 넣어 둔 권총 두 자루를 쥐고 있었다. 시커먼 그림자가 일렁거렸다. 어떤 그림자는 구렁이처럼 담을 넘어 사뿐히 마당으로 내려앉는가 하면 지붕을 타고 뛰어내리는 그림자도 있었다. 담을 타고 넘은 그림자가 대문 고리를 풀었다. 동시에 그림자들이 대문을 박차고 들어오면서 소리쳤다. 얼른 봐도 열댓 명도 더 되어 보였다.

"고봉근, 고봉근 빨리 나와라!"

형사들이었다. 그들은 마당에 버티고 서서 고함을 쳤다. 안방 문이 끼익 열리고 에구머니 진저리 치는 아기 목소리가 들렸다.

"이게 무슨 짓이오!"

큰소리를 치면서 대청마루로 성큼 나서는 건 매제였다. 형사들이 기다렸다는 듯이 달려들어 매제를 결박했다.

"김상옥, 저 방에 있지?"

형사 하나가 손가락으로 정확히 내가 있는 방을 가리켰다. 나는 얼른 이불을 엄폐물로 삼아 사격 자세를 취했다. 여차하면 총을 쏘면서 뛰쳐나갈 요량이었다. 이날따라 신발을 방 안에 들여놓는 걸 깜빡 잊었다는 걸 깨달았다.

놈들과의 사이에는 창호지 문 하나가 가로놓여 있을 뿐이었다. 행여나 아기 내외에게 총탄이 날아가지 않도록 바깥 움직임에 온 촉각을 곤두세웠다.

거대한 체구의 형사 하나가 툇마루로 성큼 올라서더니 문고리를 잡아당겼다. 문고리는 안으로 걸려 있었다. 다시 한 번 문고리를 세게 잡아채는 순간, 나는 베고 자던 목침으로 문고리 빗장을 힘껏 내리쳤다. 순간 문이 벌컥 열리고 형사가 뒤로 나자빠지며 엉덩방아를 찧었다. 형사는 잠깐 머쓱해 하다가 얼른 일어났다. 그는 마치 뒤에 늘어선 형사들에게 이 보란 듯 한달음에 방으로 뛰어들면서 이불을 잡아당겼다.

이불 속에서 숨죽이고 있던 나는 그 순간을 노려 그의 가슴팍을 발로 걷어찼다. 헉, 숨이 턱 막히는 비명을 내지르며 그가 마루 아래로 나동그라졌다. 나동그라지는 그를 따라 뛰어나가면서 권총을 쏘았다.

"김상옥 여기 있다. 덤벼 봐라, 이놈들아!"

뜻밖의 기습에 놈들은 혼이 나가 버렸다. 놈들은 장독 뒤로 마루 밑으로 숨기 바빴다. 골목길로 튀어 달아나는 나를 쫓아오는 자는 아무도 없었다.

오늘이 사이토의 제삿날이 아니란 말인가. 오늘을 사이토의 제삿날로 못 박을 때 나는 나의 제삿날도 오늘일 거라고 생각했다. 정녕 원수라면 당연한 귀결이라고 생각했다. 왜장을 껴안고 남강에 몸을 던진 논개처럼 나도 그의 저승길에 동행하리라 생각했다. 어디서 무엇이 잘못되었는지 따질 겨를도 따질 기운도 없었다. 하늘이 원망스러울 뿐이었다. 얼마나 더 지극하고 간절히 정성을 다해야 원을 들어주는 건지, 하늘에 대고 따지고 싶었다. 참담하고 처참해서 피눈물이 날 것 같았다. 아기 부부는 또 얼마나 곤욕을 치를 것인가. 멀리 아기 집 부근에 순사들이 횃불을 훤히 밝히고 있는 게 보였다.

남산 북쪽 방면은 일본인 거주 지역이 있는 진고개였다. 조선 시대에 불우한 양반들이 하나둘 모여 살던 남촌이 그곳에 있었고 그

위로는 조선총독부 건물이 있는 왜성대가 있었다. 왜성대로 가는 남산 중턱에는 조선 신궁을 짓는다며 어마어마한 넓이의 산을 깎아 내고 도로를 만들고 있었다.

남쪽으로 죽 가면 한강까지 닿을 수 있을 것이다. 어릴 때 두어 번 놀러 갔던 희미한 기억이 있는 길이었다. 그쪽으로 무작정 달렸다. 눈이 쌓여 있었다. 눈은 나를 도와주기도 하고 방해하기도 했다. 달도 별도 없는 캄캄한 새벽, 눈은 나의 눈이 되어 주었지만 산길을 다 지워 놓았다. 나를 달리게 하는 건 동물적인 감각이었다. 잠깐의 머뭇거림이 생사의 갈림길이었다. 이대로 날이 새면 나는 눈 덮인 산에 갇힌 한 마리 산토끼처럼 적 앞에 고스란히 드러날 것이다.

한 치 앞도 분간하기 어려운 캄캄한 새벽에 눈보라까지 치고 발이 푹푹 빠질 정도로 눈이 쌓여 걸음 옮기는 것조차 쉽지 않았다. 산속의 추위는 혹독했다. 살점이 쩍쩍 갈라지는 듯했다. 걸음을 옮길 때마다 살을 에는 고통이 엄습했다. 머릿속에는 이 죽음의 올가미에서 벗어나야 한다는 생각뿐이었다. 살기 위한 몸부림이 아니었다. 나의 죽음은 놈들을 쫓는 것이어야지, 쫓기는 것이어서는 안 되는 것이다. 하나뿐인 나의 죽음을 그렇게 낭비할 수는 없었다. 그 생각이 온몸의 기운을 끌어모았다. 알 수 없는 힘이 솟구쳤다. 양말도 신지 않은 맨발이었다. 아무런 감각이 없었다. 다행히 다리는 아직 나의 의지를 받아 주었다.

얼마나 달렸을까. 가지만 앙상한 활엽수림 지대를 지나 송림으로 접어들었다. 제법 멀리 도망쳐 나온 듯했다. 쫓아오는 기척은 끊어져 있었다. 그러나 눈길은 내 궤적을 그대로 가르쳐 주고 있었다. 더 멀리 가는 것밖에 방법이 없었다.

조금만 더 가면 한강이 나올 것이다라고 생각하는 순간 나는 허공을 날았다. 발이 죽 미끄러지더니 몸을 가눌 사이도 없이 그대로 낭떠러지에서 떨어지고 만 것이다.

간신히 정신을 차리고 보니 커다란 돌이 여기저기 쌓여 있는 게 보였다. 채석장 같았다. 그렇다면 서빙고였다. 까딱 잘못해서 날카로운 돌부리에 머리라도 부딪혔다면 그대로 즉사했을 것이다. 하얗게 덮여 있는 눈 속에는 비수같이 날카로운 돌이 묻혀 있을 것이다. 상처 난 곳은 없는 듯했다. 다행히 내가 떨어진 곳은 평평한 곳이었다. 그리고 눈이 충격을 흡수해 준 것이다. 눈이 나를 살릴지 죽일지 모르지만, 아직까지는 내 편이었다.

몸을 추스르고 일어났다. 일어서는 순간 발바닥에 통증이 몰려와 주저앉아 버렸다. 마치 유리 가루가 박힌 듯 세포 하나하나가 외마디 비명을 질러 대는 것 같았다. 권총을 놓쳤다는 걸 그때 깨달았다. 떨어지면서 놓친 것이다. 엉금엉금 기어서 주변을 살폈지만 권총은 눈에 띄지 않았다. 눈 속에 파묻혀 버린 것 같았다. 권총 없이 움직인다는 건 생각할 수도 없었다. 그러나 더 이상 머뭇거릴 수도 없었다. 하는 수 없이 다시 걷기 시작했다.

눈발은 조금씩 가늘어지고 있었다.

누구도 내게
이 길을 가라 하지 않았네
(1919년 3월 1일 ~ 1923년 1월 17일)

원죄

아기 집에서 지낸 며칠 동안, 나는 이상하리만치 고요 속에 침잠해 있었다. 그것이 곧 닥칠 태풍 전야의 고요라는 걸, 그리고 고요 속에 잉태하고 있는 불길함도 나는 느끼고 있었다. 그러나 마음은 깊은 물속에 가라앉은 듯 차분했다. 서른네 해를 사는 동안 단 한 번도 느껴 보지 못한 고요였다.

깊은 고요 속에서 얼굴 하나가 떠올랐다. 소담스런 눈처럼 뽀얗고 순결한 얼굴. 삼 년간 거짓말같이 잊고 지내던 네 얼굴이었다.

한번 떠오른 네 얼굴은 좀체 잊히지 않았다. 보고 싶다는 생각이 눈덩이처럼 커지더니 숨통을 조여 왔다. 마치 우리에 갇힌 맹수처럼 초조하고 불안해서 견딜 수가 없었다. 너를 못 보면 꼭 죽을 것만 같았다. 지척에 너를 두고서 말이다. 나는 나뭇짐 장수로 변장을 하고 얼굴에 검댕 칠까지 하고 나서야 길을 나섰다. 한밤중에 도둑처럼 스며들어 네 얼굴을 보고 온 것이다.

너는 곤히 자고 있더구나. 새근거리며 잠든 네 얼굴을 어떻게 표현할 수 있을까. 평화. 그래, 그냥 평화였다. 그밖에 무슨 말이 더 필요할까. 놀랍게도, 온 우주의 평화가 네 작은 얼굴에 깃들어 있었다. 그것이 나를 끌어당겼다는 걸 알았다. 숨 쉴 때마다 네 여린 가슴이 보일락 말락 봉긋거렸다. 젖내 나는 네 숨결이 봄날의 미풍처럼, 거친 아비 마음을 어루만진 걸 너는 알까? 너로 인해 얼마나 큰 힘을 얻었는지 네가 아는 날이 올까? 아비가 어떤 사람이었는지, 아비가 무엇 때문에 무엇을 바라고 죽음을 어깨에 태우고 다녔는지, 네게 말할 수 있는 날이 올까?

내 아들, 태용아.

아비는 태어날 때부터 식민지의 백성이었단다. 춥고 배고프고 서럽고 슬픈 기억만 넘치게 풍족한 나라 잃은 백성이었단다. 그래서 그랬는지, 유난히도 눈이 좋았다. 하늘에서 펄펄 눈이 내리면, 그냥 좋았다. 목화송이처럼 하얗고 탐스런 눈송이가 날리면 온 세상이 평화롭고 넉넉해지는 것 같았다. 더럽고 부끄럽고 남루한 모든 걸 포근하게 덮어 주는 눈을 좋아하지 않을 수 없었다. 그토록 깨끗하고 충만하고 너그럽고 아름답고 사랑스러운 것을 누린 적이 없기 때문일 것이다. 온 세상을 두툼한 목화솜으로 덮어 놓은 것 같은 눈이 석 달 열흘만 녹지 않게 해 달라고 빌기도 했다.

네가 태어날 무렵, 나는 제법 성공한 철물점의 주인이었다. 하지만 네 아비는 가난이라는 놈과 이란성쌍둥이처럼 태어났단다. 어린 시절을 돌아보면 어느 하루 허기지지 않은 날이 없었던 것 같구나. 어른 말귀를 알아들을 정도만 되면 무슨 일이라도 해야 했던 시절이었다. 골목에서 아랫도리를 벗고 뛰어놀던 친구들이 다들 그랬으니 특별할 것도 없는 일이었다. 그랬는데도 왜 그렇게 학교를 다니고 싶었는지 모르겠다. 먹고사는 것이 태어나는 순간부터 어깨에 올라타고 있었는데도 공부가 하고 싶었다.

내게도 아버지가 있었지만 아버지에 대한 인상은 무기력하기만 하다. 어린 나를 학교가 아닌 대장간에 보내 돈을 벌어 오게 한 아버지는 군인이었다. 군인이란 어엿한 직업을 가지고 있었지만 월급이란 걸 제대로 받아 온 적이 없었다. 그나마도 일본에게 나라를 빼앗긴 후에는 왜놈들이 군대를 해산하는 바람에 무직자가 되고 말았다. 왜별기놈, 왜별기놈, 홧병이 단단히 든 아버지가 술만 마시면 중얼거리던 소리였다. 별기군이었던 아버지가 왜놈들로 만들어진 왜별기군들 때문에 쫓겨난 것이다. 아버지는 내가 어른이 되기도 전에 돌아가셨다.

살기 위해서 죽도록 일했다. 다행히 아버지는 내게 체력과 성실성을 물려주었다. 그렇게 한 십 년 뒤도 돌아보지 않고 일했더니 동대문 밖에 조그만 대장간 하나를 차릴 수 있었다. 대장간은 잘되었다. 내가 만든 말굽과 칼, 농기구 들은 어느 대장간 것보다 튼튼해서 누구나 믿고 찾았다. 대장간 옆에 철물점을 열었고 그 철물점이 잘돼서 2층도 올렸다. 그렇게만 살았다면 어땠을까? 사형수가 되어 쫓기는 일 같은 건 없었을까? 네 얼굴 한번 보는 데도 죽음을 각오해야 하는 일은 생기지 않았을까? 모르겠다. 다만 한 가지, 다시 태어난다 해도 다른 선택은 없을 거란 생각, 분명한 건 그것뿐이다.

네가 태어나던 해는 정말 특별한 해였다. 1919년 1월 21일, 고종이 돌아가셨다. 무기력한 나의 아버지처럼 무기력하게 나라를 빼앗긴 황제가 세상을 뜨고, 사흘 후 네가 태어났다.

첫아이를 유산하고 어렵게 얻은 아이였다. 네 할머니와 엄마는 너를 안고 말할 수 없이 기뻐했다. 자식이 태어난다는 건 가슴 뻐근한 기쁨이었다. 그러나 내놓고 기뻐하지 못했다. 진땀이 배어난 아내 이마에 입 맞추고 동네방네 자랑하며 기뻐하지 못한 것이, 심장에 가시처럼 박혀 있다. 바보 같은 시절이었다. 사람으로 태어나 사람살이의 소소한 기쁨조차 누리지 못하고 죄책감을 느껴야 하는 그런 시절이었다. 그러나 그렇지 않은 시절을 살아 보지 못했으니 바보 같은지도 몰랐다. 온 나라가 통곡의 바다였다.

식민지의 백성으로 태어난다는 건 원죄 같은 것이었다. 갓 태어난 너를 보며 기뻐할 수만은 없었던 아비를 이해할 수 있을지. 선교사들이 뭔가를 가르쳐 준다길래 무작정 다녔던 교회에서 원죄라는 말을 처음 들었다. 태어나는 순간부터 우리 모두 죄인이라는 식의 숙명론적 올가미를 도저히 받아들일 수 없었다. 온몸으로 거부감이 들었다. 모욕감까지 들었다. 그런데 갓 태어난 너를 보면서 가장 먼저 떠오른 말이 바로 원죄란 말이었다. 모욕감이나 거부감은, 그러니까 식민지 백성이라는 나 자신에 대한 자각이었던 것이다.

몰래 태극기를 걸기 시작한 건 그런 울분 때문이었다. 가슴이 답답하고 터질 것 같은 밤이면 집을 뛰쳐나와 집 뒤 낙산으로 올라갔다. 불 맞은 멧돼지처럼 숲 속을 쏘다니면 꽉 막혔던 속이 좀 트일 것 같았다. 그러나 막상 낙산에 올라가면 다시 숨이 갑갑해 왔다. 산 중턱에서 내려다본 경성은 유린당한 초식동물처럼 무기력해 보였다. 숨죽인 적막이 한없이 비굴하게 느껴졌다. 고분고분 납작 엎드려서 자고 있는 사람들을, 두드려 깨우고 싶었다.

어느 날 밤, 나는 몰래 태극기를 품고 올라가 소나무에 걸었다. 낙타 등처럼 툭 불거진 바위에서 자라는 소나무였다. 담을 넘어온 이 가지의 감이 누구 것이오, 하던 이항복의 팔처럼 산 아래를 향해 죽 벋어 나온 가지에 태극기를 매달았다. 날이 밝아 그걸 발견한 사람들이 깜짝 놀라서 입을 딱 벌렸다. 마치 못 볼 걸 본 것 같은 표정이었다. 자기 나라 국기를 보고 어째서 놀라는지 모를 일이었다.

놀라긴? 독립이 멀지 않았다는 소리군.

나는 천연덕스럽게 말하며 웃었다. 사람들은 소리 내서 기뻐하지도 못했다. 그런 조선 사람들이 때로는 일본놈들보다 더 미웠다. 태극기는 하루도 지나지 않아 떼어졌다. 태극기는 얼마든지 있었다. 나는 또 걸었다. 걸고 또 걸고 또 걸면 정말로 독립의 그날이 올 것 같았으니까. 그런데 신기하게 그런 날이 정말로 왔다.

분노는 순결하다

3월 1일, 오후 2시라고 했다. 그때까지 좀이 쑤셔서 기다릴 수가 없었다. 철물점과 대장간 직원들에게 은밀하게 태극기를 나누어 주고 일찌감치 탑골공원으로 향했다. 동대문을 지나 종로 거리를 천천히 걸었다. 과연 얼마나 많은 사람들이 모일 것인가.

거리 풍경은 여느 때와 다르지 않았다. 상점들도 여전하고 사람들도 여전하고, 모든 것이 여전한 것 같았다. 여전한 가운데 계절이 바뀌고 있었다. 거리가 조금 더 소란하고 사람들도 분주하게 오가고 우마차도 활기차 보이는 건 봄이 오고 있기 때문이었다. 봄은 소음과 더불어 오는 듯했다. 까치들도 목청을 높이는 듯했다. 까치 소리에 몸과 마음이 가벼워졌다. 당장이라도 길한 소식을 물고 날아올 것 같았다.

그러나 이내 눈살이 찌푸려졌다. 지게를 지고 가는 사내가 신고 있는 지까다비 때문이었다. 흰 치마에 풀물이 들듯이 왜색 물이 조금씩 들어 가고 있었다. 일본 상품을 파는 상점들이 눈에 띄게 늘었다. 처음에는 일본인들을 상대로 했지만 조선인들의 출입이 늘고 있었다. 과자나 일본식 간장과 양념을 파는 상점도 눈에 띄었다. 가장 눈에 거슬리는 게 지까다비였다. 일본 노무자들이 신는 지까다비를 편하다는 이유로 조선인들도 하나둘 신기 시작했다. 엄지발가락을 따로 끼는 지까다비는 소 돼지의 발을 연상시켰다. 조선인 물건을 파는 조선인 상점들은 점차 쇠락하고 일본 물건을 파는 일본인들 가게가 번창하고 있었다. 그들 사이에서 심심치 않게 시비가 벌어졌다. 자리다툼도 적지 않았다. 이기는 건 늘 일본인들이었다. 흰옷의 조선인들 사이로 쌀밥의 뉘처럼 누런 제복의 각반 찬 순사들이 늘어난 덕분이었다. 할 일 없이 어슬렁거리는 꼴이 그날도 여전했다.

두근거리는 가슴을 누르며 살펴봤지만, 여느 때와 다른 점은 보이지 않았다. 아무것도 모르는 눈치였다. 정보가 조금도 새 나가지 않았다는 것인가. 그 정도로 완벽하게 정보를 차단할 수 있었을까? 혹시 조선인들조차 모르는 건 아닐까?

슬그머니 의심스러웠다. 오늘이 맞나? 내가 날짜를 잘못 알고 있는 건 아닌가? 이 사람들이 알고는 있는 건가? 다들 나처럼 시치미를 떼고 있는 건가? 그렇다면 표정 연기가 이보다 탁월할 수 있을까? 한 줄기 설렘도 없이 첫날밤을 맞이하는 신랑 신부 들 같지 않은가. 연기라면 얼마나 좋을까. 참으로 순한 민족이 아닐 수 없었다. 그게 좋으면서도 불쑥불쑥 화가 치밀었다.

정오가 지나면서부터 하나둘 사람들이 모여들기 시작했다. 초대받지 못한 손님들처럼 겸연쩍은 모습이었다. 대놓고 기웃거리지도 못하고 뻣뻣한 목으로 눈알만 돌리면서 눈치를 봤다. 그러다 눈이 마주치기라도 하면 깜짝 놀라서 얼른 눈을 내리깔았다가 슬그머니 눈알을 굴렸다. 자꾸만 그러다 보니 꼭 무슨 암호처럼 보였다.

그런가?

그렇지?

자네도?

흠, 틀림없군.

보일락 말락 입꼬리를 말아 올렸다. 은밀하고 조심스러웠다. 마주치는 눈이 하나둘 늘어날 때마다 입꼬리도 조금씩 더 올라갔다. 마치 먼지들처럼 사람들은 뭉치고 싶어 했다. 뭉치가 조금씩 커질수록 안도감도 커지고 미소도 커졌다. 뭉치들이 점점 많아지자 뭉치들이 또 다른 뭉치들과 뭉쳤다. 새가슴이 조금씩 벌렁거리고 입에서는 김이 뿜어져 나오기 시작했다. 분노였다. 꼭꼭 눌러 놓았던 분노였다.

고종이 독살되었다는 소문이 떠돌았다. 놈들이 파리강화회의를 두려워하여 우리 임금을 독살했다고, 광화문 앞 전수 학교 담벼락에 쓰여 있는 것을 내 눈으로 보기도 했다. 왕비는 놈들의 칼에 시해당하고, 그 칼을 두려워하던 황제는 독살당했다. 그게 이 나라의 국모이며 국부였다. 그런 능욕을 당하고 가만히 있는다면 그건 인간이기를 포기한 것이다.

대한문 앞은 울음바다였다. 정월부터 시작된 울음의 바다는 장례식을 이틀 앞둔 그날까지도 멈추지 않았다. 소복 입은 여인네의 호곡에 애간장이 끓고 선비들의 봉두난발이 한겨울 칼바람에 불불이 곤두서 휘날렸다. 문상 행렬은 끊어질 듯 끊어질 듯 전국으로 이어졌다. 그것이 뇌관이었다.

애국지사 33인이 주도했다고 들었다. 그들이 탑골공원에 나와 독립선언문을 낭독하기만 하면 폭발할 것이었다. 그런데 그들은 나타나지 않았다.

학생복을 입은 청년이 팔각정으로 올라갔다. 청년은 품 안에서 꺼낸 독립선언서를 낭독하기 시작했다. 청년의 목소리는 가늘게 떨렸고, 숨죽이며 듣고 있는 사람들 눈에서는 눈물이 흘렀다. 독립선언서 낭독이 끝나는 것과 동시에 만세 소리가 터졌다. 동시에 태극기가 물결쳤다. 다이너마이트 뇌관이 타들어 가듯 태극기의 물결은 순식간에 출렁이는 바다가 되었다.

사람들은 놀랐다. 이 많은 태극기가 어디 숨어 있었는지, 어디에 감추고 있었는지, 왜 못 꺼내고 살았는지, 왜 목 놓아 소리치지 못했는지, 왜 바보 등신처럼 참고만 있었는지, 어떻게 그리 오래 침묵했는지……. 소리쳐 외치고 흔드는 것이 이토록 간단하다는 것에 놀랐고, 그 간단한 것이 이토록 거대한 힘을 가졌다는 것에 놀랐고, 이토록 많은 사람들이 한마음 한뜻이라는 것에 놀랐다.

사람들은 용기를 얻었다. 남녀가 따로 없고 노인과 젊은이가 따로 없고 유생과 학생이 따로 없이 서로의 얼굴을 보는 것만으로도 불끈 힘이 솟았다.

태극기의 물결은 탑골공원을 나와 보신각종을 휘감고 돌았다.

작은 샘이 솟아 시내가 되고 강물이 되듯이 태극기의 물결은 도도한 흐름을 타면서 불어났다. 대한문에 이르자 막아서는 일본 군경을 제치고 당당하게 덕수궁 안으로 들어가 고종황제 영전에 예를 올리고 나오기도 했다. 대한문 앞 광장에서 독립연설회가 벌어지기도 했다. 곡소리가 터졌다. 전국에서 장례식에 참관하러 올라온 사람들이 합쳐지자 인파는 금방 수십만으로 불어났다. 물결은 여러 갈래로 갈라졌다. 대한문을 휘돌아 정동의 미국영사관으로 향하는가 하면, 구리개 방면으로 흐르기도 하고 남대문을 지나 남산 왜성대의 총독부로 향하는가 하면 광화문을 지나 경복궁, 창덕궁으로도 갔다.

나는 시위대를 따라 경성 시내를 돌아다녔다. 시위 열기는 점점 교외로 번져 마포 전차 종점에서 신촌골 연희전문학교까지 밤이 깊도록 식지 않았다. 한 학생이 '조선독립'이라는 혈서를 써 들고 가기도 했다. 그러나 독립선언서의 공약 3장에서 밝힌 대로 질서를 잃지 않았다. 수십만 군중이 밤늦게까지 거리를 누볐지만 폭행 사건도 없었다. 인력거를 타고 퇴근하던 총독부 직원이 군중에 이끌려 얼떨결에 태극기를 흔들며 시위대에 참여했어도 폭력은 없었다.

이틀 후, 황제의 장례 행렬은 오욕의 길이었다. 일본식으로 국상을 치른 것이다. 논란에 논란을 거듭했지만 결국 왜놈들의 농간에 놀아난 친일파들의 주장대로 된 것이다. 장례 행렬을 총칼을 든 왜놈 기마병들이 더럽혔다.

시위는 다시 시작됐고, 봉홧불처럼 전국으로 번졌다. 고향으로 돌아간 참배객들이 불씨가 되었다. 학생들은 등교를 거부하고 동맹 휴업을 했으며 제철 노동자, 연초공장 노동자, 철도국 노동자, 전차 운전수와 차장, 철도 기관수, 인쇄 직공, 광산 노동자 들과 잡화상, 곡물상, 음식점 주인 들과 장터의 장사꾼과 농사꾼 들이 만세를 부르며 거리로 뛰쳐나왔다.

왜놈들이 겁에 질렸다는 건, 그들이 들고나온 총칼로 알 수 있었다. 만세운동이 시작되자마자 보병들을 만세운동 발생 지역으로 파견했지만 곧바로 무력을 쓰지는 못했다. 역시 두려움 때문이었다. 두려움에 대처하는 그들의 방식은 더 큰 무력을 동원하는 거였다. 나중에는 일본 본토로부터 보병 6개 대대를 파견하기에 이르렀지만 두려움은 가라앉지 않았고 결국 발포 명령을 내렸다. 그들은 총칼을 마구잡이로 휘두르기 시작했다. 그들의 상대는 군인이 아니었다. 장사치이거나 농부, 여염집 아낙이거나 처녀 총각 그리고 학생 들이었다. 손에 들고 있는 건 헝겊 쪼가리 태극기였다. 그들에게 칼을 휘두르고 총을 쏘며 말발굽으로 짓밟았다. 일본 군경이 총칼을 휘둘러 댈 때도 사람들이 손에 든 건 고작 농기구, 몽둥이, 돌멩이뿐이었다.

상상할 수 없는 끔찍한 학살이 자행되었다. 총알이 심장을 관통하고 장검이 복부를 갈랐다. 핏물이 낭자하고 비명이 메아리쳤다. 소박한 시골 교회가 불탔다. 믿을 수 없게도 그곳에 사람들이 갇혀 있었다. 30명 가까운 사람이 불에 타 죽었다. 천안의 장터에서는 20여 명이 총을 맞고 즉사했다. 강서군 사천에서는 70여 명의 사상자가 발생했다. 죽고 다쳤다는 사람들의 숫자가 헤아릴 수도 없이 늘어났다. 수백 명이 죽었다, 수천 명이 죽었다, 수만 명이 죽었다는 믿을 수 없는, 믿기 싫은 풍문이 전염병처럼 떠돌았다.

내가 왜놈 순사의 칼을 빼앗은 건 그런 풍문의 와중이었다. 경성을 쏘다니다가 칼을 휘두르는 왜놈 순사가 눈에 띄었다. 칼끝이 향한 곳은 여학생이었는데, 어린 여학생은 이미 발에 걷어차였는지 길에 쓰러져 있었다. 피가 거꾸로 치솟았다. 나는 곧장 놈에게 달려들었다. 발로 등허리를 차고 팔을 꺾자, 놈의 손에서 칼이 힘없이 떨어졌다. 빈손이 되자 놈의 얼굴은 순식간에 공포로 질려 버렸다. 온몸을 동그랗게 말고 벌벌 떠는 놈의 눈빛은 비루하기 짝이 없었다. 그것이 총칼 뒤에 감춰진 놈들의 본래 모습이었다. 일방적으로 개죽음을 당하는 순간에도 당당하고 의연한 조선인들과는 너무나 달랐다.

비굴하기는 독립선언을 한 33인도 마찬가지였다. 학생들이 고급 요릿집 태화관에 모여 있던 33인에게 달려가 탑골공원으로 가 달라고 했지만 그들은 거절했다. 민중의 열망, 그것이 너무 뜨거웠던 것이다. 너무 뜨겁고 폭발적인 민중의 열망을 그들은 감당할 그릇이 못 되었던 것이다. 학교를 폐교시키고 신문을 폐간하고 회사도 설립하지 못하게 하는 건 너무하지 않냐고 항변하려던 것인데, 민중의

지지가 상상 이상이었던 것이다. 그들은 탑골공원으로 오는 대신, 조선총독부 경무총감에게 전화를 걸어 자발적으로 연행해 달라고 요청했다. 곧바로 80명의 경찰이 달려왔다. 그들은 경찰의 안내를 받으며 5대의 자동차에 나누어 타고 총독부로 향했다.

민족대표라 자칭한 그들은 재판에서 말했다. 민중의 시위는 자신들의 취지를 잘못 이해한 것이라고. 폭동은 우매한 것이며 독립선언과 폭동은 아무 관계가 없기 때문에 자기들은 책임이 없다고.

누가 그들을 우리의 대표로 선출했던가? 어차피 시위대의 도도한 흐름은 그들과 무관했다. 그것은 한두 사람의 지도와 기획으로 이루어질 수 있는 게 아니었다. 민중의 분노는 순결한 것이었다.

동지들

절망이 목구멍까지 차오른 세상에서 뜻을 함께하는 동지들은 숨구멍 같은 것이었다. 중앙고보 졸업반이던 윤익중, 불교학교 졸업반 신화수, 보성중학 3학년 정설교, 학교 직원 서대순, 그리고 경성우체국 집배원 전우진 형님, 모두 동대문교회 야학에서 만난 친구들이었다. 그들은 나를 대장 혹은 형님이라고 부르면서 따랐다.

여성 동지도 있었다. 3·1만세운동은 조선 여성의 저력을 보여 주었다. 교복 차림의 여학생들이 남학생들과 어깨를 나란히 하고 시위에 참가했고 기생조합도 당당하게 시위에 앞장서자, 여염집 처녀들과 아낙네들도 뒤질세라 뛰쳐나왔다. 이혜수도 여기에 빠질 아이가 아니었다. 혜수와는 어릴 때부터 한동네에 살았다. 구한말 때 명사수로 이름이 높았던 혜수 아버지는 나의 아버지와 술친구였다. 딸만 다섯인 집안의 맏딸 혜수는 나를 오빠라고 부르며 따랐다. 여고를 졸업한 후 집안 살림을 돌보고 있었지만 시시한 사내보다 나은 투사였다. 내게는 모두 보석 같은 동지들이었다.

만세운동이 전국을 휩쓸고 있을 때, 낮에는 시위대에 끼어서 만세를 부르고 밤이면 철물점 2층에 모였다. 중국집에 세를 주고 남은 공간에 조그만 방을 하나 만들었는데, 얼른 보면 창고처럼 보여서 고량주 한잔하면서 갑갑한 속내를 털어놓기 좋은 곳이었다. 우리들의 아지트인 셈이었다.

매일 보고 들은 이야기를 서로에게 해 주다 보면 어느새 먼동이 터 오르고, 다시 시위를 찾아 나서는 게 우리 일과였다. 그런데 아무리 생각해도 풀리지 않는 수수께끼가 있었다.

"어떻게 이게 가능했을까?"

그건 나 혼자만의 수수께끼가 아니었다. 내가 한마디 툭 던지자 궁금증이 꼬리를 물었다.

"독립선언서를 그렇게나 많이 인쇄했는데 감쪽같이 몰랐다는 거잖아."

"정말로 몰랐던 거 같아. 그날 총독이랑 경찰 간부들이 고종 장례식 때문에 다들 훈련원에 있었다더라구."

"기독교, 불교, 천도교 지도자들이 몇 번이나 만나서 회합을 했을 테고, 무엇보다 탑골공원에 그렇게 많은 사람들이 모이도록 일본경찰에 정보가 흘러 들어가지 않았다는 건 기적 아니야?"

"종교계 지도자급 정도 되면 정보원이 따라붙지 않나?"

"총독부는 몰라도 친일파들에게는 정보가 들어갔을 가능성이 크지 않을까? 서른세 명이나 서명을 했다면, 그걸 거부한 자도 분명히 있었을 거야. 은밀하게 한두 사람씩 모여서 이야기하다가 누구도 끌어들이고 누구도 끌어들이고, 그러다 보면 찬동하지 않는 자가 나올 수 있는 거지. 은밀하게 친일 행각을 하던 자였겠지."

"친일파조차 입을 다물었다?"

"어쨌든 놈들 정보력으로 그걸 몰랐다는 거, 놈들한테는 그것 자체가 치명타일 거야."

"허둥대는 게 눈에 보이잖아."

그건 분명히 기적이었다. 조선인 한두 사람만 모여도 치를 떨면서 파리 쫓듯 흩어 놔야 직성이 풀리는 일본 경찰이 일제히 태극기를 흔들며 몰려나온 조선인들을 보고 얼마나 놀랐을지, 생각만 해도 통쾌한 일이었다. 그러나 그 피해는 너무나 끔찍했다. 전국적으로 학살된 수가 만 명이 넘는다는 풍문이 떠돌았다. 부상당한 사람들까지 더하면 그 숫자는 배가 넘을 것이고, 감옥에 투옥된 사람은 또 그 배가 넘을 것이다. 감옥마다 사람들이 얼마나 넘치는지 잠을 잘 때 교대로 누워야 할 지경이라고 했다.

"만세를 부르던 청년이 두 팔이 잘렸다는 이야기 들었어?"

"피어슨 여사에게 들었어. 어떤 선교사가 그 광경을 보고 청년 아버지에게 찾아가서 위로의 말을 전했는데, 그렇게 훌륭한 일을 했다면 목숨이 달아났다 해도 애석하지 않을 거라고 말했다더군."

"놀랍군, 놀라워. 조선 사람들이 이렇게 용감한 사람들이었다니, 놀라움의 연속이야."

"조선인인 우리도 이렇게 놀라는데, 일본놈들은 어떻겠어?"

"선교사들이 그런다잖아. 그동안 일본에게 당하기만 하는 조선 민족을 보면서 형편없는 민족이라고 생각해 왔는데, 이번 시위를 보면서 세계 역사상 유례가 없는 용기와 자제력을 보여 주었다고 떠들어 댄대."

"어떤 소학교 학생은 일본인 교장 앞에 나가서 '일본 교과서를 더 이상 사용하지 않을 때 학교로 돌아오겠습니다' 하고 학교를 걸어 나갔다고 하더군."

"경성이랑 해주에서는 어린이들 시위도 있었잖아."

"기생조합 시위도 멋졌지."

"기생들 대부분이 독립투사들이라더군요. 시시한 사내들이 요정에 잘못 들어가면 사상교육만 실컷 받고 나온다더라."

"조선 여성들, 만만한 여성들이 아니지."

"그나저나 피해가 너무 심각해. 죽일 놈들. 무장도 하지 않은 민간인들을 향해서 사격명령을 내리다니."

"놈들의 잔학무도함이 만천하에 드러난 거야. 제암리 교회 사건
은 국제 문제로 확대될 거 같아. 선교사들이 가만히 있지 않을 눈
치더라고."

"선교사들도 일본놈들한테 박해를 당해 왔으니까, 이 기회에 여
론 몰이를 할 생각이겠지."

"만세 시위 소식이 전 세계로 퍼져 나가고 있다는 얘기야."

"이런 얘기들을 널리 알려야 하지 않을까?"

"맞아. 신문다운 신문은 폐간되고 그나마 나오는 신문도 검열 때
문에 기사가 다 잘려 버리는 판국이잖아. 조선 밖에 있는 사람들보
다도 조선 안에 있는 사람들이 조선 사정에 더 어둡다니까."

"우리가 만들자."

"우리가?"

"그래, 신문이 뭐 별건가?"

우리는 곧바로 신문 만드는 일에 착수했다. 보석 같은 나의 동지
들은 탁상공론이나 하면서 울분을 토하고 술에 절어서 자기 연민에
빠지는 창백한 지식인 부류가 아니었다. 뜻이 하나로 모이면 곧바로
행동으로 옮겼다. 신문이라고 해서 거창한 건 아니었다. 거창하게
만들 여력도 없었고 감시망 때문에 그럴 수도 없었다. 철판에 글씨
를 긁고 한 장씩 등사판으로 밀어서 비밀리에 나누는 것이었다. 그

런 정도는 철공소 광고지를 만들 때 나 혼자서도 해 본 것이라 일도 아니었다. 문제는 발각되면 끔찍한 치도곤이 기다리고 있다는 거였다. 신문 쪼가리 하나에 목숨을 걸어야 하는 것이다.

발이 넓은 신화수가 국내 기밀을 수집하고 기사를 썼다. 해외 소식은 만주로 망명한 삼촌이 있는 윤익중이 맡았다. 소식은 옷가지나 책 따위를 넣은 수화물 궤짝으로 위장해 도착했다. 솜을 넣은 중국식 윗도리를 뜯으면 안감에 잉크로 적혀 있거나, 두툼한 책 표지를 물에 불려서 걷어 내면 그 속에 얇은 한지가 끼워져 있었다. 아무것도 쓰이지 않은 백지였지만 불에 쪼이면 글씨가 살아났다. 백반 물로 쓴 것이었다. 책이나 한지 두루마리를 묶은 끈도 밀서였다. 한지에 백반 물로 글씨를 쓰고 그것을 노끈 꼬듯이 꼬아서 묶어 놓으면 물건을 묶는 평범한 끈처럼 보였다.

"상하이에서 임시정부가 만들어졌대. 망명정부가 세워진 거야."

"좋아! 조선의 안과 밖이 서로 동조하기 시작했다는 거지. 그게 다 만세운동의 성과야."

"뭔가 시작된 기분이야."

인쇄는 중학교 서무과에 근무하는 서대순이 맡았다. 서대순은 숙직하는 날을 기다려 창고 천장의 빈 공간에 만들어 놓은 비밀 장소로 기어들어 갔다. 등사판을 걸고 롤러에 까만 잉크를 묻혀 한 장 한 장 찍어 냈다. 밤새도록 찍으면 2천 부가량 되었다.

첫 신문이 나오는 날이었다. 잠을 이루지 못하고 뒤척이던 나는 어둠이 가시지 않은 새벽 학교 정문으로 향했다. 그런데 어둠 속에서 그림자 하나가 움직였다. 나는 움찔해서 얼른 나무 뒤로 몸을 숨겼다. 머리카락이 쭈뼛 곤두섰다. 동지들이 신문을 받으러 오려면 아직 한 시간은 더 있어야 했다. 시작도 하기 전에 발각됐단 말인가.

그림자가 조금씩 선명해졌다. 그림자는 치마를 입고 있었다.

"규동이냐?"

"네."

나는 가슴을 쓸어내렸다.

"네가 여기 웬일이야?"

규동은 혜수의 외사촌 여동생인데 혜수 집에서 학교를 다니고 있었다. 혜수 집에서 모일 때면 꼭 끝자리에 앉아서 귀를 쫑긋 세우고 우리 이야기를 조용히 듣고 있다가, 이런저런 잔심부름도 하던 여고생이었다.

"오늘 신문 나오는 날 아니에요?"

기가 막혔다. 규동이 올 거라고는 생각지도 못한 일이었다.

"이건 위험한 일이야. 잡히기라도 하면 어쩌려고 그래?"

"위험한 건 똑같잖아요. 하지만 여자들이 의심을 덜 받지 않겠어요?"

그건 나도 미처 하지 못한 생각이었다. 규동의 말은 맞는 말이었다. 청년들은 서너 명만 모여도 눈총을 받았지만 여자들은 아무래도 감시가 덜했다. 규동이 신문 배달에 나서자, 혜수도 따라 나오더니 나중에는 서대순과 나의 어머니까지 힘을 보탰다. 여자들은 장바구니를 활용했고 규동은 책가방 밑바닥이나 교과서 사이에 신문을 끼워 넣었다.

나는 파란 궤짝에 파, 배추, 미나리 같은 채소를 싣고 그 속에 신문을 숨겼다. 그걸 끌고 청계천을 따라 동대문 밖 창신동 양삿골과 느릿골 일대를 돌았다. 친구의 친구, 친구의 친척, 친척의 친구들로 믿을 만한 이들에게 비밀리에 전달되었다.

한 달이 가고 두 달이 가고 세 달이 가는 동안 신문은 네 번 만들어지고 배부되었다. 그런데 네 번째 신문이 놈들의 수중에 들어갔다. 언젠가는 그런 날이 올 거라고 짐작하지 않은 건 아니었다. 그게 신문의 속성이니까. 아무리 숨죽여 만든다 해도 배부한 이후의 일은 우리 손을 떠난 것이다. 비록 몇 장 되지 않는 신문이지만 보다 널리 읽히는 것은 우리의 바람이었다. 놈들이 신문 한 장에 바르르 떠는 것도 그것 때문이다.

다행스러운 건 나 혼자 잡혔다는 거였다. 그렇다면 내가 아는 누군가라는 의미였다. 누굴까? 나는 얼마에 거래되었을까? 그가 누군지는 몰라도 그에게 앞잡이 짓을 시킨 자는 알 수 있었다. 그는 동대문경찰서 김창호란 자였다.

"누구냐? 누가 또 같이 이 일을 했는지 불어라."

나는 한동안 멍청하게 그를 바라보기만 했다. 어째서 조선인인 그가 조선인인 내게 무지막지하게 단도리하고 화를 내는지 납득할수가 없었다. 차라리 일본 순사가 취조를 하면 전의가 살아날 것같았다.

"너는 무식한 대장장이일 뿐이니까, 내 미리 알려 주지. 너 따위무식한 대장장이가 대일본 경찰이 얼마나 우수하고 정보력이 뛰어난지 그런 걸 알 수도 없을 테니 말이다. 경찰서 구경도 처음이지?피차 험한 꼴 보지 말고 시간 낭비하지 말자고. 며칠 밤낮을 잠도못 자고 물 한 모금 먹지 못하면 정신이 혼미해지고 그러면 두들겨맞고 손톱이 뽑히는 고문을 참으면서 진즉 불지 않았던 걸 후회하게 될 거라고. 너야 어차피 무식한 대장장이일 뿐이니까 너를 사주하고 같이 일한 동지들을 불면 너는 선처받을 수 있어. 그건 내가 보장하지."

훌륭한 연극배우 같았다. 그는 앞잡이 노릇을 썩 잘 해내고 있었다. 그리고 정말로 궁금했다.

"무식한 대장장이라서 그러는데, 그리고 너무나 궁금해서 그런데, 뭘 좀 하나 물어봐도 되겠습니까?"

"그렇지. 자세가 좋아. 궁금한 건 물어봐야지. 뭐든 물어보라고.내 가르쳐 주지."

나는 놈의 얼굴 가까이 다가가 낮은 목소리로 물었다.

"네놈은 도대체 어느 나라 사람이냐?"

내가 자기 연기에 포섭이라도 된 줄 알았는지 쫑긋 귀를 세우고 있던 놈의 동공이 커졌다. 놈의 얼굴이 양철 구겨지듯 요란하게 일그러지더니 벌떡 일어나 내가 앉아 있는 의자를 발로 걷어찼다. 의자 등받이에 포승줄로 묶여 있던 나는 의자와 함께 나동그라졌다. 놈은 미친 듯이 나를 때리기 시작했다. 이 새끼가 죽고 싶어서 환장을 했구나. 빠가야로! 놈은 약이 올라서 돌아 버리려고 했다. 내가 놈을 아프게 만들긴 한 것 같았다. 놈은 배를 걷어차고 머리를 구둣발로 짓이기더니 씩씩거리며 각목을 찾아 들고 정강이와 어깨를 사정없이 내리쳤다. 숨이 턱 막히고 머리가 터질 것 같았다.

처음 발길질에 비명을 지르던 몸의 통증은 다음 통증에 밀려났다. 그 통증은 또 다음 통증에 밀려나고, 새로운 통증이 덮쳤다. 마치 모래톱을 희롱하는 파도처럼 통증은 나를 희롱했다. 줄지어 이어지는 통증은 잔파도처럼 익숙해지면서 뭉뚱그려졌다. 놈은 한겨울의 냉기가 스며드는 방에서 진땀을 흘리고 있었다.

"말로 해서 안 되는 놈을 다루는 방법이 따로 있지."

신경질적인 화풀이가 어느 정도 채워지자 체계적인 취조가 시작되었다. 고문, 실신, 취조가 반복되었다. 쇠몽둥이, 나무 몽둥이, 가죽 채찍까지, 종류별로 골고루 날아들고 불에 달군 쇠꼬챙이에서 살이 타는 냄새가 피어오르고 콧구멍으로 뜨거운 물과 고춧가루물이 들락거리고 대바늘이 손톱 사이를 찌르더니 집게가 생손톱을 잡아 뽑았다. 피와 진물과 오물로 뒤범벅이 되어 뒹굴었다. 실신했다가 간신히 정신이 들면 처음부터 다시 반복되었다. 정신을 잃을 때는 그렇게 죽는구나 싶었다. 그러다가 희미하게 의식이 돌아오고, 내가 아직 살아 있다는 걸 확인하면 안도감보다 놀라움이 더 컸다. 목숨은 그렇게도 모진 것이었다. 그것은 경이롭고 신비로운 느낌이었다.

그렇게 한 달이 넘게 흘러갔다. 한 달이 넘어간 후로는 날짜가 어떻게 지나는지 알지 못했다. 재판정으로 넘어가기 전, 예심 기간은 놈들 마음대로였다. 일 년도 넘게 예심을 받은 이들도 있었다. 그러다가 죽어도 항의하지 못했다. 놈들이 자살이라고 우겨 대면 그만이었고, 쥐도 새도 모르게 사라지는 수도 있었다. 그게 놈들의 법이었다. 손목과 다리, 볼기에 맞은 상처가 무섭게 화농해서 고름이 줄줄 흘러내렸다. 고름 썩는 냄새가 너무 지독해서 차라리 코를 떼어 내고 싶었다. 다행한 건 코가 여러 가지 감각기관 중 가장 빨리 적응한다는 것이었다.

김창호가 집과 대장간, 철물점을 탈탈 털어서 내놓은 증거는 등사판이었다. 그러나 그건 철물점 광고 전단지를 만들 때 쓰던 것이었다. 신문 판형의 절반도 안 되는 크기였다. 그걸 보는 순간, 만세라도 외치고 싶었다.

불안하고 조마조마했다. 가위로 엿을 동강 내듯 뚝뚝 끊어져 나간 기억은 완전히 지워져 도저히 찾을 수 없었다. 무의식 중에 무슨 말을 하고 무슨 행동을 했는지 알 수 없어 두려웠다. 줄줄이 끌려 들어오는 동지들을 보게 될까 봐 의식이 돌아오는 것조차 악몽이었다. 그런데 내가 이겨 낸 것이다. 엉뚱한 걸 증거라고 들이대며 큰소리치는 김창호를 보니 몸서리치게 끔찍했던 고통조차도 달콤하게 느껴졌다.

놈이 의기양양해서 검사에게 송치하겠다는 걸 나는 가만히 두고 봤다. 그리고 검사를 보자마자 대뜸 고함을 치며 따졌다.

"증거도 없이 사람을 이렇게 병신을 만들어도 되는 거요?"

내가 바지를 내리고 진물이 질질 흐르고 썩어 들어가는 살을 보여 주면서 악을 써 대자 검사는 얼굴을 찡그리며 고개를 돌렸다. 오래전, 철물점 광고 전단지 찍은 걸 보여 주자 김창호는 얼굴이 창백해졌고, 검사는 고개를 절레절레 저었다.

나는 증거불충분으로 풀려났다. 유치장을 나서자 리어카가 보였다. 동지들은 제대로 걷지도 못하는 나를 보고 분해서 눈물을 훔쳤다. 그들은 나를 리어카에 실어 방에 눕혀 놓자마자 곧바로 다시 신문을 만들자고 했다.

"우리가 그따위로 무너지지 않는다는 걸 보여 줘야 돼."

"놈들은 결국 우리 신문에 대해서 아무것도 알아낸 게 없는 거잖아."

"형님이 저렇게 지독하게 입을 다문 덕분이지."

"김창호, 그 새끼 약이 올라서 죽을 맛일 거야."

"조선 놈이 어째 더 지독하지?"

"충성심을 보여야 되니까."

"독립신문 이야기 알아? 독립신문을 폐간시키려고 할 때 그 신문 주필이고 기자고 마구잡이로 잡아들였대. 그러면 바로 다음 사람이 그 일을 한다는 거야. 아무리 잡아들여도 총독 책상 위에는 반드시 그날 신문이 올라가 있었대. 총독이 호통을 쳐서 다시 관련된 인물을 모조리 잡아들였다고 생각하고 한숨 돌리면 다음 날 담당 검사 책상 위에 신문이 또 놓여 있었다는 거야."

"우리도 그렇게 하자! 놈들 등골에 식은땀이 줄줄 흐르게 말이야."

나는 누워서 동지들 이야기를 듣고만 있었다.

"형님은 끔찍하죠? 이제 형님은 뒤로 빠져요. 다음에는 제가 잡혀가겠어요."

"그것도 방법인걸. 잡혀가는 순서를 제비뽑기로 미리 정해 놓을까?"

나는 천천히 몸을 일으켜 앉았다. 그리고 고개를 절레절레 저었다.

"그런 식으로는 안 돼."

동지들이 말을 뚝 그치고 나를 바라보았다.

"나는 몇 번을 잡혀가도 괜찮아. 잡혀가고 또 잡혀가서 놈들이 진저리를 치고 공포스럽게 만들 수도 있어. 그런데 이번에 고문을 당하면서 깨달은 게 하나 있어. 신문 몇 장으로는 될 일이 아니라는 거야."

"그럼 뭐 다른 묘책이라도 있나요?"

"강우규 선생을 생각해 봤어."

"폭탄이요?"

"강우규 선생은 비록 사이토 총독을 죽이는 데는 실패했지만, 그 파장은 엄청났거든."

"하기는요. 예순이 넘은 노인이 어찌나 추상같던지, 재판정에서 보고 깜짝 놀랐어요."

"그랬지. 재판정에서 하신 연설이 더 폭발적인 파장을 불러일으 켰잖아."

"그건 신문과 비교도 안 되는 힘이야. 신문은 만들어 내기도 전에 발각될 수도 있고 만들었다고 해도 배부하는 데 또 무슨 난관이 있 을지도 모르잖아. 결국 우리가 신문을 만들려는 의도가 뭐야? 조선 인들을 각성시키고 세계적으로 우리의 독립 의지를 알리자는 거 아 니겠어? 안중근 선생과 강우규 선생을 잘 생각해 봐. 지금처럼 아 무것도 할 수 없을 때, 우리가 할 수 있는 게 뭐겠어?"

동지들은 깊은 생각에 잠겼다. 그러나 오래지 않아 모두들 찬성 을 외쳤다.

"좋아요. 저는 형님 생각에 찬성이에요."

"나도 찬성이에요. 계몽운동 같은 건 고매하신 분들에게 맡기자 구요."

"어차피 신문 쪼가리 한 장 만드는 데도 목숨이 왔다 갔다 하는

데, 안중근 선생과 강우규 선생 뒤를 잇는 거라면 더 생각할 것도 없어요."

그렇게 해서 만들어진 비밀조직의 이름은 암살단이었다.

눈사람

"오늘 바쁜 일 없으면 하루쯤 집에서 쉬면 안 돼요?"

출근을 하려는데 아내가 붙잡았다.

"무슨 일 있어?"

아내가 쭈뼛거리자 어머니가 방문을 드륵 열고 말했다.

"오늘이 태용이 돌 아니냐."

"아, 벌써 그렇게 됐나요?"

"돼지머리도 삶고 떡도 하고, 오늘은 잔치를 좀 하려고 한다."

풍족한 살림은 아니지만 장손 돌잔치도 못 할 정도는 아니었다. 그런데 어머니는 내가 뭐라고 할까 봐 그동안 몰래 준비를 했나 보다.

"너 경찰서 끌려가서 그 모양으로 고문을 당하고 나오고 태용이도 저렇게 허약하고 에미는 에미대로 얼굴에 수심이 가득하니, 뭐라도 하고 싶다. 마침 태용이 돌이니 친척들이랑 이웃들 좀 불러서 배부르게 먹이고. 벌써 준비 다 해 놨다. 그러니 뭐라고 할 생각 마라."

"그렇게 하세요."

내가 선선히 대답하자 그제서야 어머니와 아내가 서로 바라보며 미소 지었다. 내가 얼마나 경직되어 있었길래 어머니가 저럴까 싶었다.

"대장간에는 나가 볼게요. 음식이랑 막걸리랑 좀 보내 주세요. 인부들 좀 먹이게요."

창신동 집에서 동대문 밖 대장간으로 걸어갈 때까지 눈은 내리지 않았다. 비둘기 날개 같은 구름이 얕게 내려와 오전인데도 어둑신했다.

대장간 화덕은 벌써 벌겋게 달아올라 있었다. 대장간이 잘되어서 철물점을 확장하고 공장 위로 2층까지 올린 건 모두 부지런한 인부들 덕분이었다. 아버지뻘에서부터 열댓 살 먹은 소년까지 가족 같은 사람들이었다. 가족을 잃었거나 버림받았거나 애초에 가족이란 게 뭔지도 모르는, 사는 게 팍팍한 사람들이 대부분이었다.

"하이고, 눈이 오네."

망치질 사이로 누군가 소리쳤다. 언제부터 내리기 시작했는지 눈은 벌써 초가지붕과 골목길을 하얗게 덮고도 여전히 내리고 있었다. 대장간만 남겨 두고 온통 부옇게 흐렸다. 눈송이가 얼마나 큰지 갓난아이 주먹만 했다.

눈이 온다는 소리에 망치질 소리가 일제히 멈췄다. 대장간을 쩌렁쩌렁 울리던 망치질 소리가 끊어지자 망치질 소리에 쫓겨나 있던 고요가 밀려왔다. 그건 그냥 조용한 것과는 어딘지 달랐다. 눈 때문일 것이다. 작은 소음마저 눈이 흡수해 버린 후에 찾아오는 그것은 적막이었다. 고요한 적막.

인부들이 여기저기 걸터앉으며 멍하니 바깥을 내다보았다.

나도 목에 둘렀던 수건으로 이마와 목, 겨드랑이에 흐른 땀을 훔치며 나뭇등걸에 걸터앉았다. 한겨울에도 망치질을 몇 시간 하면 땀이 흥건히 솟았다. 여름 한철은 지옥처럼 뜨겁지만 겨울은 이 맛에 대장간 일도 할 만했다.

"막걸리 한잔하면 좋겠다."

조선 사람들은 막걸리 힘으로 일한다며 밥보다 막걸리를 좋아하는 장 영감이었다. 원래 막걸리 주조장을 했던 이였지만 일본인이 투자를 하네 어쩌네 하면서 들락거리기 시작하고 한두 해 지나니 자기도 모르는 새 공장 직공이 되어 있더란 거였다. 막걸리 익는 소리만 들어도 술이 됐는지 안 됐는지 귀신처럼 아는 전문가였다. 일본인은 그에게 보수를 많이 주겠다며 붙잡았지만, 그는 속이 뒤틀려서 다 버리고 나와 버렸다.

눈발은 더욱 거세어졌다. 눈을 보고 있자니 나도 막걸리 생각이 간절해졌다. 아우 춘원을 불러 창신동 집으로 가 보라고 했다. 머릿수건을 벗으며 밖으로 나가던 춘원이 몸을 돌려 나를 쳐다보았다. 춘원의 뒤에 누군가 서 있었다. 점점이 떨어지는 눈송이 뒤에서 나타난 건 규동이었다. 나는 옆에 있던 윗저고리를 걸치고 나갔다.

폭설을 뚫고 온 규동은 눈사람이 되어 있었다. 눈썹까지 눈이 내려앉아 하얬다. 내가 하하 웃으면서, 섣달 그믐날 졸음을 못 이기고 자 버렸구나, 농담을 하자 그녀는 입가에 미소를 머금었다. 인부들이 불 앞자리를 내주었다. 그녀는 손을 비비며 불을 쬐고 불의 훈김을 쐰 손으로 얼굴을 감쌌다.

폭설을 뚫고 대장간까지 찾아왔을 때는 뭔가 긴요한 이야기가 있다는 건데, 귀가 많아서인지 말없이 불만 쬐고 있었다. 마치 가만히 불을 쬐러 폭설을 뚫고 온 것 같은 얼굴이었다.

말이 앞서지 않는, 심지가 깊은 여자였다. 찬찬히 살펴 두었다가 꼭 필요한 순간 자신의 생각을 행동으로 보여 주었다. 깊은 속에 하고 싶은 말을 쌓아 두었다가 그것들을 짜고 짜서 한 방울 즙 같은 말을 흘리는 여자라고 할까. 당찬 구석도 있었다. 언젠가 무심코, 네가 남자였다면 정말 좋은 동지가 되었을 텐데, 하고 말한 적이 있었다. 그러자 곧바로, '그럼 지금까지 저를 동지로 생각하지 않았다는 건가요?' 하며 발끈해서 놀란 적이 있었다.

"학교는 결정이 되었나?"

그녀는 여학교를 졸업하고 선생 발령을 기다리고 있었다.

"발령장이 아직 안 나왔어요."

"놈들이 안 내주는 건 아니지?"

"그럴 일도 없잖아요."

"어디로 발령받았으면 하니?"

"글쎄요, 잘 모르겠어요."

그녀는 한동안 눈을 바라보고 서 있다가 그만 가겠다며 돌아섰다. 곧 떡이랑 고기랑 가져올 테니 먹고 가라고 했지만 웃기만 했다.

"긴히 만날 사람이 있으니까, 저녁때 혜수 언니 집으로 좀 오세요."

그게 그녀가 남기고 간 말의 전부였다. 그 말 하기가 그렇게 어려웠나? 누구인지, 무슨 일 때문인지 물었지만 오면 알 거라며 눈발 속으로 사라졌다.

만주에서 온 남자

댓돌에는 하얀 남녀 고무신 한 쌍이 놓여 있었다. 어둠 탓인지 고무신이 유난히 희게 보였다. 눈길을 걸어온 탓인지도 몰랐다. 노란 불빛이 비치는 문창호지 너머로 두런거리는 소리가 새 나왔다. 우두커니 서 있는데, 혜수가 부엌에서 나왔다.

"어서 들어가지 않고 왜 서 있어요?"

청년은 한쪽 팔을 머리에 괴고 비스듬히 누운 자세로 사과를 먹고 있었다. 규동은 맞은편에서 사과를 깎는 중이었다. 방문이 열리자 청년은 얼른 일어나 앉았다가 혜수 뒤의 나를 보고는 벌떡 일어났다. 규동도 칼을 내려놓고 일어났다. 엉거주춤한 채 좁은 방 안에 네 사람이 서 있게 되었다.

미소년의 앳된 얼굴이었다. 눈썹 숱이 많고 콧날이 반듯해 강직한 인상을 주었으나 입술이 도톰하고 눈웃음치는 듯한 눈매 때문에 귀여운 느낌이었다. 얇은 피부가 햇볕에 그을린 듯 반들거렸다. 누구인데 규동과 한방에 앉아 사과를 먹고 있는가. 규동이 결혼할 사람인가? 교사 발령을 기다린다더니 학교를 졸업하자마자 결혼부터 하려는가? 잠깐 사이 여러 생각이 스쳐 지나갔다.

"반갑습니다."

청년은 환하게 웃으며 고개를 숙였다.

혜수는 마치 어쩌는지 보자, 하는 얼굴로 나와 사내를 번갈아 보며 미소 짓고 있었다. 규동은 그런 혜수를 보며 웃고 있었다. 어쩐지 나 혼자 웃음거리가 되는 기분이었다.

"자 자, 앉자구요."

자리를 잡고 앉자 규동은 다시 사과를 깎기 시작했다.

"어디부터 어떻게 설명해야 되지?"

혜수가 털 스웨터를 여미며 청년을 바라보자, 청년이 자기소개를 했다.

"만주에서 왔습니다."

"만주요?"

그는 만주 길림군정서에서 밀파된 자였다. 길림군정서라면 백야 김좌진 장군이 지휘하는 북로군정서를 말하는 것이었다. 만주 벌판을 뛰어다니는 투사라고 하기엔 너무나 앳된 얼굴이었다.

"먼 길을 오셨군요."

"말씀 낮추세요. 형님이라고 불러도 되겠습니까?"

청년의 말에 혜수가 대신 답했다.

"상옥 씨가 당연히 형님이지. 그런데 누구랑 많이 닮지 않았어
요?"

혜수 말에 규동이 생글거렸다.

"그럼 규동이랑?"

"규동이 오빠, 동순입니다."

"친오빠?"

"예. 부모님도 안 계신데, 하나 있는 오빠도 만주로 가 버리고. 혜
수 누님한테 고맙죠."

"누가 그런 말 듣자고 그랬니? 내가 애 어렸을 때를 환히 알거든
요. 친척이라고 몇 없으니까 자주 놀러 갔어요. 마포가 그때만 해도
완전히 촌 동네였는데, 지금은 얼마나 바뀌었는지. 가면 꼭 규동이
를 데리고 다니면서 엄마처럼 챙기고, 계집애 같았어요. 한강에 가
서 물놀이하자고 그러면 무섭다고 하고. 그런 애가 만주에서 일본
군하고 싸운다는 게 나는 아직도 믿기지가 않는단 말이야."

"나보다 어린 사람들이 숱한 걸요."

그러면서 웃었는데, 생글거리는 눈매가 규동과 똑같았다. 그는
고작 스물두 살이었다.

"누님께 지조 있고 열렬한 투사를 찾는다고 하니 딱 한 사람 있다고 하더군요. 신문을 만들다가 잡혀 모진 고문을 당하시면서도 동지들을 보호했다는 말을 들었습니다."

"너무 답답해서 그랬지. 놈들이 얼마나 교활하고 간교한지, 조선인들이 너무 모르는 것 같아서. 길을 내고 철도를 깔고, 그게 다 무슨 의미인지 모르는 것 같더란 말이야. 내 눈에 조선은 소리 없는 전쟁터야. 적들이 마음껏 유린하는데 아군들은 아무것도 모르는 전쟁터 말이야."

동순은 고개를 끄덕이며 말했다.

"형님 말씀이 맞아요. 국내에 들어오니 놈들 감시가 거미줄처럼 촘촘해서 숨이 막힐 것 같아요. 차라리 만주처럼 총 들고 싸우면 좋겠어요."

"거미줄이 있다고 나비가 꿀을 못 따는 건 아니니까. 거미줄이 무서워서 아무것도 하지 않는다면 굶어 죽겠지. 그 정도의 용기만 있어도 뭐라도 할 수 있는 거 아니겠어?"

"문제는 온통 거미줄이니까 그렇죠."

"사실 쉬운 일은 하나도 없었어. 겨우 신문 쪼가리 하나에도 목숨을 걸어야 하는 게 국내 사정이야. 놀라운 건, 그런 일에 목숨을 거는 동지들이 있다는 거지."

동순은 빙긋이 웃었다.

"그래서 제가 온 겁니다."

이어지는 동순의 이야기는 내 가슴을 두근거리게 만들었다.

작년 3·1만세운동의 여파로 만주 각지에서 독립운동이 기름을 끼얹은 듯 활활 타오르고 있다. 국내에서 울분을 삭이던 청년들이 속속 만주로 몰려와 길림군정서뿐 아니라 동로군정서, 서로군정서, 아령군정서 등에서 맹렬하게 훈련을 받고 있다. 왜놈들을 쳐부수겠다는 마음으로 일치단결하여 패기가 하늘을 찌를 기세라고 했다.

뿐만 아니라 남경 중국 정부로부터 기술자를 초빙해서 대규모로 폭탄을 제조하고 있으며 폭탄이 준비되면 겨울에 두만강 물이 얼기를 기다려 게릴라전을 감행할 것이다. 게릴라전으로 국경 일대를 점령하고 파괴하며 일본인 관리들을 무찌르는 한편, 동해 연안을 항해하는 국내외 선박 등을 파괴할 것이다. 그리하여 조선 내의 치안을 일본인들이 확보하지 못한다는 사실을 세계열강들에게 인식시킨다.

"이렇게 해서 국제적인 문제로 떠오르면 게릴라 부대를 국제법상 정당한 교전단체로 승인받으려는 겁니다."

"그건 무력 투쟁이 시작된다는 말 아닌가?"

"그렇죠. 평화적인 시위나 운동은 한계에 부딪혔으니까요."

"그럼 자네가 국내 조직책을 떠맡고 잠입한 건가?"

"네, 도강작전이 시작되면 곧바로 일본 관공서를 파괴하고 관리들을 암살하면서 국내외, 안팎에서 협공하는 거예요."

나는 한 팔로 동순의 어깨를 부여잡고 악수를 청했다.

"자네, 제대로 왔군."

며칠 후 동순이 동대문 밖 대장간으로 찾아왔다. 하얀 모시 조끼에 하얀 맥고모자를 쓰고 백구두까지 신은 그는 영락없이 부잣집 한량이었다.

"이게 누구야? 이렇게 차려입으니 딴사람이군. 세월만 잘 타고났으면 여인네들 속깨나 태웠겠는데?"

"만주서 냄새나는 군복만 입어 봐요. 그런데 형님도 만만치 않던데요? 하얀 두루마기에 하얀 말총모자, 거기에다 지팡이까지 짚고 다니시는 품이 근사해요."

"대장간에서 하루 종일 땀에 절어 있어 봐."

"형님은 정말 나랑 잘 통한다니까요. 독립군들 국경을 넘을 때 변장이랍시고 하는데, 누가 봐도 딱 독립군이에요. 내가 형사라도 금방 집어내겠다니까요."

"그런가?"

"형사 놈들이 기차에서 검문검색할 때 뭘 보는지 알아요?"

"뭘 보나?"

"눈빛이요. 마음의 호수니, 마음의 창이니, 노래 가사에 나오는 게 틀린 말이 아니라구요. 눈빛에 딱 써 있어요. 나 독립군이에요. 잡아가세요."

"눈빛이라……."

"중국 사람으로 변장을 하고 학생처럼 입고 늙은이처럼 수염을 달아 봐도 눈빛을 숨기지 못하면 백발백중이에요. 사복형사들 매일 그것만 보잖아요. 그러니 조금만 수상해도 금방 걸리게 돼 있어요. 기차도 구간마다 담당 형사들이 따로 있어요. 의주에서 평양까지, 평양에서 경성까지. 의주에서 탄 형사들은 평양까지 가면서 거기에서 눈여겨본 것들을 적어요. 그리고 평양에서 내려서 다음 구간 형사에게 그걸 넘기죠. 경성에서 평양까지 타고 간 형사들은 평양에서 의주로 가는 형사들에게 또 정보를 넘기고요."

"그 정도로 치밀한가? 예상은 했지만……."

"이루 말할 수 없어요. 국경을 한 번씩 넘을 때마다 죽었다 다시 태어난 기분이에요."

"자네 말을 들으니 내가 너무 순진했나 싶어지는데? 실은 나는 양복 입고 다니는 꼴이 보기 싫어서 한복을 고집한 거거든. 일본놈들도 눈꼴 시리고. 그런데 그게 얼마나 눈에 띄는 짓인가 말이야."

"나는 형님이 일부러 늙수그레하게 보이려고 그런 줄 알았는데요?"

동순은 내가 메워야 할 빈구석을 채워 주기 위해 나타난 것 같았다. 우리는 어제 헤어진 형제처럼 서로를 금방 알아보았다. 말 한마디면 무슨 생각을 하는지 마음까지 헤아려졌다. 인부들이 모두 퇴근한 저녁 시간에 찾아온 그는 텅 빈 대장간 구석구석을 둘러보며 말했다.

"형님은 사업 수완도 좋네요. 대장간에 철물점에, 게다가 2층까지 올려서 거기에 중국집 세도 주고."

"어릴 땐 밥도 못 먹고 살았어. 열 살 때부터 대장간에서 일했다네. 그땐 학교 다니던 친구들이 어찌나 부럽던지."

"형님은 알면 알수록 내가 만나고 싶었던 딱 그런 사람이에요. 이거다 한번 결정하면 뒤도 안 돌아보는 직진형이라고 할까?"

"직진형 아닌 형은 뭐가 있는데?"

"구불구불 갈지자형이요."

"그건 어떤 사람인데?"

"이성적으로, 현실적으로, 구체적으로, 무슨 무슨 적을 좋아하는 '적'주의자들 있어요. 혼자 고민을 다 짊어진 것처럼 회의하고 번민하죠. 주로 뭘 좀 배웠다 하는 지식인들이 그러죠. 겉으로는 신중론으로 위장하고 있지만 한 꺼풀만 들춰 보면 사실은 두려운 거예요. 자기를 완전히 비운 사람들은 그러지 않아요."

"하하, 연구 많이 했군."

"시절이 그러니까요."

그가 수시로 철물점을 드나든 것도 연구의 하나였다.

"대장간이 마음에 들어요. 비밀스런 형님 방까지, 완벽해요."

"내 방이 비밀스럽다는 건 어찌 알았나?"

"만주에서 삼 년을 굴러먹으면 다 보이죠."

"가족들에게 피해 주고 싶지 않아서 만든 거야. 중국 식당 하는 이는 내 사촌이고."

"형님."

동순이 목소리를 낮추며 대장간 구석으로 나를 데리고 갔다.

"여기를 우리 본부로 만들었으면 해요."

"대장간을?"

"폭탄이며 무기들을 숨길 곳이 필요해요. 비상시에는 우리가 직접 폭탄을 만들기도 해야 하는데, 그걸 만들고 약품들도 보관하고. 이보다 좋은 곳은 없을 것 같아요. 여기 물건들 쌓아 두는 곳, 이 아래를 파는 거예요."

직진형 인간인 건 그도 마찬가지였다. 그와 나는 동류였다. 우리는 곧바로 굴 파기에 돌입했다. 작업은 인부들이 모두 퇴근한 밤에 했다. 말굽이며 마차 바퀴, 문고리와 돌쩌귀 들을 넣은 궤짝을 들어내고 호미와 곡괭이로 땅을 판 다음 가마니에 흙을 담아 낙산까지 실어 내야 했다. 동순이 밤마다 오는 것도 눈에 띄는 일이라 대부분은 내 몫이었다. 밤잠을 못 자고 작업을 하면 낮에는 녹초가 되어서 깜빡깜빡 졸았다. 졸다 보면 어느새 동순이 내 앞에 앉아 있었다. 직원들이 퇴근하고 어수선한 틈을 타서 밀실로 몰래 숨어드는 거였다. 그때만큼은 그도 모시 조끼를 포기할 수밖에 없었다.

매일 밤 삽질을 하고 흙을 져 나르는 노동을 했지만 우리의 계획은 야심찼다.

"비밀 연락소하고 조직이 필요해요. 길림에서 경성까지 오는 길에는 중국 국경 부근의 안둥현을 경유하게 될 거예요."

우리는 부산, 목포에 이르는 요소 요소에 독립 활동 지부를 설치하고, 청진, 원산, 평양, 해주, 인천, 대구, 진주, 광주까지, 전국 각지를 연결할 방도를 궁리했다. 지부에는 반드시 기밀 연락소와 지하실을 파 두고, 각 지방의 인물들을 조사하고 중요 기관의 소재지를 파악해서 지도를 작성하기로 했다.

"경성을 기점으로 이북은 제가 맡을게요. 본부는 아무래도 경성 지리에 밝은 형님이 맡는 게 좋겠고요."

동순이 무기 공급책을, 재정책은 윤익중이 비밀 문서책은 서대순과 정설교가 집총 대장은 신화수 그 외 연락은 전우진이 맡기로 하고 나는 그 총책이 되었다. 비밀조직을 재정비한 우리는 주기적으로 모여 대책을 협의하고 준비를 했다. 암살단 취지서를 작성하고, 일본인 고관들에게 보내는 경고문과 조선인 관리들에게 속히 사퇴하고 물러날 것을 권하는 권고문 등을 인쇄했다. 폭탄을 제조할 화약과 화학약품은 단원들이 조금씩 사 모아 비밀문서들과 지하실에 감추고 쇳덩이와 농기구 등을 쌓아 위장했다.

경찰과 헌병대 수첩도 만들었다. 중요 간부와 각 경찰서 고등계 형사들의 명단을 파악해서 그들 이름과 사진을 붙여 낯을 익히도록 만든 것이다. 유사시 형사들의 추격을 받을 때를 대비한 것이다.

북한산의 여름

동순이 길림에 다녀왔다. 철물점을 저당 잡혀 마련한 군자금 2천 원과 윤익중이 고향 땅을 팔아 마련한 천 원을 길림군정서에 전달하고 준비 상황을 보고하기 위해서였다. 한 달 만에 돌아온 그에게는 동행이 있었다.

"형님, 장일진 동지예요."

명사수라고 했다.

"사격 훈련을 지도해 줄 거예요."

"그런데 무엇으로 훈련을 하지? 애들처럼 막대기로 할 순 없잖아."

"우선 권총 3자루와 총알 3백 발을 숨겨 왔어요."

"그걸 갖고 국경을 넘었단 말이야?"

"앞으로는 더 많은 것들을 들여와야 할 건데요?"

수련이 시작됐다. 십여 일쯤 야영을 할 요량으로 쌀과 솥단지까지 챙겨서 북한산 깊숙한 곳으로 들어갔다. 총소리도 잡아 먹을 만한 계곡 옆에 자리를 잡았다. 매일 체력 훈련과 사격 훈련을 했다. 간혹 정체를 알 수 없는 발자국 때문에 담력 훈련은 저절로 되었다. 가끔 호랑이가 출몰한다는 소문이 떠도는 곳이었다.

여름의 초입이었다. 계곡물로 밥을 지어 먹고 발을 담그고 있는데 윤익중이 주저하면서 이야기를 꺼냈다.

"명색이 재정 담당이란 사람이 좀 부끄러운데, 자금 조달 문제를 의논해야 할 거 같아요."

인쇄물을 만들고 무기를 구입하고 길림군정서에 보낼 자금을 마련하느라 우리의 돈줄은 거의 고갈된 상태였다. 곶감 빼 먹듯이 조금씩 저당 잡힌 철물점은 간신히 명맥만 유지하고 있었고, 윤익중도 몰래 문중 땅을 처분하는 게 한계에 다다랐다. 윤익중은 자기 잘못인 것처럼 쩔쩔맸다.

"아무리 거룩한 일을 하더라도 돈이 필요하다. 돈이라는 거, 참 요사스럽지 않아요?"

정설교가 너스레를 치며 윤익중을 두둔했다.

"공연히 돈에다가 인격 따위를 부여할 일은 아니야. 돈은 그저 수단일 뿐인데, 그걸 목적으로 생각하는 놈들이 덜된 놈들이지."

불교 철학을 공부하는 신화수는 철학자다운 접근을, 윤익중은 재무 담당답게 현실적인 접근을 했다.

"정작 필요한 곳은 말라 있고 더러운 곳에만 몰려 있으니, 설교 말도 일리가 있지 않아요?"

동순이 윤익중을 떠보듯이 빙그레 웃으며 물었다.

"수단이라고 했잖아. 그게 무슨 말일까?"

"강을 건너면 배는 버리는 법이라고 하지."

윤익중이 빙그레 웃으며 받아넘기자 동순이 큰 소리로 웃었다. 정설교만 무슨 뜻인지 몰라서 눈을 동그랗게 뜨고 두리번거렸다.

"다들 아는 거예요? ……나만 모르는 건가?"

모두들 지그시 웃고 있는 걸 보고 정설교는 더욱 어리둥절해졌다.

"지금 조선에 돈 있는 곳이 어디냐?"

윤익중이 웃으며 정설교에게 물었다.

"그거야, 은행 아닌가?"

"우리가 은행털이범이 될 수는 없잖아."

"그렇다면? 친일파들!"

"옳지. 그 돈이 그놈들 돈인가? 그거 다 나라 팔아먹은 돈이잖아. 후작, 백작, 자작, 남작 작위를 받으면서 은사공채도 두둑이 챙겼지. 그러니 그 돈을 우리가 좀 융통한다고 해도 죄 될 건 없다고 생각해."

"죄라니! 살아 있는 것만도 고마워해야지!"

합의는 순식간에 이뤄졌다. 구체적인 계획에 들어가기 전에, 나는 정설교의 허벅지를 지그시 누르며 말했다.

"설교야, 이번에 너는 빠져라."

"왜요?"

윤익중이 정설교의 어깨를 툭툭 치며 말했다.

"넌 아직 학생이잖아."

정설교는 벌떡 일어나더니 우리를 둘러보며 목에 핏대를 세웠다.

"이럴 때는 학생? 우리 친척 어른 한 분이 지난번 토지조사 때 돌아가신 거 아시죠? 그분, 그 땅 마련하려고 정말이지 허리 한번 안 펴고 일하신 분이에요. 그런데 두 눈 버젓이 뜨고 있는데 대낮에 강도도 아니고 토지조사라는 걸 한답시고 왔다 갔다 하더니 주인이 바뀌었다는 걸 이해할 수 있겠어요? 이해를 어떻게 해요? 그러고는 억울하다고 항의하는 사람을 끌어다가 패 죽여요? 뭐 이런 세상이 다 있냐고요."

"나도 궁금한 게 있다."

신화수가 길게 한숨을 내쉬었다.

"인간이란 도대체 어떤 존재일까?"

"철학적인 고민이오?"

전우진이 머리를 긁적이자 신화수가 고개를 저었다.

"누구는 나라가 망했다고 자결을 하는데, 누구는 그 나라 망한 것을 기회로 치부를 한다? 똑같은 상황에서 어떻게 처신이 이렇게 극명하게 다를 수 있는 건지 이해가 잘 안 돼서 하는 말이오."

"그래, 민영환 선생 같은 분도 있었지. 내가 열여섯 살 때였나?"

민영환이 자결했다는 소식은 삽시간에 퍼졌다. 대장간에서 망치를 두드리고 있던 나는 그 소식을 듣자마자 뛰쳐나와 그의 집이 있다는 견지동으로 달려갔다. 이미 많은 사람들이 집 앞에 엎드려 통곡하고 있었다. 대한제국이 일본의 수중에 들어갔다는 것을 나는 그의 자결로 알았다.

"이거 한번 들어 볼래요? 민영환 선생 유서인데, 신문에 나온 걸 베껴 놓은 거예요. 쉽게 풀어서 읽어 볼게요."

신화수가 잘 접힌 묵지 한 장을 꺼내서 펼쳤다.

"살기를 바라는 사람은 반드시 죽고, 죽기를 기약하는 사람은 도리어 삶을 얻나니 여러분은 어찌 이것을 알지 못하는가. 나 민영환은 한 번 죽음으로 황제의 은혜에 보답하고 우리 이천만 동포형제에게 사죄하려 하노라. 그러나 영환은 죽어도 죽지 않고 저승에서라도 여러분을 기어이 도우리니 다행히 동포형제들은 천만 배 더욱 분투노력하여 뜻을 굳게 하고 학문에 힘쓰며 한마음으로 힘을 다하여 우리의 자유 독립을 회복하면 죽어서라도 마땅히 저세상에서 기뻐 웃으리라."

"그거 꼭 우리한테 보낸 편지 같네요."

정설교의 말에 다른 이들도 응답했다.

"저승에서 보낸 편지?"

"저승으로의 초대장은 아닐까?"

"우리는 죽기를 기약하고 있으니 도리어 삶을 얻을까?"

유서로 인해 죽음에 대한 말이 꼬리를 물 때 윤익중이 제안했다.

"같은 민 씨지만 민영환 선생과 정반대 인물이 민영휘잖아요. 나는 사실 그자를 염두에 두고 있는데, 어때요?"

서대순이 무릎을 쳤다.

"나는 찬성! 민영환이 나라를 빼앗겼다고 자결할 때 민영휘는 치부만 한 게 아니라 청이 유리할 것 같으면 청에게 붙고 러시아가 유리할 것 같으면 러시아에 붙고 그러다가 일본이 강해지니까 일본에 붙었다고. 그 덕분에 지금 경성 장안에서 제일 떵떵거리는 갑부가 되었고. 거대한 저택에 첩도 하나로 부족해서 서너 명을 한꺼번에 데리고 산다더군."

전우진이 고개를 저었다.

"민영휘 집은 수하가 너무 많아 힘들어. 우편낭을 매고 매일 경성 시내를 돌아다니는 내가 잘 알지. 관직을 얻겠다고 청탁을 넣는 자들이 밤낮을 가리지 않고 들끓어. 민영휘 집보다는 박영효 집이 나을 것 같은데."

"박영효요? 김옥균하고 같이 갑신정변을 일으킨 주역 말이에요?"

내가 되묻자 전우진이 고개를 끄덕였다.

"그때만 해도 혁신적인 인물이었지. 양반이니 상놈이니 하는 신분제를 철폐하고 서구식 공화국을 만들자고 했으니까. 그런데 반란이 사흘 만에 실패하자 박영효는 고종임금에게 살려 달라고 눈물겨운 상소를 올려서 살아났지. 그래 놓고는 다시 고종을 몰아내려고 모반을 하다가 걸려 제주도로 귀양을 갔는데 일본이 조선을 합방시키자 이번에는 일본에 붙어서 살아났지. 시류에 따라 힘센 세력에게 붙어먹기로는 박영효만 한 자가 없는 거 같아."

정설교가 또 다른 제안을 했다.

"백상회는 어떨까요?"

백상회 주인 백운영은 일본에 철저히 아부하면서 장안의 돈을 끌어모으고, 그 아들 백윤화를 뇌물로 경성재판소 판사 자리에 앉힌 망국의 수혜자였다. 우리는 만일의 사태에 대비해 두 곳을 모두 물망에 올렸다.

같은 하늘 아래

어둠 속에서 담뱃불이 세 번 빙빙 돌았다. 전우진이었다.

내로라하는 양반들이 모여 사는 관훈정은 한옥들이 즐비했다. 밤이 깊어 행인들도 뜸하니 구중궁궐처럼 고즈넉했다. 전우진은 집배원 정복을 입고 우편낭까지 멘 채였다. 긴급한 사태가 발생하면 전우진의 정복이 큰 도움이 될 것이었다. 집 구조와 방범 상태에 대한 정보도 전우진이 배달을 하면서 틈틈이 캐낸 것이었다.

내가 전우진에게 다가가자 맞은편 골목에서 동순이 나타났다.

"조용해요. 다들 잠자리에 든 거 같아요."

전우진은 담장 밖 어둠 속에서 망을 보다가 위급한 상황이 발생하면 장독대에 돌멩이를 던지기로 했다. 동순과 나는 담장을 넘었다. 마당을 가로질러 대청마루의 유리문을 열었다. 유리문은 별다른 저항 없이 부드럽게 열렸다. 마루에 올라선 동순이 손가락으로 오른쪽 방을 가리켰다. 전우진의 정탐에 의하면 그 방이 침실이었다.

박영효는 혼자 자고 있었다. 자다 깬 박영효는 눈앞의 권총을 발견하고 온몸이 얼어붙은 채 눈알만 굴렸다. 우리는 거두절미하고 찾아온 용건을 말했다. 그러자 묵직한 목소리로 말했다.

"이거 참 훌륭한 젊은이들이로군. 그 총은 치우고 이야기하세. 강도가 아니라면 말일세."

"우리는 당신하고 한가하게 이야기나 하려고 온 게 아니요. 돈이나 내오시오."

동순이 다그치자 박영효는 고개를 끄덕이며 대답했다.

"드려야지. 나라를 위해 애쓰는 데 나도 당연히 힘을 모아야지."

"쓸데없는 소리 그만하시오."

"그런데 당장 현금을 가지고 있는 게 없는데 어쩌겠소? 내일 다시 오시겠소?"

"공연한 수작 부리지 말고, 금고를 갖고 오시오."

"금고에 있는 건 푼돈밖에 안 되는데. 독립 자금으로 쓸 정도의 거금이라면 은행에 가서 찾아야 한다 이 말이오."

살아오면서 삶과 죽음 사이에서 줄타기를 몇 번 한 탓인지, 그는 노회한 능구렁이 같았다. 그러나 내가 관자놀이에 총구를 갖다 대고 나지막이 으름장을 놓자 천천히 침대에서 일어나 문갑을 열고 금고를 꺼냈다. 금고 안에는 만 원 상당의 현금이 들어 있었다. 경성 시내에 좋은 집 두 채는 사고도 남는 돈이었다.

"이 수전노야. 이렇게 큰돈이 푼돈이라고? 그러면 은행에는 얼마나 있는 거야? 십 만원? 백만 원? 더러운 매국노 같으니!"

동순이 이를 갈며 눈을 부라렸다. 박영효는 연극배우처럼 두 손으로 흥분된 분위기를 가라앉히며 소파를 가리켰다.

"자 자, 이쪽으로 좀 앉아 보게나. 젊은이들, 성질이 급하구만. 나도 자네들이 강도가 아닌지 판단할 시간이 필요하지 않겠나. 세상만사 성질대로 되는 게 아니라네. 자고로 큰일을 하려면 때를 기다릴 줄도 알아야 하지. 그러지 말고 커피라도 한잔하고 가시오. 오랜만에 훌륭한 젊은이들을 보니 내 젊은 날도 떠오르고, 반가워서 그러네."

예상치 못한 상황이었지만, 친일파들이 도대체 무슨 생각을 하는지 궁금하다는 정설교 말이 떠올랐다. 다른 친일파들이야 궁금할 것도 없지만 박영효는 변명이라도 듣고 싶었다. 동지 김옥균은 능지처참을 당하고 자기는 살아남아 일본에 아부하면서 영화를 누리는 걸 어떻게 합리화할지 궁금했다. 그는 자고 있던 식모를 깨워 커피를 가져오라고 시켰다. 동순은 그를 믿지 못해 따라 나갔다.

얼른 둘러본 그의 침실은 묵직한 목재 가구로 둘러싸여 있었다. 중국식 가구와 일본식 가구들이 눈에 띄었다. 문갑 위에는 기기묘묘한 조각상들이 놓여 있고 커다란 거울이 달린 화장대도 있었다. 그런 건 아무래도 좋았다. 가장 먼저 눈에 띄었고 가슴이 아팠던 건 침실 한가운데 깔려 있는 호랑이 가죽이었다. 일본놈들이 조선의 호랑이를 모조리 잡으러 다닌다는 기사를 본 적이 있었다. 호랑이 잡기 대회까지 벌인다는 소리도 들었다. 일본놈의 총에 맞아 죽고 마침내 친일파의 침실에 깔려 있는 호랑이가 조선 그 자체인 것만 같았다. 모욕감에 얼굴이 화끈 달아올랐다. 맞은편 벽에는 장정 키만 한 일본도가 걸려 있었다.

"이리 와서 앉으시오."

그는 커피를 탁자에 내려놓고 두 팔을 벌리며 말했다. 자기가 우리를 초대한 걸로 착각하는 것 같았다. 우리가 뜨악하게 버티고 서 있자 어깨를 두드리며 소파로 안내했다.

"이렇게 훌륭한 젊은 투사들이 있는 줄은 내가 미처 몰랐소이다. 청년들이 이렇게 일어선다면 해방도 멀지 않을 것이오."

"이렇게 영화를 누리고 살면서 뻔뻔하게 그런 말이 나오시오?"

동순이 싸늘하게 대꾸했다.

박영효는 동순을 가만히 쳐다보다가 커피 잔을 들었다. 우리의 조급증을 식히려는 듯 커피 한 모금을 천천히 마시더니 말문을 열었다.

"자네들만 한 나이에 나는 오백 년을 이어 온 이 나라를 개혁하려고 목숨을 내놓았던 사람이오. 하지만 지난날을 돌아보면 세상일은 투지나 혈기만으로 되는 게 아닙니다."

그는 회한이 서린 표정으로 말을 이었다.

"솔직히 말하면 나는 굳이 목숨을 걸고 그런 위험한 일에 뛰어들지 않아도 편히 살 수 있었네. 하지만 나라를 구해야겠다는 생각이

내 일신의 안위보다 더 컸던 거지. 문벌을 타파하고 인재를 고루 등용하고 빈민을 구제하고 국가 재정을 튼튼히 하는 등 우리가 내걸었던 개혁안은 정말이지 우리의 이상이었다네. 그대로만 되었다면 지금쯤 우리나라의 모습이 어땠을까? 그런데 자네들은 이것이 왜 실패했는지 아는가?"

우리가 잠자코 있자, 그가 다시 말을 이었다.

"때가 무르익지 못했기 때문이었네. 생각해 보게나. 양반들이 지금껏 누려 오던 기득권을 포기하겠는가 말일세. 더욱 기막힌 게 뭔지 아는가? 그건 우리 조선 민중들조차도 우리의 개혁안을 받아들이려고 하지 않았다는 걸세. 그게 무얼 뜻하는지 알겠나? 우리 개혁안이 너무 급진적이었다는 말이네. 받아들일 준비가 되어 있지 않은 사람에게 아무리 좋은 걸 주면 뭘 하겠나. 우리의 실패는 결국 시류를 제대로 읽지 못한 데 있었던 거지."

그는 교묘하게 김옥균은 쏙 빼고 자신의 공치사를 하면서 실패의 원인을 때를 잘못 만난 탓으로 돌리고 있었다. 그렇게 많은 고민을 한 결과 지금 이렇게 막대한 부와 권력을 누리며 살고 있단 말인가? 욕지기가 치밀어 올랐다.

"그것이 지금 친일파로 사는 것에 대한 면죄부가 될 수 있다고 생각하시오? 그리고 당신이 지금 일본놈들의 녹을 받아먹고 있는 그 은행이 조선을 약탈하는 첨병이란 걸 설마 모른다고 하진 않겠지?"

"이보게. 나는 이제 늙었네. 이 나이에 내가 무얼 할 수 있겠나?"

과거 전력을 이야기할 때는 잔뜩 거드름을 피우던 그는 갑자기 노인네 같은 표정으로 동정을 구하고 있었다.

"당신같이 비굴한 노인네한테 이런 말 하고 싶지도 않지만, 그래도 당신같이 영향력 있는 사람이 호락호락하지 않은 기세로 일본놈들을 제압한다면 민중들에게 얼마나 힘이 되겠소?"

"대신 내가 힘닿는 대로 독립 자금을 지원해 주겠네."

동순이 내 어깨를 툭툭 치며 일어섰다. 동순이 박영효를 내려다보며 한마디했다.

"강우규 선생은 당신 같은 나이에 일본 총독에게 폭탄을 던졌소."

그는 당장의 위기를 모면하려고 온갖 변명을 늘어놓는 비굴한 노인네일 뿐이었다. 식모를 깨워 커피를 타 온 건, 나중에라도 문제가 되면 자발적으로 지원한 게 아니란 증거를 남기려는 수작이란 게 동지들의 중론이었다. 차라리 고마운 일이었다. 그 돈이 어떤 돈이든, 총을 들이대고 뺏었다는 사실이 달라지는 건 아니었다. 그러나 비굴함의 끝을 보고 나니 마음이 홀가분했다.

그런 면에서는 돈만 아는 백 씨 부자가 차라리 솔직해서 나았다고 해야 할 것인가.

윤익중과 서대순이 무교정에 있는 백윤화의 집에 찾아갔을 때 웅장한 클래식 음악이 담장 밖까지 흘러나오고 있더라고 했다. 백윤화는 현직 판사였다. 법원 통역에 불과하던 자가 경성법원 판사 자리를 꿰찬 것이다. 두말할 것도 없이 돈의 힘이었다. 교활한 지능과 비굴한 천성이 재력을 등에 업고 이룬 신분 상승이었다.

백윤화의 거실은 수많은 불법 청탁이 오가는 밀거래 장소였다. 남의 재산을 가로채려는 자들과 사악한 범죄를 저지른 자들이 현금과 금붙이를 싸 들고 찾아와 자신들에게 유리한 판결을 내려 달라고 읍소하는 비밀의 재판정이자, 진짜 억울한 옥살이를 하는 가난한 사람들이 집을 팔아 마련한 돈을 들고 찾아오는 한스런 장소였다. 윤익중이 청탁을 하러 온 양 양과자 상자를 건네자 식모는 누군지 묻지도 않고 두 사람을 거실로 안내했다.

백윤화는 소파에 푹 파묻혀 두 눈을 감은 채 한쪽 팔을 휘젓고 있었다. 음악에 심취해 있다는 걸 과시하는 중이었다. 인기척을 느꼈을 텐데도 한껏 거드름을 피우면서 속으로는 얼마짜리가 굴러 왔나 가늠하고 있었을 것이다. 윤익중과 서대순은 그 꼴을 한동안 바라보고 있었다고 한다. 별다른 기척이 없자 백윤화는 가늘게 눈을 뜨고, "무슨 일이시오?" 물었다.

"우리는 조국 독립을 위해 싸우는 투사들이오. 무장투쟁을 위해 군자금이 필요해서 협조 좀 받으려고 찾아왔소."

백윤화의 얼굴이 석고상처럼 굳더니 얼른 허리를 꼿꼿이 세워 앉았다. 거짓말이나 단순 강도가 아니라는 건 판사인 백윤화가 더 잘 알았다. 만주나 상하이에서 임정이니 무장투쟁이니 하며 경성 시내 부호들이나 귀족들을 협박해 군자금을 뜯어 간다는 소문이 암암리에 돌고 있었다. 하지만 조선총독부 현직 판사에게 이들이 나타날 거라고는 상상도 못 했을 것이다.

"현금 오만 원만 주시오."

백윤화는 깜짝 놀랐다.

"없다고는 하지 마시오."

백윤화는 주머니에 넣고 있는 그들의 손을 주시하며 비굴하게 웃었다.

"우리 조국의 독립을 위해서 이렇게 불철주야 헌신하는 투사들에게 그 정도도 못 주겠소. 가진 걸 다 내놓으라고 해도 주겠소."

"그런 말 들으려고 온 거 아니오. 돈이나 내놓으시오."

"드리죠. 드린다구요. 그런데 내가 아무리 판사라고 해도 그저 월급쟁이일 뿐이고, 돈이 있다면 아버지에게 좀 있을 거요. 그런데 아시는지 모르겠지만 내가 아직 상속을 받은 형편이 아니라서. 하지만 연말에 상여금 받은 게 좀 있으니 그거라도 다 내놓겠소."

백윤화는 책상 서랍에서 봉투 하나를 꺼냈다. 봉투 속에는 현금 120원이 들어 있었다.

윤익중의 주머니에서 권총이 나왔다. 신화수가 달래듯이 말했다.

"그깟 푼돈이나 받자고 여기까지 온 게 아니오. 정히 그렇다면 아버지를 불러오시오."

백윤화의 아버지 백운영이 불려 나왔다. 백운영은 짧은 순간, 모든 걸 파악했다. 구한말부터 산전수전을 겪으며 갑부가 되기까지 뱀처럼 노회한 머리를 굴렸으리라. 백운영은 직접 금고로 그들을 데려가서 열어 보였다. 금고에는 현금 오백 원가량이 들어 있었다.

"이게 지금 내가 갖고 있는 현금 전부요. 사업이라는 게 계속 투자를 해야 되기 때문에 실상 현금은 별로 가지고 있지 않소. 하지만 돈을 버는 대로 계속 지원하겠소. 조선의 백성으로 우리인들 독립을 바라지 않을 리가 있겠소? 그러니 내 좀 더 마련해 보리다. 회사에 나가면 2천 원 정도를 더 마련해서 아들에게 맡겨 놓을 테니 법원으로 찾아가서 받으시오."

다음 날 오후 두 사람은 경성재판소 백윤화의 사무실로 찾아갔다. 장소가 법원 사무실이라는 게 꺼림칙했지만 백운영의 달변에 두 사람은 별다른 의심을 하지 않았다. 그런데 사무실 문을 열고 들어서는 순간 문 옆에 붙어서 잠복하고 있던 형사들에게 체포되고 말았다.

"악질들!"

그 소식을 듣자 온몸에서 피가 빠져나가는 것 같았다. 백가 놈들을 의심하지 않은 건 아니었다. 나는 둘을 말렸다. 재판소로 직접 찾아가는 건 위험하니, 다시 한 번 집으로 찾아가는 게 좋겠다고 말했다. 하지만 윤과 서는 설마 그깟 돈이 아까워서 동족을 팔아먹기야 하겠냐며 약속 시간에 그를 찾아갔고, 설마 했던 일이 벌어진 것이다. 그들에게는 그 돈이 아까운 것이다. 동족이니 독립운동이니 그런 건 자신의 부귀영화와 아무런 상관이 없다고 생각하는 자들이니까. 어쩌면 그들이 졸지에 신분 상승이 되고 온갖 사치를 누리는 게 다 일본 덕분이라는 걸 누구보다 잘 알고 있을 것이다. 그렇게 잡혀간 동포들에게 어떤 일이 벌어지는지에 대해서도 누구보다 잘 알고 있을 것이다. 윤과 서는 온몸이 너덜너덜한 걸레가 될 정도로 고문을 당할 것이다. 누가 연루되어 있는지 어떤 일을 계획 중인지 다 불어야 한다. 무엇이건 불 때까지 고문은 멈추지 않을 것이다. 없는 것도 있다고 만드는 놈들이었다. 이번 계획을 다 불고 우리가 다 잡혀가 고문을 당하다가 죽는 한이 있어도 그것은 윤과 서의 잘못이 아니었다. 놈들의 고문 앞에서는 무엇도 잘못이 아니었다.

"개새끼들."

동순이 씹어 삼킬 듯 욕을 뱉더니 말했다.

"형님, 제가 한번 알아볼게요."

"뭘? 어떻게?"

"어떻게 될지 모르니까 아직은 말하기가 어렵고요, 나중에 이야기할게요."

"자네가 손을 써 보겠다는 건가?"

"예, 한번 알아볼게요."

썩은 동아줄이라도 잡고 싶은 심정이었다. 꼬박 뜬눈으로 밤을 새고도 물 한 모금 넘길 수 없이 피 말리는 시간을 보내는데, 규동이 찾아왔다. 동순으로부터의 전갈이었다. 두 사람이 풀려났다는 것이다. 믿을 수가 없었다. 당장이라도 두 사람을 만나고 싶었지만,

혹시라도 따라붙을지 모르는 미행 때문에 며칠이 지난 후 몇 번이나 전철을 갈아타면서 규동의 하숙방에서 만났다.

나는 윤과 서를 동시에 끌어안았다. 끌어안는데 온몸에 전율이 흘렀다. 그들은 죽음의 문턱까지 갔다가 돌아온 것이다. 그들은 사자들이 우글거리는 우리에 던져질 먹이였다. 천천히 숨통을 조이면서 즐길 것인가, 단숨에 급소에 발톱을 박아 넣고 일거에 삶과 죽음의 지옥을 맛보게 할 것인가. 놈들은 이런 생각을 했을 것이고, 윤과 서는 그것을 읽었을 것이다. 놈들은 인간이기를 포기하고 싶어지는 지점을 정확히 알고 있었다. 놈들의 고문은 비열하고 야비했다. 인간적인 수치심과 모멸감을 자극하고, 영혼을 짓밟았다. 인간에서 짐승의 나락으로 추락하는 모습을 내려다보며 비웃고 조롱했다. 윤과 서는 바로 그 앞에서 돌아온 것이다.

"어떻게 풀려난 건가?"

두 사람은 희미하게 웃었지만, 아직도 그날의 공포가 그림자처럼 남아 있었다. 유치장에서의 하룻밤이 남긴 흔적이었다. 두 사람은 고개를 절레절레 저었다.

"우리도 영문을 모르겠어요."

"이제는 죽었다 생각했어요. 그저 어떤 고문을 당하더라도 절대로 거사 계획을 불면 안 된다고 둘이서 이를 악물었어요."

그렇게 두 사람은 포박당한 채 취조실로 끌려갔다. 그곳에 백윤화가 앉아 있었다.

형사가 둘을 몽둥이로 후려치며 바닥에 꿇어앉히고는 물었다.

"판사님 집에 침입해서 돈을 내놓으라고 협박한 놈들이 맞습니까?"

백윤화가 두 사람을 빤히 쳐다보았다. 그리고 말했다.

"아니오. 내가 얼굴을 똑똑히 기억하는데, 이자들이 아니오."

윤과 서는 어리둥절한 표정으로 말했다.

"취조실에서 백윤화를 보았을 때는 모든 게 끝났다고 생각했어요. 그런데 우리를 모른다고 하니까, 도무지 무슨 상황인지 납득할수가 없더라고요. 그래서 풀려나서도 몇 날 며칠 동안 꼼짝도 않고방 안에만 있었어요."

윤과 서는 걱정스런 표정으로 말했다.

"혹시 우리가 무슨 함정에 빠진 건 아닐까요?"

"놈들이 이런 식으로 독립투사들을 풀어 준 다음에 밀정으로 만든다는 이야기가 있잖아요."

조용히 이야기를 듣고 있던 동순이 물었다.

"그날 이후에 별다른 사건은 없었나?"

서로 얼굴을 쳐다보던 윤과 서가 고개를 저었다.

"그럼 괜찮을 거야."

"도대체 어떻게 손을 쓴 건가? 아직도 비밀인가?"

나는 궁금해서 묻지 않을 수 없었다.

"미안해요, 형님. 아직은 비밀이에요."

동순은 두 사람이 돌아가고 나서야 그자에 대해 털어놓았다.

"종로서에 은밀하게 우리를 도와주는 사람이 있어요."

"그게 누군데?"

"황옥이란 자인데, 고등계 경부예요."

"고등계 경부? 조선인이 경부 자리까지 올라갔다고? 그런 자를 믿을 수 있겠어?"

"이미 그전에도 몇 번 우리를 도와준 적이 있어요."

"하지만 경부까지 승진했다는 건 그만큼 실적을 올렸다는 의미 아닌가."

"작은 걸 주고 큰 걸 지키자는 거지요."

"독립운동가들 중에 밀정이 있다는 소리는 들어 봤지만, 경찰 내부에 독립운동가가 있다는 소리는 금시초문이네."

"결정적인 순간에 우리를 도와줄 거예요."

"황옥이라……."

운명이 갈라지는 지점

거사일이 결정되었다. 미국 국회의원들이 경성에 온다는 소식이었다. 동양여행단이라는 깃발을 단 배가 미국을 출발해서 8월 15일 경 중국 상하이에 도착, 베이징과 톈진을 돌아보고 의주에서 기차로 남대문역을 통해 8월 24일 경성으로 들어온다는 것이다. 그들의 방문 목적 중에는 수원 제암리 시골 교회에서 일어난 학살을 조사하는 것도 포함되어 있었다. 동순이 들고 온 소식이었다.

"더없이 좋은 기회야."

"우리가 기다리던 바로 그때예요."

그런데 윤익중과 서대순의 생각은 달랐다. 신중하자는 거였다. 준비가 허술한 상태에서 섣불리 나서면 조직만 노출되고 그럴 경우 득보다 실이 많다, 완벽한 준비 상태에서 급소를 쳐야 치명상을 입히고 목적을 달성할 수 있다는 거였다.

나는 윤익중과 서대순의 신중함을 신뢰했다. 행동이 빠른 나와 달리 그들은 여러 가지 경우의 수를 예측하고 대비책을 마련하는 주도면밀한 성격이었다. 그것이 나의 빈틈을 메워 주었다. 그러나 아무리 준비가 완벽해도 때를 만나지 못하면 소용없다. 독수리가 먹이를 향해 번개처럼 내리꽂히는 것은 먹이를 놓치지 않기 위해서일 뿐이다. 비수처럼 내리꽂히는 그 순간에는 한 치의 주저나 망설임도 있을 수 없다. 성공이냐, 실패냐, 그건 나중 일이었다.

"혹시 겁먹은 거 아닐까요?"

동순은 조심스럽게 나를 떠보았다.

"그럴 사람들이 아니야."

나는 천천히 고개를 저었다. 나는 그들이 학생복을 입고 있던 푸릇푸릇한 시절부터 알고 지낸 사이였다. 그때부터 지금까지 우리는 자물통과 열쇠처럼 잘 맞았다. 그들이 정말 두려운 건 그게 아닐 것이다. 두려운 게 있다면, 지금까지의 준비가 자기들 때문에 물거품이 되는 것이리라. 나도 그게 두려웠다. 고문에 굴복해 내가 나 자신에게 지고 나의 의지를 배반한 내 입이 동지들의 이름을 불게 되는 것, 정말 두려운 건 그것이었다.

그런 경험을 공유하지 못한 동순이 내게 바라는 건 그들에 대한 확신일 것이다.

"형님은 두려움과 공포의 차이를 알아요?"

"말해 보게."

"두려움은 예상할 수 있는 것에 대한 것이죠. 반면 공포는 미지에 대한 거예요. 물에 대한 공포를 가지고 있는 사람들은 물을 모르기 때문에 무서워하는 겁니다. 물에 뛰어들 용기만 있으면 공포는 사라지죠. 총을 한 방이라도 맞아 본 자가 한 방 더 맞는 게 별게 아니라는 걸 아는 것처럼요. 가장 나쁜 건, 죽음 바로 직전까지 갔다 오는 거예요. 지옥문 앞에서 돌아온 자, 갔으되 경험하지 못한 것, 그게 공포로 남는 거 아니겠어요?"

"무슨 말인지는 알겠네. 끔찍하고 잔인한 육체적 고문 앞에 무너질 수밖에 없는 게 인간이겠지. 하지만 그런 식의 이성적인 추론을 넘어서는 자도 있다네. 그게 처음이든 백 번째든, 끝내 이겨 내겠다는 의지를 가진 자들 말이야."

"그런 사람이 따로 있다는 거예요?"

"나는 그렇게 믿어. 한 인간의 운명은 그 지점에서 갈린다고 생각해."

"운명이 갈린다."

"똑같은 상황에서 누구는 목숨을 걸고 누구는 일신의 영달을 추구한다. 그것을 가르는 것이 무엇인 거 같은가?"

"글쎄요, 양심 같은 거?"

"양심, 그렇지만 목숨을 걸기에는 좀 약하지 않나?"

"그럼 뭔가요?"

"나는 존엄성이라고 생각하네. 자기 존엄성."

"존엄성?"

"자존감이 강한 사람들은 정말 지켜야 되는 게 뭔지 알고 있지."

"그들이 그런 사람들인가요?"

"그들은 영혼이 순결한 사람들이야. 존엄성이니 이런 걸 생각도 하지 않는 순결한 영혼."

"슬그머니 질투가 나네요."

"어째서?"

"그들에 대한 형님의 믿음 말이에요."

"내가 직진형이라면서? 나는 한 번 믿으면 끝까지 믿어. 자네에 대해서도 마찬가진데?"

"솔직히 고백하자면, 나는 잘 모르겠어요. 내가 그렇게 끔찍한 고문을 견뎌 낼 수 있는 인간인지 자신이 없어요. 나는 차라리 빗발

치는 총알 속에서 뛰어다니는 걸 택할 거예요."

"이봐, 동순. 그건 나도 똑같아."

"그런데 그들을 어떡하죠?"

"내가 설득할 거야. 세상일은 때가 있는 법이니까. 지금은 행동에 나서야 할 때야. 이건 3·1만세운동이 만들어 준 기회라고. 2천만 동포들이 만들어 준 기회. 그걸 놓칠 수는 없어."

나는 암살단원 모두를 밀실로 불러 모아 다른 독립운동 단체들이 준비하고 있는 시위에 대해 수집된 정보를 알려 주었다. 조선 유력자들의 서명을 받아서 독립 원조 청원서를 제출한다, 구 한국기를 증정한다, 상점 문을 닫아건다, 미 의원단이 지나는 도로 옆에 모여 독립만세를 외친다, 읍고단을 조직하여 눈물로 호소한다는 내용이었다.

"어떤가. 이런 정도로 그들의 마음이 움직일까? 맛있는 먹이를 앞에 두고 침 흘리고 있는 야수에게 그건 네 것이 아니니 주인에게 돌려주라고, 날카로운 이빨을 드러내고 있는 야수를 타이르게 만들 수 있다고 생각하나?"

단원들은 깊은 생각에 잠겨 내 말을 듣고 있었다.

"지금 전 세계의 이목과 관심이 조선으로 쏠려 있네. 이런 기회는 자주 오는 게 아닐세. 어쩌면 마지막 기회일지도 모르지. 그때는 땅을 치고 후회해도 소용없겠지. 나는 무장투쟁에 나설 생각이네."

나는 잠시 뜸을 들이고 나서 말했다.

"마침 만주에서도 연락이 왔네."

동순이 내 말을 받았다.

"길림에서 연락이 왔습니다. 8월 20일까지 무기와 탄약 등을 갖춰 놓겠다는 소식입니다. 그에 따라 국내에서의 행동 계획에 차질이 없도록 치밀하게 준비하라는 내용입니다."

가만히 듣고 있던 윤익중이 먼저 말문을 열었다.

"상하이에서도 급박하게 움직이고 있다는 소식입니다. 여운형 선생이 사전에 미국 의원단을 만나서 한국의 독립을 원조하겠다는 약속을 받아 냈다고 합니다. 임정도 미국 의원단이 상하이에 상륙했을 때 여러 가지 활동을 전개하는 데 총력을 기울이고 있다고 하더군요. 저는 형님과 뜻을 함께하겠습니다. 제가 생각하던 준비가 되었다고 생각합니다."

"저도 함께합니다."

서대순이었다. 신화수와 정설교 그리고 전우진은 씽긋 웃으며 고개를 끄덕였다.

이제는 각자 맡은 일을 처리하게 될 것이었다. 미국 의원단이 도착할 때까지 길림과 국내 각 지부에 연락해서 일시에 봉기할 수 있는 태세를 갖추도록 하고, 관공서와 전국 경찰에 경고문을 보내 왜놈의 주구 짓을 그만두고 민족의 대의에 순응할 것을 촉구하며, 철도 교량 등을 파괴할 계획을 세울 것이다.

"우리 건배라도 해요."

긴장하고 있는 동지들을 둘러보며 동순이 제안했다. 우리는 동춘
루로 자리를 옮겨 고량주로 건배를 했다.

"이제 우리 암살단의 직접적인 실행 계획을 발표하겠소."

그것은 내가 누구에게도 말하지 않고 왕십리 깊숙한 암자에 틀
어박혀 며칠 동안 구상한 것이었다. 마지막 한 방울의 피까지 짜내
는 심정으로 우리가 가진 무기를 최대한 활용해서 최대의 효과를
노릴 수 있는 계획이었다.

"우리의 제1목표는 사이토 총독과 총독부 관료들, 그리고 친일파
들에 대한 암살이다. 그것을 위해 차량 세 대를 준비할 것이다. 두
대는 무장을 한 사격 요원들이 타고 폭탄과 탄약을 실은 한 대는
주택가 골목길에 숨겨 놓을 것이다. 거사 시점은 미국 의원단 행렬
이 종로 거리를 지날 때다. 무장 사격 요원들이 먼저 총독과 고관
들을 암살하고 출동한 병력들과 대치하면서 엄호사격을 하면 나머
지 단원들이 경찰서 등을 폭파하는 거다."

단원들은 귀신이라도 본 것처럼 넋이 나간 얼굴이었다.

동순이 먼저 입을 열었다.

"형님, 정말이지 대담무쌍한 계획입니다."

"멋집니다, 형님. 얘기만 들어도 가슴이 뜁니다."

정설교의 목소리가 가늘게 떨렸다.

"그대로만 된다면 얼마나 좋을까요."

"무슨 소리야, 그대로 되도록 해야지."

윤익중이 어깨를 으쓱하며 정설교를 툭툭 쳤다.

"근데 형님, 이거 시가전이나 다름없는데요."

"총칼 들고 한번 싸워 보지도 못하고 나라를 먹혔으니 이제라도 원 없이 싸우겠어요."

신화수는 긴장된 표정이었다.

그들을 가만히 바라보고 있는데 자꾸만 목울대가 뜨거워졌다. 가까이 알고 지내는 동안 이들의 한결같은 마음은 조금도 흐트러진 적이 없었던 것이다. 나는 자꾸만 뜨거워지는 목울대를 고량주로 식히고 나서 말했다.

"폭탄과 탄약을 실은 차는 내가 맡겠다."

모두 비장한 표정이었으나 그 일에 나보다 적임자가 없다는 것 또한 잘 알고 있는 얼굴이었다.

열사의 용기란

경성 모처에 무기가 무사히 도착했다는 암호전보가 온 건 닷새 전이었다. 길림군정서 단원들로부터 온 것이었다. 그들은 거사 당일, 동지들에게 나누기 좋은 장소를 알려 달라고 했다. 낙산이나 남산 깊숙한 숲 속이 물망에 올랐다.

동순이 고개를 저었다.

"아니, 아니, 대장간이 좋아요. 대장간만 한 곳이 없어요. 경성 한복판에 무기가 숨겨져 있을 거라고 누가 상상이나 하겠어요? 의표를 찌르는 거예요. 운반도 아예 한낮에 하자구요. 여기는 늘 짐마차나 수레가 왔다 갔다 하잖아요. 그것도 다 쇠붙이들이잖아요."

대장간 지하 토굴에는 만일의 사태에 대비해 동순이 갖고 있던 권총 한 정과 우리가 만든 소형 폭탄 두 개가 보관되어 있었다. 변장에 필요한 순사 복장 4벌과 2백 개 정도의 태극기와 미국 국기도 미리 만들어 두었다. 이제 곧 무기로 가득찰 것이다.

텅 빈 대장간에 우두커니 서 있는데 동순이 나타났다. 잘 손질된 하얀 한복과 구두 차림으로 빙그레 웃고 있었다. 우리는 이렇다 할 말도 없이 대장간 안을 이리저리 서성거리다가 문을 잠그고 거리로 나왔다.

동대문을 빠져나오자 검붉은 노을이 거리를 덮고 있었다. 경성 시가지가 불타오르는 듯했다. 하얗게 차려입은 동순이 그곳을 향해 걸어가고 있었다. 마치 내 손이 닿지 않는 어딘가로 빨려 들어가는 것 같았다. 나는 잠시 가만히 서서 동순의 뒷모습을 바라보았다.

동순이 문득 뒤돌아서더니 나를 기다렸다.

"자네, 오늘따라 아주 멋지군. 애인이라도 만나나?"

"예."

"그럼 난 빠져야 되는 건가?"

"이미 만났잖아요."

"뭐? 낮 뜨겁게."

"탁주나 한잔 사요."

우리는 종로통을 따라 걸었다. 해가 떨어졌는데도 밤공기가 후끈했다. 아직 식지 않은 지열이 다리를 휘감는 듯했다. 우리는 어항 속을 헤엄치는 붕어처럼 느릿느릿 걸었다. 한 발을 옮길 때, 대퇴부 관절과 무릎 관절이 꺾이고 그것을 둘러싼 근육과 힘줄이 힘을 실어 주면서 온몸의 기관이 유기적으로 움직이는 모습이 눈앞에 보이는 것 같았다. 발바닥의 감각은 땅에 닿을 때마다 일제히 깨어나 환호성을 울렸다. 온몸이 이토록 생생히 살아 움직이는 감각은 처음 느껴 보는 것이었다. 마치 태초의 한 걸음을 내딛는 기분이었다.

거리도 이루 말할 수 없이 새로웠다. 신물이 나도록 지나다니던 길이었다. 칠이 벗겨진 간판과 뒤집힌 문짝을 바로잡을 줄 모르는 상점, 쥐가 드나드는 구멍과 제비 집의 위치까지 다 알고 있는 거리였다. 창신동에서 태어난 내게 종로 거리는 집 앞마당이나 다름없는 곳이었다. 여름에는 청계천에서 물놀이를 하고 봄가을이면 동대문 성곽을 오르내리며 놀았다. 성곽은 낙산으로 이어졌고 낙산을 쏘다니다 보면 창경궁이었다.

"이런 게 태풍이 오기 전의 여유 같은 거죠?"

동순도 어떤 감상에 푹 잠긴 표정이었다.

"자네에게 경성은 어떤 곳인가?"

"경성이요? 글쎄요. 나는 원주에서 태어나서 형님 같은 추억은 없지만, 더럽혀진 기분이랄까."

"조선인이라면 누구나 그런 마음이겠지. 내게는 경성이 곧 종로고, 종로가 경성인 것 같아. 종로 한복판에서 태어나 한 번도 여기를 떠나 본 적이 없거든. 그래서 종로 거리를 걸을 때마다 어느 한 순간 마음이 아프지 않았던 때가 없었어."

종묘와 탑골공원을 지나고 YMCA와 종로경찰서에 이르는 동안 우리는 조금씩 말이 없어졌다. 경성재판소 앞에서는 얼른 길을 건너 광화문 뒷골목으로 스며들었다. 허름한 목로주점에 앉아 순대 안주 한 접시를 시켜 놓고 막걸리를 마셨지만 취기는 오르지 않았다. 우리가 지나온 길은 사흘 후, 거사가 일어날 곳이었다. 딱히 그러자고 한 것도 아닌데 그리되었다. 졸릴 때 잠자리로 기어들어 가듯 지극히 자연스러운 것이었다. 말하자면 최종 답사쯤 되었다. 우리는 아무 말도 하지 않았다. 머릿속으로 사흘 후의 모습을 그리고 있다는 걸 서로 느끼고 있었다. 사이토와 일본 관리들이 탄 차가 지나가는 게 보이는 것 같았다. 그날 우리가 죽든가, 그가 죽든가 결론이 날 것이다.

동순과 헤어져 철물점으로 오니 뜻밖에도 윤익중과 서대순이 서성거리고 있었다.

"형님 오기를 기다렸어요."

두 사람에게서도 술 냄새가 났다.

"형님도 한잔하셨네요."

"그럴 줄 알았으면 같이 갈 걸 그랬네."

두 사람은 남대문에서 거사의 취지서와 경고문, 통고문을 뿌리고 종로에서 전우진, 신화수 등과 합류하기로 되어 있었다.

"무슨 일이 있는 건 아니지?"

"그럼요. 아무 일도 없어요."

"막상 일이 벌어지면 우리 계획대로 되지 않을 가능성이 훨씬 많아. 그렇더라도 종로에서 만나기로 한 약속 시간만큼은 지켜야 돼. 무슨 일이 있더라도."

윤익중과 서대순이 입을 굳게 다물고 고개를 끄덕이는데, 갑자기 그들이 너무 어리게 보였다. 그들이 학생복을 입고 있을 때도 그런 적은 없었다. 오히려 나보다 성숙하게 느껴질 때도 있었다. 그들이 한 번도 사람을 죽여 본 적이 없다는 데 생각이 미쳤다. 사람 죽은 것도 못 봤을 것이다. 사람을 향해 총을 쏜다는 게 어떤 느낌인지 그들은 알까? 자기가 쏜 총알이 방금 전까지 우리와 똑같이 뜨거운 피와 뜨거운 심장을 가지고 웃고 떠들던 이를 딱딱한 주검으로 만들어 버린다는 걸 그들은 생각했을까?

나도 마찬가지였다. 지금까지 누군가를 죽인다는 생각은 한 적이 없었다. 하지 않았다기보다는, 외면하거나 무시했다. 그런데 막상 거사일이 코앞으로 다가오자 내가 죽을지 모른다는 공포보다 누군가의 생명을 빼앗는다는 생각이 더 큰 공포로 자리 잡고 있었다. 마음이 약해진 걸까. 나는 그들에게 말했다. 담대하라고. 총격전이 벌어지더라도 두려워하지 말고 민첩하게 행동하라고. 무엇보다 죽음을 두려워하지 말라고 했다.

"언젠가 장자를 보는데 이런 구절이 있더라. 열사의 용기는 죽음을 삶과 같이 보는 데 있다. 이건 사실 나한테 하는 말이기도 해. 어쨌든 자네들을 믿네."

윤익중이 안주머니에서 뭔가를 꺼냈다. 사진이었다. 상반신을 벗은 윤과 서가 서로 어깨를 겯고 주먹 쥔 한쪽 팔을 들어 올리며 씨익 웃고 있었다.

콧등이 매웠다. 그들은 내게 뭔가 보여 줘야 된다고 생각한 것이다. 두 사람은 쑥스럽게 웃었다. 나는 그들이 보는 앞에서 그 사진을 내 방의 비밀 벽장에 넣었다. 거사가 끝난 후, 우리가 죽는다면 언젠가 가족들에 의해 발견될 것이었다.

거사가 하루 앞으로 다가온 날이었다. 가마솥에 들어앉은 것처럼 푹푹 찌는 날이 며칠째 계속되고 있었다. 한밤중에도 열기는 식지 않았다. 몇 번이나 잠이 깼다. 꿈은 없었다.

성공이냐 실패냐에 대한 생각은 하지 않았다. 순간만 생각하기로 했다. 순간을 사는 사람에게 마지막이란 말은 없다. 매 순간이 처음이고 마지막이었다. 꽁치 살을 발라 태용이 입에 넣어 주면서 마지막이니 뭐니 하는 감상은 버리자고 생각했다. 그런데 나의 젓가락은 오물거리는 태용이 입으로 자꾸만 향했다. 아우 춘원은 고개를 숙이고 말없이 밥을 먹었고 태용이를 안고 있는 아내는 자꾸만 나를 바라보았다.

　이번 일에 대해서는 춘원에게만 귀띔을 해 놓은 상태였다. 만에 하나 내가 잘못될 가능성이 있다는 것, 그럴 경우 어떻게 처신을 해야 할지에 대해서만 알려 주었을 뿐, 자세한 내용은 말하지 않았다. 자세한 것은 알아 봐야 고통만 가중될 뿐이었다. 잘못될 가능성 속에는 물론 나의 죽음도 포함되어 있다는 걸 춘원은 알고 있지만 길게 묻지 않았다. 아내는 신문 사건 이후 늘 나의 움직임에 신경을 곤두세웠지만 내가 아무 말도 하지 않으니 물어보지도 못하고 눈치만 봤다. 아무것도 모르는 누이동생 아기만 고개를 갸웃거렸다.

　"오늘 왜 이렇게 다들 말이 없어요? 언니, 어디 아파요?"

　"왜요? 내 얼굴이 그렇게 보여요?"

　"기운이 하나도 없어 보여요."

　"숭늉 떠 올게요, 태용이 좀."

　아내는 태용이를 누이에게 맡기고 일어섰다.

　"애야, 너도 밥을 먹어야지."

　어머니가 꽁치 살을 발라 내 밥 위에 올려놓으며 말했다. 어머니는 침착하고 단단한 사람이었다. 여느 아낙네들처럼 수다를 떨거나 호들갑을 떠는 모습을 본 기억이 없었다. 그게 원래 타고난 성격인지 아니면 아버지 때문에 그렇게 된 건지는 알 수 없었다. 먹고살 궁리를 하지 않는 아버지 때문에 어머니는 남의 빨래 일을 하고 나는 학교 공부 대신 대장간 일을 배워야 했다. 아버지는 망해 가는 나라처럼 무기력했고 왕실이 무너지는 것보다 더 급속하게 무너졌다. 충성을 제일 가치로 생각하는 신하는 바쳐야 할 충성을 어디다 두어야 할지 몰라 쩔쩔매다가 정신을 놓아 버렸다. 평생 총칼을 들고 왕의 신하로 살았지만, 제대로 싸워 본 적도 없는 군인이었다. 정작 총칼을 휘둘러야 할 때에 이르러서는 군대가 해산되어 버렸다. 비운의 마지막 군인이라고나 할까.

대장간으로 들어서자 화기가 훅 끼쳤다. 인부들은 모두 웃통을 벗어젖히고 작업 중이었다. 아침부터 푹푹 찌는 날씨였다. 한 시간쯤 후면 물건이 도착할 것이다. 그때에 맞춰 아우 춘원이 막걸리와 머리 고기를 내오기로 했다. 그들은 철물점 평상에서 떠들며 막걸리를 마시게 될 것이다.

지하 토굴이 있는 곳을 다시 한 번 살폈다. 고철들이 쌓여 있고 가운데에는 쇠스랑이 엎어져 있었다. 엎어 놓은 그대로 있다는 건 누구도 건드리지 않았다는 뜻이었다.

2층으로 올라가려고 막 몸을 돌리는데 언제 왔는지 규동이 내 옷자락을 잡아당겼다. 규동은 얼굴이 빨갛게 달아올라서 숨을 몰아쉬었다. 땀에 젖은 머리가 이마에 달라붙어 있었다.

"무슨 일이야?"

깜짝 놀라서 묻는데 불길한 느낌에 머리가 쭈뼛 섰다.

"빨리 피해요. 예비검속이 있을 거래요."

그와 동시에 밖에서 누군가 소리쳤다.

"형사들이 와요!"

얼른 돌아보니 어의동 초등학교 선생이었다. 우리 신문의 열렬한 독자였다. 내가 지독한 고문을 당하고 나왔을 때 한약 한 재를 지어 와, 이제 신문을 못 보는 거냐며 눈물을 떨구던 이였다.

나는 그대로 계단을 타고 2층으로 달려 올라갔다. 점심 장사를 준비하던 중국집 주방장이 빼꼼히 고개를 내밀었다. 나는 복도 끝 밀실로 들어가 창문 틈으로 아래를 살폈다.

형사들은 십여 명쯤 되었다. 김창호와 몇몇 낯익은 얼굴이 눈에 띄었다. 건들거리며 걷는 품새가 단서를 잡고 습격하는 건 아닌 듯했다. 규동의 말대로 예비검속 같았다. 놈들은 소위 요시찰 인물이라는 명단을 만들어 놓고 무슨 행사만 있으면 예비검속이란 말로 사람들을 함부로 가두었다. 죄를 짓지도 않았는데 죄를 지을지 모른다는 의심만으로 감옥에 가두는, 세상천지에 듣도 보도 못한 기괴한 발상이었다. 놈들은 무조건 나를 잡아 가둘 것이다. 이번 거사의 총지휘자는 나였다. 내가 없으면 모든 것이 어긋난다. 이렇게 허망하게 잡혀가서 대사를 그르칠 수는 없는 일이었다.

"김상옥 어디 있나?"

형사들이 아래층을 돌아다니며 나를 찾고 있었다.

"지금 계단으로 누가 뛰어 올라가지 않았나?"

"김상옥 아니야?"

나무 계단을 뛰어 올라오는 발자국 소리가 요란스럽게 울렸다.

망설일 시간이 없었다. 창문을 열었다. 창밖은 허공이었다. 골목 맞은 편 지붕을 향해 허공을 훌쩍 뛰었다. 그렇게 지붕을 타고 골목 몇 개를 건너 뛰어내린 곳은 이웃 형님 집 마당이었다. 기와 하나가 마당으로 떨어져서 산산조각이 났다. 부엌에서 달려 나온 형수가 터져 나오는 비명을 두 손으로 막았다. 나는 한쪽 무릎을 꿇고 형수를 바라보는 자세였다. 신문이 나오면 장바구니에 숨겨서 시장 사람들에게 돌리던 형수였다. 고매한 애국지사들보다 이름도 없이 애쓰는 아우를 더 존경하네, 하면서 세상 돌아가는 이야기에 귀 기울이고 나를 친동생처럼 아꼈다. 나와 눈이 마주친 짧은 순간 눈치 빠른 형수는 이게 무슨 상황인지 금방 알아챘다. 형수는 곧장 부엌 뒤 헛간으로 내 손목을 잡아끌었다. 잡다한 가재도구들과 장작더미가 쌓여 있는 구석으로 나를 몰아넣고 숨 가쁘게 속삭였다.

"여기서 꼼짝 말아. 바깥을 좀 살펴보고 돌아올 테니까."

형수는 몸을 돌리기 전, 장작더미 몇 개를 웅크린 내 등허리 위로 마구 올려놓았다.

전우진의 집으로 갈 수 있었던 것도 형수의 기지 덕분이었다. 정오가 훌쩍 넘어서 형수가 주먹밥 한 덩이를 들고 나타났다.

"자세한 내막이야 내가 알아서 도움될 거 하나도 없겠지? 하여간 형사들은 돌아갔네. 그런데 자네 집을 아주 못쓰게 만들고 간 거 같아. 춘원이하고 자네 각시하고, 어머니까지 모조리 잡아갔드만."

형수는 한복 치마와 장옷 두 벌을 가지고 왔다. 나는 한복 치마를 입고 장옷으로 얼굴을 가렸다. 여장을 한 나는 형수와 동행해서 종로 4정목, 인의동에 있는 전우진의 집으로 피신했다. 전우진이 주변을 탐색하고 돌아온 건 밤이 깊어서였다.

"순사랑 헌병 들이 좍 깔렸어. 젊은 남자들은 무조건 잡아서 바랑이랑 주머니, 옷 속까지 다 뒤지고 조금만 수상하면 끌고 가네. 사람들이 겁에 질려서 돌아다니지도 않아. 날씨가 이렇게 푹푹 찌는데, 온 경성이 다 얼어붙은 거처럼 오싹해."

"철물점은 어때요?"

"형사들이 잠복하고 있어. 설교는 잡혔겠지?"

그렇다고 봐야 할 것이다. 정설교는 무기를 운반하는 길림군정서 요원들을 안내할 예정이었다. 모든 게 내 불찰이었다. 예비검속을 미처 생각하지 못하다니. 일생일대의 중요한 거사가 이렇게 허무하게 무너지다니. 차라리 종로 거리에서 일본 헌병의 총에 맞아 죽는 것보다 모욕적인 실패였다. 어떻게 수습할 것인가? 아직 남아 있는 것이 무엇인가? 그들은 무자비한 고문에 시달릴 것이다. 거사 때까지만이라도 버텨 준다면, 윤익중과 서대순, 신화수 그리고 동순이 남아 있었다.

"나머지 대원들을 만나 줘요. 오늘 무기를 지급받지 못해도 이미 가지고 있는 게 있으니까 우선 그거라도 가지고 내일 아침 6시에 남대문 앞에 있는 세브란스 병원 뒷산에서 만나자고 전해 줘요."

"자네가 나가려고?"

"이렇게 주저앉을 수는 없어요."

"자네는 얼굴이 알려져서 바로 잡힐 텐데."

"변장을 해 봐야죠."

그러나 윤익중도 서대순도 선이 닿지 않았다. 동순과도 마찬가지였다. 몇 달을 준비해 온 거사일이 그렇게 아무 일도 없이 지나가고 말았다.

전우진이 그들에 대한 소식을 알아 온 건 이틀 후였다. 그들은 다행히 철물점에 도착하기 전 수상한 기미를 감지했다. 미리 약속해 둔 신호 덕분이었다. 밀실 창문 두 개가 다 열려 있으면 내가 있는 것이고 다 닫혔으면 없다는 것, 하나가 열리고 하나가 닫혀 있으면 반드시 사고가 있다는 신호였다. 그들은 그대로 돌아서 선술집에 들어가 동정을 살펴보다가 아무래도 이상해서 장충단 산속에 숨어 있었다고 했다. 그러나 그들이 상반신을 벗고 찍은 사진이 내 방에 있었다. 그들이 잡히는 것도 시간문제였다. 정설교도 오래 버티기는 어려울 것이다.

전우진을 통해 동순이 소식을 전해 온 건 이틀 후였다. 뜻밖의 낭보였다. 상하이로 망명할 계획이니 함께 가자는 것이다. 동순은 다음 날 오후 7시경 종묘 앞에서, 전부터 알고 있던 부호 이 씨로부터 망명 자금 만 원을 받기로 했다면서 그리로 나오라고 했다.

종묘로 나가기 전 전우진에게 말했다.

"나는 이대로 상하이로 갈 생각이에요. 동지들이 잡히지 않고 무사하다면 나를 따라 상하이로 오라고 전해 줘요."

전우진은 내 손을 덥석 잡으며 고개를 끄덕였다.

"조심하게."

종묘 뒤 담장을 따라 순라골을 걷다가 동순을 만났다. 한량처럼 차려입었으나 얼굴은 핼쑥하고 기운이 없어 보였다.

"별일 없나?"

동순은 마치 딴사람처럼 반가운 기색도 없이 묵묵히 고개만 끄덕거렸다. 나는 동순의 어깨를 툭툭 치며 말했다.

"이봐, 기운 내게. 지옥 중에서도 총알 지옥을 굴러다니는 게 우리 신세야. 지금은 비록 실패했지만, 이게 끝은 아니야."

동순은 건성으로 고개를 끄덕거렸다.

"그런데 예비검속 정보를 알려 준 건 누군가?"

조금만 미리 알았더라면 얼마나 좋았을까, 안타까움에 어금니가 으스러지도록 이를 악물다가도 문득문득 그게 궁금했다.

그런데 순라 골목을 돌아 나오자 지게꾼 서너 명이 어슬렁거리는 게 아무래도 눈에 거슬렸다. 자금을 대기로 했다는 이 씨 얼굴을 모르는 나는 동순을 채근했다.

"이 씨란 작자는 어딨나?"

어디를 둘러봐도 부호처럼 보이는 이는 없었다.

동순이 초조하게 주위를 둘러보더니 조끼 주머니에서 시계를 꺼냈다.

"오 분이 지났네요."

동순은 미간을 찌푸리며 종묘 정문 문턱을 넘어섰다. 그때 거지들 대여섯 명이 뭐라고 떠들며 길을 건너는 게 보였다. 지게꾼들도, 거지들도 다 수상했다. 지게꾼들은 너무 조용했고, 거지들은 필요 이상으로 떠들어 대고 있었다. 여유가 없었다. 이 씨가 어떤 자인지 미리 물어보지 않은 게 걸렸다. 하지만 그럴 여유가 없었다. 동순을 믿었을 뿐이다. 그러나 궁지에 몰리다 보면 올가미에 목을 들이밀면서도 모를 때가 있다. 정신이 번쩍 들었다. 동순과 서너 걸음 떨어져 주위를 살폈다.

예감은 틀리지 않았다. 동순이 종묘 대문을 들어서는 순간 안에서 거지들이 우르르 달려 나왔다. 서른 명도 넘는 것 같았다. 그들은 파리 떼처럼 동순을 포위해 버렸다. 얼른 대문 옆 기둥에 몸을 숨기고 권총을 잡았다. 놈들은 내가 같이 올 걸 예상하지 못했는지 동순을 포박하고는 서둘러 자리를 떴다.

순식간에 벌어진 일이었다. 그렇다고 해도 동순이 몸싸움이라도 해 준다면 몇 놈쯤 처치하고 동순을 빼 올 수 있을 것 같았다. 그런데 어찌 된 일인지 동순은 별다른 저항도 하지 않고 순순히 포박을 받고 맥없이 끌려가고 있었다. 기회를 엿보았으나 형사들이 동순을 에워싸고 있으니 총을 쏠 수도 없는 상황이었다. 뻔히 눈앞에서 벌어진 일을 믿을 수가 없었다.

김창호, 1949년 반민특위 재판정

예, 그때 동대문경찰서에 있었습니다. 김상옥 집이 창신동이기 때문에 우리 관할이었죠.

당시 일본 경찰의 첩보 수준은 한마디로 저인망, 바로 그것이었습니다. 코가 촘촘한 그물로 바다 밑바닥을 싹 쓸어 버리는 저인망 말입니다. 피라미 한 마리도 놓치지 않아요. 큰 행사가 있으면 대대적인 예비검속이 실시됩니다. 각 경찰서에 할당이 내려오지요. 경성 시내에만 천 명이 넘었어요. 그때 경성 시민이 20만이 좀 넘었습니다. 그중에 일본 사람들이 20~30프로를 차지했으니까 15만 정도 되겠죠. 15만 중에 천 명이면 150명 중에 한 명이에요. 그러면 어지간한 연결선은 끊어지게 돼 있습니다.

미국인들 방문을 앞두고도 전 경찰에 비상이 걸렸습니다. 미국 의원단이, 다른 일도 아니고 3·1만세 사건 때문에 조사를 하러 온다니 바짝 긴장했죠. 상하이에서 임정요인들이 미국 의원단과 사전에 교섭을 하고 무슨 원조요청서를 준비하고, 국내에서도 어떤 독립운동 단체들이랑 독립지사들, 월남 이상재 선생이나 뭐 이런 사람들이 뭘 준비하고 있는지, 그런 정도는 굳이 염탐이니 밀정이니 할 것도 없이 손바닥 보듯 환히 다 알고 있었죠. 학생들이 시위 준비를 하고 상인들이 상점을 철시한다든가, 이런 정도는 애들 장난 수준입니다.

비밀리에 집회를 하고 정보를 교환하고 거사 계획을 세우고, 다 알지만 그냥 둡니다. 그런 건 아무것도 아니거든요. 3·1만세운동 때 같이 들불처럼 번지지만 않도록 중간 중간 방화 작전만 짜 놓지요. 그러고 나서 하루 전날, 일제히 싹 쓸어버리는 겁니다. 그러면 당일 시위가 벌어지더라도 확산되지 않거든요. 조직이 와해되거나 연결선이 끊어져 버린 다음에는 공포 한 방이면 충분합니다. 인간들은 무더기로 모여 있을 때는 용감해도, 흩어 놓으면 공포 한 방에도 벌벌 떨게 돼 있거든요.

민간단체나 기독교 단체 들이 미 의원단을 환영하겠다면서 행사를 준비했죠. 그런 거 아무리 해 봐야 총독부에서 의원들을 그곳에 데려가지 않으면 소용없습니다. 미국 의원들을 공식적으로 맞이하고 안내하는 건 총독부잖아요. 총독부에서 당신들 안전을 책임질 수 없다, 그러면 끝이에요.

김상옥이요? 김상옥은 예비검속 대상이었습니다. 비밀리에 신문을 만든 사건 때문에 체포된 전력이 있으니까요. 증거불충분으로 풀려났지만 그것만으로도 요시찰 인물 명단에 올라갑니다. 하지만 중요 인물은 아니었죠. 그때만 해도 김상옥을 무시했다고 할까요? 배운 것도 없는 대장장이가 의협심만 강해서 신문 만드는 데 잠깐 연루되었거니, 그 정도로 생각했죠. 그러니 그저 의례적인 검속이었습니다. 그런데 김상옥이 번개처럼 튀는 거예요. 곧바로 머리에 전구가 확 켜지더군요. 뭔가 있구나, 했지만 그 정도일 줄은 몰랐습니다. 집 안을 샅샅이 뒤지다가 2층 맨 끝 방에서 비밀 벽장을 발견했죠. 그 속에서 인쇄물 뭉치와 사진 그리고 권총 케이스 같은 게 나왔어요. 활판으로 인쇄한 삐라는 암살단 취지문이더군요. 미국 의원단을 맞이하여 환영하는 도중 총독부 일인 고관, 친일 반역자, 악질 경관 등을 처단한다는 내용이었습니다. 각 경찰서 형사들 명단에는 사진까지 있었죠. 단원들이 상반신을 벗고 찍은 사진도 있었고요. 천장에 벽지를 새로 바른 게 수상해서 뜯어보니 김상옥을 비롯해서 각 대장, 단원 들 이름이 죽 적혀 있는데, 암살단 명부더군요. 그것만으로도 아연실색해서 말문이 막힐 지경이었죠.

당장 본서로 연락을 했습니다. 동대문경찰서만으로 해결될 상황이 아니었거든요. 그리고 철물점 주변과 그 일대에 형사들이 잠복했지요. 곧이어 수상한 움직임이 탐지되기 시작했습니다.

한 시간도 지나지 않아서 웬 놈이 나타나더군요. 허름한 장사꾼 차림이었어요. 수레를 밀면서 다가오고 있었죠. 수상한 느낌을 감지하고 보면 아무리 기가 막히게 변장을 해도 다 보입니다. 얼굴을 반쯤 가린 모자부터 수상하단 증거거든요. 그 아래로 눈빛이 번뜩이는 게 인광불 같았죠.

바로 덮쳤습니다. 예상대로였어요. 위에 올려진 잡동사니 철물들을 걷어 내니까 무기들이 잔뜩 있는 겁니다. 폭탄이 5개, 권총 15자루, 탄환 3백 발이 튀어나왔습니다. 어마어마한 양이었어요. 그 정도면 조선총독부쯤은 한 방에 날릴 수 있죠. 등골이 서늘했습니다.

도대체 이놈들은 어떤 놈들인가? 거미줄 같은 첩보망을 어떻게 뚫고 이런 무기들을 들여왔는지 놀라웠죠.

일본 경찰이 다시 한 번 발칵 뒤집혔습니다. 안 그래도 미 의원단 방문을 앞두고 경성 시내 전 경찰서에 비상 근무령이 떨어져 있었지만, 그 사건 때문에 경계령이 더 심해졌죠. 지방 경찰들까지 모조리 경성으로 집결시키고 무장 경찰과 기마병 들이 물샐틈없이 경계망을 폈어요. 시내 곳곳에 사람이 모일 만한 곳에는 무장 순사와 기마 순사대가 배치돼 집회 시도 자체를 원천봉쇄했습니다. 서너 명만 모여 있어도 검문을 하고, 가게 문을 닫은 상점은 강제로 문을 열게 하고 거부하면 무조건 연행했죠. 특히 남대문역에서 미 의원단 숙소인 조선호텔까지는 아예 조선인들을 다니지도 못하게 막았습니다. 남대문에 모인 환영 인파들에 대한 검문검색도 물샐틈없었죠. 송곳 하나, 바늘 하나까지 다 잡아내고, 상투 튼 머릿속에서부터 여자들 치마 속까지 검색한다는 말이 떠돌 정도였으니까요.

미국 의원단이 경성에 들어온 24일부터 일본 도쿄로 떠난 27일까지 경성 시내는 계엄 상황이었습니다. 그런데도 24일 남대문역 앞과 대한문 앞, 종로 거리에서 시위가 벌어졌습니다. 수천 명은 됐을 겁니다. 기마경찰들이 공포를 쏘고 칼을 휘둘러 간신히 해산했죠.

하지만 말이죠, 말이 나온 김에 좀 해도 되겠습니까? 잘난 척 같아서 좀 그렇지만, 그래도 이 부분에서 한마디 안 할 수가 없겠네요. 가쓰라 태프트라고 혹시 아십니까? 물론 여기 계신 분들은 나

랏일에 관심이 많을 테니 다들 아시겠죠. 그러니까 1905년에 이미 미국은 일본이 조선을 지배하는 것을 눈감아 주기로 했다는 겁니다. 그 대신 미국이 필리핀을 먹어도 일본은 가만히 있기로 했죠. 일본 사람 가쓰라하고 미국 사람 태프트가 비밀리에 만나서 서로 나눠 먹기로 약속을 했단 말이죠. 이런 판국에 미국 의원단이 제아무리 날고 기는 재주가 있다 한들 무슨 소용이냐 말입니다.

그때 그걸 알았느냐고요? 제가 무슨 재주로 그때 그런 걸 알았겠습니까. 김상옥도 몰랐겠죠. 몰랐으니까 무의미한 자살행위를 했겠죠. 하지만 김상옥의 계획이 일본놈들 간담을 서늘하게 한 건 맞습니다. 저격수들이 차를 타고 총격전을 벌이고, 폭탄과 탄약을 잔뜩 실은 차를 타고 총독부 관리들을 암살한다니, 어마어마하지 않습니까? 너무 거창해서 실제로 가능했을지는 잘 모르겠습니다만, 그런 발상 자체가 놀랍죠. 놀랍도록 대담한 자예요. 형사 생활 중에 가장 대담한 자였어요. 그래서 기억에 생생합니다.

김상옥은 달아났지만, 주변을 탐색하니 줄줄이 걸려들었죠. 고구마 캐는 것처럼 한 구덩이에서 줄줄이 끌려 나왔습니다. 한우석과 정설교는 철물점 앞에서 현행범으로 체포됐고 서대순과 신화수, 윤익중 그 외에 암살단 사건과 연루된 길림군정서 인물들이 20명이 넘었죠.

동순이란 자가 잡힌 건 밀고 덕분이었습니다. 그자는 김상옥 다음으로 거물이었죠. 만주 길림군정서하고 연결된 자였으니까요. 도피 자금을 대기로 한 이 모라는 자가 고민, 고민하다가 한 시간 전에 우리에게 밀고를 한 겁니다. 자금을 주려고 준비까지 했던 것 같은데, 시국이 워낙 흉흉하니까 겁을 먹었던 거죠. 신고를 받자마자 바로 변장한 형사들을 잠복시켰습니다. 워낙 큰 건이었기 때문에 거지, 지게꾼, 군밤 장수로 위장한 형사들이 삼십 명가량 됐죠.

그 자리에 김상옥이 있는 줄은 우리도 미처 몰랐습니다. 이 모란 자도 김상옥 얘기는 못 들었던 거죠. 그게 불찰이었죠. 뭐 다른 게 불찰이라는 게 아니고, 그때 김상옥을 놓친 것 때문에 아주 치도 곤을 당했거든요. 이후로도 김상옥 때문에 어찌나 고생이 심했는지 말도 못합니다. 그러니 그때 놓친 걸 두고두고 안타까워했다는, 뭐 그런 얘깁니다.

김상옥은 끝내 못 잡았습니다. 그런데 이자가 자기를 잡으려고 온 경성 시내 형사들이 눈에 불을 켜고 있는데 겁도 없이 불쑥불쑥 나타나는 거예요.

하루는 동소문으로 들어오다가 불심검문에 걸렸나 봐요. 품에서 권총이 발견된 거죠. 깜짝 놀란 순사가 권총을 뺏고 체포하려는데 권총으로 순사를 쏘고 달아났어요. 순사가 쓰러지니까 성벽 위로 뛰어올라서 성북동과 혜화동 사이로 이어진 성벽을 나는 듯이 달려가다가 삼청동 뒤 숲 속으로 사라져 버린 겁니다. 종로경찰서가 또 발칵 뒤집혔죠. 삼청동 숲을 밑에서부터 완전 포위하고 토끼몰이 작전으로 좁혀 나갔어요. 일주일을 그렇게 뒤졌는데도 못 찾았죠.

또 한번은 서대문 밖 애오개 부근이었어요. 서대문 경찰서 소속 형사들 서너 명이 걸어가고 있었다고 해요. 그때 마차 한 대가 지나가는데 거기 김상옥이 타고 있더래요. 그때 경성에서 김상옥 얼굴은 모르는 이가 없었을 겁니다. 초상화며 사진이 대로변 게시판마다 안 붙은 곳이 없었거든요. 현상금만 해도 백 원이나 붙어 있었죠. 형사들 사이에서는 김상옥만 잡으면 형사 그만둔다, 팔자 고친다는 말이 유행할 정도였죠. 김상옥을 알아본 형사가 소리를 지르면서 권총을 빼 들었죠. 그걸 본 김상옥이 도망가기는커녕 오히려 큰소리를 치더랍니다. "이놈들아 내가 누군지 아느냐? 올 테면 와 봐라. 내가 너희들을 다 죽여 버릴 테다!" 그래서 어떻게 됐는지 아십니까? 다 도망갔어요. 네, 한 놈도 빠짐없이, 다!

팔자 고치는 것도 좋지만 목숨부터 보전해야 되지 않겠어요? 바로 사흘 후에 실제로 형사 하나가 죽었죠. 그것도 광화문 네거리에서 말입니다. 고바야시라고, 유명한 형사였죠. 조선인들은 악질이라고 이를 갈았던 사람이지만 일본 경찰에서는 유능한 형사 하나를 잃었다고 몹시 슬퍼했었죠.

신출귀몰했어요. 축지법을 쓴다느니, 변장술의 귀재라느니 별별 말이 다 떠돌았죠. 하지만 김상옥을 잡으면 팔자 고친다는 말은 쑥 들어갔어요. 형사들한테는 저승사자처럼 여겨졌으니까요.

동양의 마도, 상하이

상하이는 눈부셨다. 세상 모든 사치와 향락이 그곳에 모여 있는 것 같았다. 상하이를 마녀의 도시라는 의미로 마도라고 한다더니, 이름 그대로였다. 상하이는 조선보다 더 중증환자처럼 보였다. 구획을 나눠 프랑스 조계, 영국 조계, 독일 조계, 일본 조계로 이름표를 붙여 놓은 그곳을 중국이라고 할 수 있을지. 마치 소를 도살하고 각을 떠서 부위별로 이름표를 붙여 놓은 것 같았다. 총칼을 앞세워 도륙하는 약육강식의 논리를 상하이는 한눈에 보여 주고 있었다. 제국주의 열강들의 각축장, 그것이었다.

내 심정은 이루 말할 수 없이 복잡하고 미묘했다. 말로 표현할 수 없는 감정은 낯설고 당혹스러웠다. 그럼에도 불구하고 자유로웠다. 태어날 때부터 식민지의 자식이었던 나로서는 처음 맛보는 자유였다. 남의 나라에 와서야 자유란 걸 맛본 것이다. 한없이 서글펐다.

한가하게 사치한 감상에 사로잡혀 있을 여유는 없었다. 압록강을 건너 상하이까지 오는 열흘 동안 나는 거지꼴이 다 되어 있었다. 그나마 전우진이 가진 돈을 다 털어 줘서 간신히 상하이까지 올수 있었다. 남의 집 창고나 마구간에 숨어 자면서 무 쪼가리와 고구마를 훔쳐서 씹어 먹었다. 압록강을 건너기 전에는 번듯한 식사라는 건 생각도 할 수 없었다. 목욕탕이라는 곳에서 몸도 씻고 국수도 사 먹을 수 있었던 건 국경을 넘어서였다. 11월의 추위가 상하이로 오면서 한결 누그러졌지만 곧 겨울이 닥칠 것이었다. 당장 먹고 잘 곳이 급했다.

나는 조소앙 선생의 거처를 수소문했다. 프랑스 조계 안에 있는 신민리 효풍의원이란 곳에 기숙하고 있다는 정보를 얻었다. 선생과는 내가 만든 말총모자를 선물한 인연이 있었다. 말총모자는 내가 개발한 것이었다.

총칼을 앞세운 일본의 수탈은 강도와 다를 게 없었다. 그들은 그걸 무역이라고 했다. 물물교환이나 하던 조선인들은 무역이 무엇인지 몰랐다. 그들은 면제품, 냄비, 석유, 염료, 소금 같은 걸 농민들에게 팔고 쌀, 콩 같은 곡물과 금, 쇠가죽 같은 걸 사들였다. 가난한 농민들에게 돈을 빌려 주고 추수기에 고리로 거둬들였다. 돈이니 염료니 소금 같은 것들은 유혹적이었다. 더 많은 유혹을 위해 거의 강탈하듯이 헐값에 원재료를 사들였다. 그 교활한 구조를 파악하고 자력으로 공장을 세우고 회사를 만들려고 하면 총독부가 그 권리를 독점했다. 조선으로 건너오는 일본인들 수가 많아지면서 일상 용품까지 거침없이 밀려들어 왔다. 기중 비누라는 게 여자들의 눈을 마비시켰다. 예전에 여자들은 팥가루로 세수를 했다. 팥 한 되면 일 년을 쓸 수 있었다. 그런데 비누 하나 가격은 팥 한 말 가격이었다. 어린아이 주먹만 한 비누는 물만 닿아도 살살 닳아 없어졌다. 그래도 여자들은 그걸 사고 싶어 안달이었다. 청량음료니 제빙이니 염료니 하는 것들이 마구 쏟아져 들어왔고 들어오는 족족 조선인들의 눈과 혀를 마비시켰다. 비누 공장, 염료 공장, 제빙 공장, 청량음료 공장이 수십 개가 넘었다. 그중에 조선인이 주인인 공장은 단 하나도 없었다.

전국 방방곡곡 온 산하가 그렇게 되었다. 대장간에 갇혀서 말발굽이나 만들고 있으려니 갑갑해서 견딜 수 없었다. 그래서 온 국토를 미친 듯이 걸어 다녔다. 지방으로 갈수록 실상은 처참했다. 왜놈들은 글 모르고 물정 모르는 순박한 조선인들의 땅을 대놓고 뺏었다. 저 산 아래부터 만복이네 논 옆에까지, 만복이네부터 갯가까지 자기네 논이라고 알고 살던 이들에게 지번이라는 걸 적어 내게 했고, 그게 뭔지 몰라 가만히 있으면 기한 내 접수하지 않았다며 몰수했다. 그걸 항의하러 가면 나무에 묶어 놓고 총으로 쏘았다. 빼앗은 토지에 일본인들이 들어와 살게 했고 땅 주인들은 자기 땅에 소작을 부치며 살아야 했다. 먹고살 도리가 없는 조선인들은 듣도 보도 못한 사할린이나 만주, 하와이로 살길을 찾아 떠났다.

경성으로 돌아온 나는 공장을 확장했다. 농기구와 말편자를 만드는 대장간을 하면서 동시에 양말, 장갑 같은 생활용품을 만들어 싸게 보급했다. 모자도 개발했다. 단발령 때문에 상투를 자른 사람들은 머리를 어떻게 해야 할지 난감해 했다. 그렇다고 짧게 자른 머리 위에 갓을 쓰는 것도 어색하기 짝이 없는 노릇이었다. 그걸 간파한 일본인들은 자기들 식의 모자를 들여왔다. 값비싼 독점 상품이란 것도 문제였지만, 조선 사람이 일본 모자를 쓴 걸 보면 욕지기가 올라왔다. 도리우치라니, 참으로 근본 없는 모자였다. 그나마 서양식 중산모는 신사답긴 했지만 너무 비싸서 서민들은 쳐다볼 수도 없었다. 그래서 개발한 게 말총모자였다.

갓 모양을 본떠서 실크햇처럼 만들고 별 무늬로 짰다. 말의 갈기나 꼬리털로 짜기 때문에 가볍고 위생적이며 만드는 비용도 적게 들었다. 철물점 2층에 공장을 만들고 직공을 모집했다. 직공들에게 기술을 가르치고 모자 생산에 전력을 기울였다. 나는 늘 그 모자를 쓰고 다녔다. 이를테면 홍보였다. 말총모자는 인기가 좋았다. 나는 모자를 제작비 정도만 받고 보급했다. 조소앙 선생 강연회에 갔을 때 나는 선생에게 모자 두 개를 선물했다. 벌써 6년 전 일이었다. 그게 상하이에서 내가 기댈 수 있는 유일한 인연이었다.

다행스럽게도, 조소앙 선생은 말총모자를 기억하고 있었다.

"아, 그 모자! 그 특이한 말총모자 두 개를 나달나달 해질 때까지 쓰지 않았소! 이거 반갑소이다!"

선생은 양손을 잡아 흔들며 기뻐하더니 자신의 처소로 안내했다. 그의 거처는 초라했다. 2층짜리 목조건물이 마치 조선의 판자촌처럼 다닥다닥 붙어 있는 좁다란 골목의 끝, 가파른 계단을 올라가 제일 끝 방이었다.

선생의 표정과 풍모만은 당당한 지사의 그것이었다. 언젠가 상하이 임정에 다녀온 동지들이, 유명하다는 지사들의 표정이 파리

하고 무기력하기가 병에 시달린 환자 같다던 말과 달라서 무엇보다 기뻤다.

선생은 마침 유럽에서 열린 사회당대회에 대표 자격으로 참석하고 돌아온 참이라고 했다. 유럽 소식과 국내 소식을 주고받았다. 그 말끝에 암살단 사건에 대한 자세한 전말을 털어놓았다. 선생은 눈앞에서 총격전을 보는 듯 두 주먹을 불끈 쥐며 흥분하다가, 계획이 발각 나 동지들이 하나둘 잡혀간 이야기를 들을 때는 깊은 한숨을 토했다. 선생은 내 두 손을 덥석 잡았다.

"수고했네. 수고했어. 이렇게 열렬한 동지들이 있다는 걸 몰랐다니 큰 죄를 지었구려."

미국 의원단이 조선을 통과할 때 모종의 사건이 터질 거라는 풍문이 돌았지만 젊은 동지들이 그렇게 용감하고 치밀하게 계획을 세우고 싸우고 있었는지 몰랐다고 했다. 몇 번이나 감탄하고 몇 번이나 탄식하며 안타까워했다. 선생은 도리질을 치며 미안하다는 말을 연발했다.

"김 선생, 감동했소. 이러지 말고 밖에 나가서 뭐라도 좀 먹으면서 더 이야기합시다."

선생이 데려간 곳은 호떡집이었다. 그저 심심한 밀가루 부침개려니 하고 한입 깨문 속에서 뜨겁고 진득한 것이 주룩 흘렀을 때, 그 달콤함에 온몸이 진저리를 쳤다. 오래도록 잊을 수 없는 맛이었다.

그리고 잊을 수 없는 이름 하나를 들었다.

"약산 김원봉이라고 들어 봤는가?"

머릿속으로 굴려 봤지만 처음 듣는 이름이었다.

"두 사람, 아마 만나기만 하면 금방 의기투합할 것 같은데."

선생은 두고 보란 듯 빙그레 웃으며 그에 대해 이야기해 주었다.

"지난 6월 조선총독부 폭파 미수 사건에 대해 알고 있는가?"

"알다마다요."

신문 기사는 '조선총독부 파괴음모 폭파단체 대 검거'라는 제목을 달고 있었지만 정작 단체에 대한 이야기나 이름은 찾아볼 수 없었다. 조직이 발각되는 바람에 미수에 그쳤고 압수한 폭탄이 대단히 위력적이며 최신의 것이라는 설명만 있었다. 총독부는 늘 그렇듯이 대단한 일도 아니라는 듯 심드렁한 태도를 취했지만, 사건 주동자와 연루자만 12명이었고 징역 7년에서부터 1년까지 모두 중형이 선고되었다.

누굴까? 단체라면 과연 어떤 단체란 말인가. 그렇게 위력적인 폭탄을 어떻게 구했을까? 행간에서 나는 보았다. 숨죽이며 꾸민 거사가 실행에 옮기기도 전에 발각되고 실패로 돌아갔을 때 그들이 흘렸을 쓰디쓴 눈물을. 그들의 분함과 울분과 원통함을. 그들은 비록 실패했으나 그것은 내가 모르는 어디엔가 나와 뜻을 같이하는 동지들이 있다는 신호였다. 그것은 그 어떤 것보다 힘이 되고 격려가 되었다. 때가 무르익지 않았다고 준비가 미진하다고 무모한 계획이라는 반대에 부딪힐 때 그것을 밀어붙일 힘이 되어 주었다. 그들의 실패가 끝이 아니란 걸 그들에게 보여 주고 싶었다.

그랬는데, 나 역시 이렇게 실패하고 도피길에 올랐다. 그런 내 마음을 눈치챘는가, 선생은 '성공한 것도 있다오' 하며 내 어깨를 툭툭 쳤다.

"부산경찰서 하시모토에게 폭탄을 던진 사건 말이오. 그 사건으로 하시모토 소장이 그 자리에서 죽었다네. 그게 9월이고, 12월에는 밀양경찰서에서도 폭탄의거가 있었다네."

"그건 알고 있습니다. 제가 도망 다닐 때 일이죠. 그렇게 흘러 다니다가 밀양에 갔을 때는 폭탄 만드는 걸 도와줬더랬습니다."

밀양의 최수봉 동지는 조선총독부 건이 실패로 돌아간 얘기를 듣고 땅을 치면서 분개하더니 대뜸 폭탄을 만들어 내라고 우겼다. 그때 주위에 있던 다른 동지들과 머리를 맞대고 폭탄을 만들어 준 후 나는 곧바로 상하이를 향해 떠났다. 폭탄이 불발탄이었다는 소식을 접한 건 국경 부근이었다. 조악한 폭탄과 귀중한 동지를 맞바꾼 것 같은 자책감 때문에 그날 하루 나는 피눈물을 흘리며 칼바람 속을 쉬지도 않고 걸었다.

"그 후 동지들은 어떻게 됐습니까?"

"둘 다 사형당했네."

아, 내 입에서 짧은 탄식이 흘러나왔다.

"두 동지들 다 그 자리에서 자살하려고 했다더군. 그런데 즉시 잡히는 바람에 자살에 실패하고 결국 끌려갔지. 하지만 박재혁 동지는 스스로 단식을 택했어. 죽지 못하게 하려고 일본놈들이 주사를 놓고 난리였다더군. 결국 사형을 언도받았지. 하지만 그는 사형대의 올가미를 받기 전에 단식으로 기진해서 죽었다네. 그러니까 놈들에 의해 사형당한 건 아니지."

숙연해졌다. 나 역시 죽음을 두려워해 본 적은 없었다. 그렇다고 죽음에 대한 공포가 없다고 말할 수는 없다. 40일간 고문을 받을 때 이렇게 죽는구나 생각한 적이 있었다. 그때의 죽음은 얼마나 편안하고 달콤하게 느껴지던지, 죽음이 그토록 다정한 미소를 짓는다는 걸 그때 처음 알았다. 절망의 끝에는 절망이 없었다. 고통의 끝에서는 고통이 사라졌다. 그 끝에 가장 달콤한 안식이 있다는 것은 얼마나 역설적인가. 그것이 가장 큰 위로였다.

그런데 박재혁은 스스로를 세 번 네 번 죽인 것이다. 처음 죽음을 각오했을 때, 그 죽음은 얼마나 머나먼 것이었을까. 손에 잡히지도 않는 관념이었을 것이다. 그러나 거사 후 스스로를 죽이려고 할 때 그 다급함 속에서는 자신마저도 타인처럼 느껴졌을지 모른다. 놈들에게 자신의 죽음조차 허용하지 않으려는 순결함이 자신의 죽음마저 다투게 하였던 것이다. 마침내 죽음을 성취했을 때, 그의 거사는 완성된 것이리라. 그는 한 생에 몇 번을 죽은 것인가.

의열단이라고 했다. 김원봉은 의열단의 의백이라고 했고 20대 초반 약관의 청년이라고 했다. 의열단, 김원봉, 나는 나지막이 중얼거렸다.

누에고치처럼 작은 방이었다. 조 선생 소개로 임시정부 일을 돕고 나머지 시간에는 세를 얻은 작은 방에서 책을 읽었다. 미로처럼 얽혀 있는 좁은 골목을 이리저리 꺾어 돌아 막다른 집 2층이었다. 부엌이 하나 있고 방이 세 개였다. 그중에서 제일 작은 방이었다. 작은 창문이 하나 있고 나무로 된 침상 하나가 방의 절반을 차지했다. 겨울이 닥쳤지만 온기를 들일 생각은 하지도 못했다.

나중에 알고 보니 세를 받는 사람은 집주인이 아니었다. 그들 가족은 제일 큰 방에 살았고 나머지 방 두 개를 세놓아 그 돈으로 집세를 냈다. 집을 처음 빌릴 때 목돈이 들었지만 이후로는 거의 공짜로 사는 셈이었다. 그 골목의 집들이 대부분 그런 식이었다. 사람들은 집 하나를 세를 얻어서 또 세를 주고 그 세를 받아서 세를 냈다. 집주인이 누군지는 알 필요도 없었다.

그 야릇한 방에서 나는 식욕 왕성한 한 마리 누에처럼 책을 파고들었다. 손문의 『삼민주의』, 『오권헌법』을 비롯해 『국제노동운동개요』, 『자본론입문』, 『근대과학과 무정부주의』 등을 탐독했다. 어쩌면 내게 주어진 가장 아늑한 시간일 것이다. 이 방을 나가는 날, 다시는 이런 시간이 돌아오지 않으리란 예감은 손에 잡힐 듯 분명했다.

임시정부 일을 도우면서 김구, 이시영, 조완구, 윤기섭 등 여러 지사들과 선배들을 만나 시국 토론을 하고 중국의 저명한 지사들과도 교류했다. 그들이 격론을 벌이는 토론장과 강연장도 쫓아다녔다. 물정 모르던 시야가 트이고 세계정세도 조금씩 보였다. 그리고 깨달았다. 지난날 나의 행동들, 무모하다면 무모하고 과격하다면 과격하달 수 있는 그것이 단순한 의협심이나 타고난 기질, 동정심만은 아니란 것을. 내가 어느 누구의 노예로 살 수 없듯 우리나라도 일본의 속국이 될 수 없다는 것, 그건 정의요 진리였다. 따라서 나의 실천, 나의 행동은 그런 사상의 뿌리에서 솟아나는 신념의 실천이었던 것이다.

임시정부는 듣던 대로 여러 분파로 나뉘어 있었다. 프랑스 조계 안에 있는 마송로, 대한민국임시정부 간판이 붙어 있는 2층집은 한 나라의 임시정부라고 하기엔 너무 초라하고 무기력했다. 재정은 바닥나고 거기에다 기호파니 서북파니 영남파니 하며 분열되어 무엇 하나 시원하게 합의 보기도 쉽지 않았다. 그렇게 임정이 유명무실하니 임정 자체에 대한 생각도 제각각이었다. 김구 선생을 중심으로 한 고수파와, 여운형과 안창호 선생을 중심으로 임정을 확대 개편해야 한다는 개조파와, 보다 안전한 러시아 연해주에서 새롭게 시작하기 위해서 지금의 임정을 해체하자는 창조파로 나뉘어 있었다. 조국 독립을 위해 망명한 지사들이 서로 나뉘어 다투는 모습이 실망스러운 건 사실이었다. 그러나 목표는 하나였다. 각자의 주장은 서로 달랐지만 틀린 건 아니었다. 각자 나름의 정당성과 그것을 뒷받침하는 확고한 논리를 갖추고 있었다. 거기에 사심은 없었다. 그렇게 각자의 길을 가고 있었다.

나의 길도 달랐다. 김원봉! 나는 그와 만날 날을 기다리고 있었다.

독서와 강연, 토론에 참가하는 사이사이 체력 단련도 거르지 않았다. 하루에 십 킬로미터씩 반드시 걷거나 뛰었다. 날씨가 도와주지 않으면 여기저기에서 주워 모은 신문지를 쌓아 놓고 팔 근육을 다지기 위해 격파 훈련을 했다. 사흘이면 신문지가 새 깃털처럼 풀풀 날렸다. 그러다가 어느 날 상하이의 번화가 뒷골목을 걷다가 총소리를 들었다. 상하이에서 총소리는 크게 놀랄 일도 아니었지만 그게 사설 사격장이란 걸 알고 오히려 놀랐다. 사격술을 연마할 수 있는 곳이 시내 한복판에 있는 곳, 그곳이 상하이였다. 일경의 눈을 피해 산짐승처럼 깊은 산속에서 훈련하던 경성을 생각하면 이곳은 천국이었다. 나는 그곳 단골이 되었고, 몇 번 가지 않아서 주목받는 손님이 되어 버렸다. 감탄사를 연발하던 마담은 아예 무료로 드나들 수 있게 해 주었다.

약산을 만나다

기다림은 생각보다 길었다. 김원봉은 상하이에서도 베일에 싸인 인물이었다. 수시로 거처를 옮겨 다니기 때문에 단원들 중에서도 두어 명 정도만이 그의 거처를 알고 있다고 했다. 그조차도 몇몇 단원들과만 선이 닿는다고 했다. 의열단의 우두머리, 의백이며 모든 단원이 그의 말 한마디에 목숨을 던지지만 그 자신은 평단원처럼 행동했다.

김원봉에 대해 알아 가는 과정은 나의 신념을 확인하는 길이었다. 그는 스무 살도 되기 전에 조선의 현실에 울분을 느끼고 더 큰 공부를 하기 위해 중국으로 넘어와 여러 학교를 다니며 영어, 독일어, 중국어와 역사철학을 공부했다. 세계정세에 대한 그의 인식은 정확하고 날카로우며, 무엇보다 힘이 있었다. 아직은 학생 신분이므로 철저히 공부를 마치고 독립운동 전선에 나아가 온 세계에 일본의 강제병합을 알려야 한다고 친구들이 주장할 때, 그는 식민지를 경영하는 열강들이 외교적으로 조선을 도우리라는 것은 환상이며, 무력으로 조선을 강점한 일본에 대항하는 길은 오직 무력밖에 없다고 주장했다. 그 생각은 흔들림이 없었다.

3·1만세운동 때도 동지들과의 길은 갈렸다. 비폭력 평화투쟁으로 봉기한 민족의 역량을 집중시키기 위해 동지들이 귀국할 때도 그는 그것의 한계를 꿰뚫어 보고 있었다. 그의 생각이 옳았다. 세계대전이 끝나고 유럽에서 전후 처리를 둘러싼 논의가 벌어지고 있을 때 몇몇 지식인들은 안일하게 그들의 힘에 기대어 조선의 문제를 해결하려고 했지만, 그들은 식민지 현실 따위에는 관심도 없었다는 것이 결국 드러났다.

그가 진정으로 원하는 것은 독립군 부대를 이끌고 왜놈 군대를 질풍처럼 짓밟아 조선으로부터 몰아내는 것이었다. 그러나 현실은 그런 군대를 먹이고 입힐 여력도, 조직도 되지 않았다. 그래서 생각한 것이 숨은 군대였다. 파르티잔, 러시아 인민들이 황제의 군대와 맞서 싸웠다는 게릴라 부대. 의열단이 그것이었다. 그가 겨우 22살 때 만든 조직이었다.

나보다 여덟 살이나 어렸지만 그런 건 아무 상관이 없었다. 그의 길은 바로 내가 생각하던 길이었다. 그리고 마침내 그를 만나는 날이 왔다.

여러 지사들이 임정 사무실에 모인 날이었다. 거기에 그가 나타난 것이다. 나는 그를 첫눈에 알아보았다. 훤칠한 키에 늘씬한 몸매, 양복을 차려입은 모습이 귀공자 같은 인상이었다. 눈매가 매서웠으나 부드러운 인상과 튀지 않는 제스처로 나직나직 이야기하고 있었다. 남자가 봐도 매력적인 사내였다. 나의 시선은 저절로 그를 따라 움직였다.

그러다 문득 몸을 돌린 그가 나를 향해 저벅저벅 걸어오더니 고개 숙여 인사했다.

"안녕하십니까. 김상옥 선생님이시지요?"

나는 깜짝 놀라서 자리에서 일어섰다.

"선생님에 대한 이야기는 신문을 통해서 보았습니다."

나를 이미 알고 있다니 반가운 일이었다. 우리는 악수를 하고 나란히 의자에 앉았다.

"정말 놀랐습니다. 국내 첩보망이 물샐틈없이 촘촘한데, 어찌 그리 대담한 거사를 꾸미셨는지 말입니다."

"그래서 실패한 거죠."

"비록 실패했지만 놈들 간담이 서늘했을 겁니다. 오죽 겁이 났으면 궐석재판에서 선생님께 사형을 선고했겠습니까?"

"그건 어떻게 알았습니까?"

"신문에 대문짝만 하게 났던데요. 못 보셨나요?"

"저는 동생에게서 편지를 받고 알았습니다."

"놈들이 형량 매기는 걸 보고 있노라면 그게 꼭 놈들이 겁먹은 수치를 나타내는 것 같다는 느낌이 들더군요. 김상옥 선생님은 체포도 못 한 상태로 사형선고를 내렸으니, 얼마나 겁이 났으면 그랬겠습니까?"

"그게 다 무슨 소용입니까. 내 머릿속에는 오직 실패를 만회할 생각밖에 없소이다. 안 그래도 의백을 만날 날만 기다리고 있었소. 나를 의열단원으로 받아 주시오."

"무슨 그런 말씀을, 오히려 제가 배워야겠습니다. 선생님 사격 솜씨도 상하이에 소문이 자자하더군요."

"어차피 사형선고까지 받고 보니 마음이 더할 나위 없이 홀가분합니다. 오직 이 목숨 조국 독립을 위해 바칠 생각밖에 없소이다."

"선생님의 뜻은 잘 알겠습니다. 언젠가 좋은 때가 반드시 올 것입니다."

"고맙소이다."

"제가 영광입니다."

　의열단이 되고자 찾아오는 이는 나뿐이 아니었다. 박재혁의 부산 거사와 최수봉의 밀양 거사 이후, 그들이 의열단이라는 것이 보도되면서 국내와 만주 등지에서 열혈 청년들이 찾아왔다. 그러나 의열단은 늘 스무 명이 안 되는 소수였다. 김원봉은 겉으로는 표시를 내지 않았지만 까다로운 기준으로 단원들을 선발하고 있었다. 눈여겨본 이는 몇 번을 찾아다니며 반드시 단원으로 만들었다. 그렇게 단원이 된 이들은 한결같이 평단원으로서 폭탄을 지고 돌진하기만을 원했다.

　나이도 학력도 아무 상관 없었다. 나도 약산보다 여덟 살이나 많지만, 김시현은 나보다도 나이가 많았다. 그는 약산이 특별히 공을 들인 단원이라고 했다.

　김시현은 메이지대학 법학부 출신의 인텔리였다. 고등문관 시험만 보면 판검사 군수 자리도 꿰찰 수 있었으나 모든 걸 버리고 망명한 이였다. 독립운동의 사상적 지적 토대가 되는 글을 쓰기도 하고 상하이파 고려공산당 당원으로서 모스크바 극동 인민대표회의에도 참가하고 돌아왔다. 그럼에도 그는 사려 깊고 겸손했다.

　김원봉은 그를 만나고 싶어 했지만 기회가 오지 않았다. 그런데 그가 먼저 찾아왔다.

　"약산, 나는 평단원이 되고 싶소이다. 약산의 명령을 받아 폭탄

140

을 들고 겁 없이 조선으로 잠입해서 왜놈을 저격했던 의열단원들처럼 말이오."

"정녕 그런 일을 하고 싶다는 말씀입니까?"

"그렇소. 수십 번도 더 그런 꿈을 꿨소. 임시정부도, 국민대표회의도, 국제법 이론도 다 부질없는 일이오. 나는 적을 향해 총을 쏘고 싶소. 조선총독부를 폭파하라, 명령만 내려 주시오. 그러면 표연하게 나가 죽겠소이다."

부산경찰서에 폭탄을 던진 박재혁은 스물여섯 살의 무역회사 직원이었다. 싱가포르 지사에서 근무하던 그는 어느 날 김원봉을 찾아와 군자금으로 쓰라며 큰돈을 내놓았다. 박재혁의 사람됨을 알아본 김원봉은 그에게 의열단원이 되어 줄 것을 부탁했고, 그는 흔쾌히 받아들였다. 늘 거사 자금이 부족해 시달리는 걸 본 그는 부르기만 하면 언제든지 달려오겠노라고 말하고 싱가포르로 돌아갔다.

박재혁을 부른 건 조선총독부 폭탄투척의거가 실패한 후였다. 그건 의열단의 첫 거사였다. 너무나 분했던 김원봉은 실패로 돌아간 이유를 캐냈다. 부산으로 밀입국한 단원들의 첩보를 캐고 경성까지 추적해서 거사 직전에 단원들을 체포한 건 다름 아닌 조선인 형사 김태석이란 자였다. 김원봉은 분노했다. 의열단이 공들인 첫 번째 거사이기도 했지만 그때 체포되어 실형을 선고받은 단원 대부분이 김원봉이 가장 아끼는, 의열단을 함께 만든 단원들이기 때문이었다. 목표는 부산경찰서였다. 박재혁은 김원봉이 부르자 지체 없이 달려와 부산경찰서를 폭파하고 자결했다.

최용덕은 중국 육군군관학교를 나온 현역 장교였으며 비행기 조종 교관으로 근무 중이었다. 평안도 출신의 김익상은 스물일곱 살로, 비행사가 되고 싶어서 중국으로 왔다가 의열단원이 되었다. 오성륜은 용정에서 만세 시위에 앞장섰다가 상하이까지 쫓겨 온 스물한 살의 청년이었다. 안동재판소 서기였던 김지섭은 애국지사를 감옥으로 보내는 재판소 일에 회의를 품고 있다가 3·1만세운동 후 수많은 지사들을 재판하는 것을 못 견뎌 상하이로 망명했다. 그는 김원봉보다 열세 살이나 많았다.

단원들은 비밀리에 훈련을 받았다. 나는 이미 경험한 것이었지만, 다른 이들에게는 고된 훈련이었다. 출신, 학력, 나이, 무엇 하나 비슷한 것이 없는데다, 전문적인 훈련이라고는 받아 본 적도 없는 사람들이었다. 사람을 죽인다는 건 꿈에도 생각해 본 적이 없었을 것이다. 개구쟁이 어린 시절에도 총칼놀이보다는 쇠꼴을 먹이거나 동생을 돌보고 어머니를 도와 물 짐 진 날들이 더 많았을 이들이었다. 나서서 떠들기보다는 조용히 사색하거나 책 읽는 걸 더 즐겼을 이들이었다. 누구보다 섬세하고 다감한 이들이었다. 그런 이들이 내상을 입으면 이를 갈고 독기를 뿜어내게 마련이었다. 그들은 독기로 고된 훈련을 버티어 냈다. 상하이 외각의 인적 드문 깊은 산속을 노루처럼 뛰어다니며 체력을 키우고 토끼와 뱀을 잡으면서 민첩함과 순발력, 그리고 강인한 정신력을 키웠다. 김원봉도 평단원들과 똑같이 훈련을 받았다.

정작 어려운 건 사람을 죽여야 한다는 것이었다. 의분에 차서 암살이니 저격이니 말을 하기는 쉬웠다. 관념이 아닌 실제로 눈을 마주 보고 있는 자를 죽인다는 건 전혀 다른 문제였다.

어느 날, 김원봉은 장광이라는 이름의 노인 하나를 데리고 나타났다. 키가 몹시 작은 중국인인데, 단검 던지기 달인이라고 했다. 던진 단검이 목표물에서 빗나가는 일이 없는 것은 물론이고 그 단검이 날아온 곳을 누구도 알지 못한다고 했다. 이른바 자객이었다.

"단검은 총을 쓰지 못할 때 유용하지요. 이를테면 적이 코앞에 있어 사거리가 확보되지 않을 때나 몸싸움에 대비해서 허벅지나 정강이에 숨겨 놓으면 요긴합니다. 식당처럼 사람이 많은 곳이라면 소음이 나지 않고, 단검 날아온 곳을 몰라 허둥댈 때 도피할 시간을 벌 수 있다는 장점도 있지요."

장광의 단검은 목표한 지점에 정확히 꽂혔다. 백 보도 더 떨어진 곳에서 한 치의 오차도 없었다. 갈지자로 뛰어다니거나 나무에서 뛰어내리면서 던져도 단검은 한 치의 망설임도 없이 목표 지점에 꽂혔다. 움직임은 그림자 같았고, 단검이 제 스스로 목표 지점을 찾아가는 듯했다. 그가 단검을 던지는 게 아니라 단검이 그를 떠났다. 그러다가 마침내 그가 단검인지, 단검이 그인지 알 수 없는 경지가 되었다. 탄식 같은 감탄사가 저절로 나왔다. 온몸에 소금 같은 소름이 오소소 돋았다.

"칼이 내 몸의 일부, 마음의 일부가 돼야 하오. 온몸의 기와 정신이 한 점 칼끝에 집중되는 것입니다. 내가 칼이 되고 칼이 내가 되는 경지까지 연습을 해야만 실수가 없소이다."

정신 통일, 그리고 총탄과 칼끝이 심장을 명중시키는 것, 그에게 그것은 하나의 신앙이자 도인 것 같았다. 그는 공격술뿐 아니라 호신술도 가르쳤다. 권총을 들이대는 놈을 제압하는 법, 유도의 기술로 붙잡아 메다치려는 자를 뿌리치는 법, 그리고 두 손으로 목을 꺾어 죽이는 방법까지. 훈련은 혹독했다.

"칼이나 총에게 생각 따위는 없소. 애국심, 그것부터 버리시오."

"칼처럼, 총처럼 차가워야 하는 것이오."

"칼을 들었을 때 나는 단지 칼일 뿐이오."

"총을 들었을 때 나는 총구일 뿐이오."

"애국심 따위는 가슴에서 지워 버리시오. 오직 증오만 키우시오."

애국심을 지운다면, 한낱 살인자일 뿐 아닌가. 하지만 그는 그 마음이 일을 그르친다고 강조했다. 젊은 날 자객으로 고용되어 여러 사람의 목숨을 끊었다는 그에게 죄의식 같은 건 보이지 않았다. 그가 훈련마다 강조하는 것은 죄의식을 버리라는 것이었다. 울분과 증오로 가득 차서 성공할 것 같지만 막상 저격의 순간이 오면 잠깐만 멈칫거려도 때를 놓치고 오히려 자신이 적의 먹이가 되는 경우가 허다하다는 것이었다.

"사람을 죽이는 것, 그건 절대로 생각대로 되는 게 아니오. 명심하시오."

한 달여가 지난 어느 날이었다. 김원봉을 그림자처럼 따라다니며 경호하는 단원들이 사내 둘을 끌고 왔다. 뒤로 손이 묶인 채 끌려온 자들은 조선인이었다.

"며칠 전부터 이곳을 지켜보던 자들입니다."

"무엇을 정탐하고 있었느냐?"

김원봉이 물었다.

"우리는 그런 사람이 아닙니다."

두 사람은 무릎을 꿇고 부들부들 떨었다.

"그저 우연히 근처를 지나다가 뭘 하는가 본 것뿐입니다."

"금방 들통 날 거짓말은 집어치워라. 우리 단원들이 미행하면서 네가 이자에게 보고하는 걸 다 봤으니까. 너는 누구에게 보고하느냐? 너희들에게 이 일을 시킨 자가 누군지 불어라."

"보고한 것 없습니다. 아무것도 모릅니다. 그저 재미 삼아 구경한 것뿐입니다."

가만히 지켜보던 장광이 앞으로 나섰다.

"저자들을 나무에 묶으시오."

그들은 단도를 만지작거리는 장광을 바라보더니 발아래 엎드렸다.

"왜 이러십니까. 우린 선량한 동포들입니다. 동포들끼리 이게 무

145

슨 짓입니까?"

"동포? 동포를 팔아먹는 밀정의 말로가 무엇인지 보여 주겠다."

김원봉이 단원들에게 고갯짓을 했다. 단원들이 그들을 나무로 끌고 갔다. 그들은 나무 앞까지 끌려가서야 두 손을 싹싹 비비며 빌기 시작했다.

"살려 주시오. 알고 있는 것은 다 말하겠소."

김원봉이 그자들에게 다가가 물었다.

"너희들을 고용한 자가 누구냐?"

"그건 우리도 모릅니다."

"묶으시오."

"정말입니다. 점조직으로 되어 있고 무인포스트로 암호 지시문이 내려오기 때문에 그걸 시킨 사람은 누군지 모릅니다."

"너희들이 염탐하는 것이 무엇이냐? 무엇을 보고하느냐?"

"의열단의 동향을 보고합니다."

"근래에 뭘 보고했느냐?"

"산에서 자객으로부터 단검 던지는 훈련을 받고 있다고 보고했습니다."

"그리고 또?"

"단원들과 약산 김원봉의 거처를 알아내서 보고합니다."

"약산 김원봉이라. 그래, 그자의 거처는 알아냈느냐?"

"그건 아직⋯⋯."

"왜 못 알아냈느냐?"

"보고가 상부에 도달할 때쯤이면 거처가 이미 바뀌어 버리는 통에 아직 못 알아냈습니다. 게다가 변장술까지 뛰어나서."

이자들은 김원봉을 앞에 두고도 알아보지 못하는 말단 염탐꾼과 중간 보고자일 뿐이었다. 그들을 고용한 자가 일본 경찰이 심어 놓은 진짜 밀정일 것이다.

"마지막으로 기회를 주겠다. 명령을 내린 자를 정말 모른단 말이냐?"

"예, 모릅니다. 정말입니다."

장광이 단검을 고쳐 쥐자 둘 중 한 놈이 김원봉의 바짓가랑이를 잡았다.

"뭐냐?"

"저, 따로 조용히 이야기를······."

인중이 깊이 패이고 입술이 얇은 자였다. 말단 염탐꾼보다는 한 단계 높은 중간 보고자인 모양이었다. 자기가 알고 있는 정보와 목숨을 교환해 보려는 수작일 터였다.

"그자를 찾을 수 있는 단서가 있습니다."

"그게 뭐냐?"

"이름은 임중호라고 하는데 가명입니다. 호리호리한 체격에 턱 밑에 검은 사마귀가 있습니다. 그리고 늘 파이프 담배를 피웁니다."

김원봉과 단원들이 그를 가만히 지켜보았다.

"저도 본 적은 없고 들은 이야기입니다. 집도 모릅니다. 하지만 이 정도 정보면 금방 잡을 수 있을 겁니다. 저는 살려 주시겠죠?"

놈은 얼굴을 일그러뜨리며 울상을 지었다. 애석하게도 불쌍하기보다는 비굴하고 역겨웠다. 경멸의 시선으로 바라보던 김원봉이 물었다.

"밀정 노릇을 하면서 돈을 얼마나 받았느냐?"

"한 번 성공하면 10원씩 받습니다."

말이 끝나자마자 김원봉이 단호히 돌아서며 말했다.

"동지들, 이놈들을 처단하시오."

장광이 나섰다. 놈들을 나무에 묶어 놓고 단원들이 돌아가면서 단검을 던지라는 거였다. 단원들이 그자들의 눈을 가리려고 했지만 장광이 고개를 저었다.

"재갈만 물리고 눈은 가리지 마시오. 눈을 보면서도 던질 수 있어야 하오."

장광은 먼저 김원봉에게 단검을 건넸다.

"의백이 먼저 하시지요."

김원봉은 숨을 깊이 들이마시며 칼을 잡았다.

"너희를 모든 조선인의 이름으로 처단한다. 나를 원망하지 말아라."

단검은 가슴 한복판에 가서 박혔다. 뒤이어 다른 단원들도 돌아가며 단검을 던졌다.

의열단의 명성이 높아지고 활동이 노출되는 것과 비례해서 밀정들 수도 늘어나고 있었다. 경호를 맡은 단원들은 치밀한 대책을 세웠다. 역정보를 흘리거나 함정을 파기도 했다. 걸려든 놈들은 혹독하게 심문하고 가차 없이 처단했다. 슬프게도 모두 조선인들이었다. 가슴 아픈 일은 의열단 내부에서도 일어났다. 밀정을 처단한 단원하나가 미쳐 버린 것이다. 밀정을 처단하는 일은 담력을 키운다는 명목으로 신입 단원의 몫이었다. 신입은 밀정의 가슴을 향해 총을 겨누었다. 총알은 가슴이 아닌 머리에 가서 맞았고 얼굴 반쪽이 날아갔다. 거기서 뿜어져 나온 피가 신입의 얼굴을 덮쳤다. 신입은 정신이 나가 버렸다. 물만 보면 핏물을 본 듯 부들부들 떨고, 헤실헤실 웃었다. 조선의 비극이 어리고 여린 청년의 몸을 덮친 것이다.

김원봉을 가까이서 지켜보는 건 고통스러운 일이었다. 전체 단원들이 먹고 입는 일, 습격과 탈출의 기술을 연구하는 일, 단합과 응집력을 단단하게 하는 일, 뜻을 같이하는 동지들을 더 영입하고 뻗쳐 올지 모르는 일본의 밀정으로부터 동지들을 보호하는 일, 거사를 위해 폭탄과 무기를 마련하고 국내로 보내는 일, 군자금을 모으고 목숨을 던지라는 명령을 내리는 것까지, 스물넷 약관의 어깨에 짊어지고 있었다.

단원들을 사지로 보내는 무거운 책임을 혼자 짊어지고, 결과 보고를 받기까지 무섭도록 고독한 시간을 김원봉은 혼자서 견디어

냈다. 그 시간에 그는 주로 책을 읽었다. 단출한 그의 짐 대부분이 책이었다. 마르크스의 자본론과 세네카, 헤겔의 철학 서적들도 있었지만 소설이나 시집도 많았다. 영문 소설을 읽기도 했다. 톨스토이는 거의 다 읽은 것 같았다. 일정한 거처 없이 떠돌았지만 영혼의 거처를 책 속에 두고 있는 그는 뿌리 깊은 나무처럼 쉽게 흔들리지 않았다.

김원봉이 가장 걱정한 건 무기였다. 폭탄을 구하기도 쉽지 않았지만 어렵게 구하더라도 질이 좋지 않아 화력도 변변치 않고 불발탄도 적지 않았다. 귀중한 목숨이 달린 일이었다. 김원봉의 고민은 그것이었다. 그의 간절한 마음이 하늘에 닿았을까? 어느 날 찾는 이가 있었다. 경성에서 세브란스 의전을 나온 의사, 이태준이라는 사람이었다. 그는 외몽고에서 왕족 주치의로 일했는데, 중국 내의 조선인 독립투사들과 선이 닿아 있었다. 레닌이 비밀리에 사십만 원이라는 거금을 임시정부에 보낼 때, 외몽고를 거쳐 무사히 운반한 것도 그였다. 그가 김원봉을 북경에 있는 중국 식당으로 초대한 것이다. 부단장 이종암과 유석현 그리고 내가 합석했다. 그는 밀실을 빌려 중국요리를 잔뜩 차려 놓고 우리를 기다리고 있었다.

"의열단 보도를 볼 때마다 얼마나 통쾌했는지 모릅니다. 여러분들이 정말 보고 싶었습니다."

처음 만나는 자리였지만 서로의 명성을 익히 알고 있는 터라 금방 마음을 툭 터놓았다. 그가 조국의 독립을 위해 건배 제의를 하고 나서 김원봉을 보며 말했다.

"약산 선생, 저도 의열단원으로 받아 주십시오."

김원봉은 별로 놀란 기색도 없이 희미하게 미소 지으며 대답했다.

"그렇게 말씀해 주시니 고맙습니다. 사실 우리 단원 어느 누구 하나 특별하지 않은 사람이 없습니다. 하지만 선생님같이 훌륭한 의사가 우리와 뜻을 함께한다면 우리 단원들에게 큰 도움이 될 것입니다."

이미 그의 제안을 예상이라도 한 것 같았다. 늘 위험에 노출되어 있지만 병원 출입조차 자유롭지 못한 단원들에게 의사란 존재는 사실 여간 든든한 게 아니었다.

"그런데 폭탄은 자체 제작합니까?"

"전문가들이 만든 것을 비밀리에 사들입니다. 하지만 일일이 실험해 볼 수가 없으니 거금을 들여서 사고 나서도 불발탄이면 속수무책입니다."

허탈한 표정으로 말하는 김원봉에게 이태준은 미소를 지어 보였다.

"혹시 제림나이트라고 아십니까?"

"제림나이트? 그게 뭡니까?"

"고성능 폭약입니다. 주먹만 한 크기밖에 안 되는데, 집 한 채는 날려 버릴 정도로 위력이 대단하지요."

"그런 게 있습니까?"

"그걸 만들 줄 아는 기술자가 외몽고에 있습니다."

"그래요?"

"헝가리 사람인데, 소련군에게 포로로 잡혔다가 풀려났어요. 헝가리가 소련에 점령당한 상태라서 조선의 독립운동에 관심도 많고 돕고 싶어 해요."

"이곳으로 데려올 수는 없을까요?"

"안 그래도 그럴 생각이었소이다."

"고맙습니다. 꼭 부탁합니다."

7연발 모제르총

경성으로 돌아가는 발걸음은 무거웠다. 목숨을 걸고 도피했던 길을 되짚어 경성으로 숨어들었다. 총 한 자루가 내가 의지할 수 있는 전부였다. 그러나 체력이든 사격 실력이든 예전의 내가 아니었다. 시시한 일본 경찰들 몇 놈들은 당장 눈앞에 맞닥뜨린다 해도 두렵지 않았다. 다만 심경이 복잡했다.

작년의 거사가 실패하고 동지들이 줄줄이 잡혀 들어가는 걸 보면서 경성을 떠난 지 일 년이 흘렀다. 혼자서는 아무것도 할 수 없다는 걸 깨닫고 초겨울 상하이로의 망명길에 오른 후 열 달 가까운 시간이 흘렀다.

다시 경성으로 돌아가는 것은 놈들과 마지막 담판을 지을 때라고
만 생각했다. 상하이에서 생각한 건 그것뿐이었다. 그런데 불과 열
달 만에, 그것도 빈손으로 돌아가려니 허탈하기만 했다.

　아우 춘원은 그동안 두 번의 편지를 보내왔다. 첫 편지는, 상하이
에서 훗날을 도모하려 하니 집안을 잘 부탁한다는 나의 편지에 대
한 답신이었다. 암호처럼 적힌 숫자가 먼저 눈에 들어왔다. 3년, 2년,
2년 6개월, 1년, 1년 6개월. 동지들의 형량이었다. 나에게는 사형이
선고되었다고 했다. 잡아들이지도 못한 자에게 그들은 사형선고를
내렸다.

　그것은 나를 가볍게 했다. 그들에게 나는 이미 죽은 거나 다름없
었다. 나 개인에 대한 그들의 맹렬한 적의, 그것은 내가 폭탄을 던
지고 총을 겨눌 때 그들 주변에 서성거리는 아내와 새끼들의 울음
소리를 떠오르지 않게 할 것이다. 죄책감을 덜어 준 것이다. 고마
운 일이었다.

　두 번째 편지는 보름 전에 도착했다. 동지들이 풀려났으니 한번
다녀가라고 써 있었다. 나로 인해 동지들이나 가족들이 겪었을 고
통, 그것을 어떻게 표현할 수 있을까. 그것을 떠올리는 것만으로도
온몸이 아파 왔다. 내색을 하는 것도 가증스러운 일이었다. 짐승 가
죽을 물에 적셔 머리에 뒤집어씌우고 뙤약볕 아래 세워 놓으면 가
죽이 마르면서 뇌를 쥐어짜는 끔찍한 고문이 있다고 들었다. 온갖
협박과 고문에 시달릴 가족들을 생각하면 꼭 그 짐승 가죽을 뒤집

어쓰고 있는 기분이었다.

규동의 병세가 중하다는 말은 편지 말미에 적혀 있었다. 춘원의 마음이 느껴졌다. 마치 별일 아닌 듯 추신으로 써 놓았지만, 정작 하고 싶은 이야기는 그것이었을 것이다. 내가 너무 신경 쓰지 않기를 바라면서도 지금 전해 주지 않으면 때를 놓칠지 모른다는 불안 감이 거기에 드리워 있었다. 내가 망명하지만 않았더라면 그래서 놈들 손에 잡혔다면, 가족들은 그렇게 모진 고문을 당하지 않았을 것이다. 규동도 마찬가지였다. 규동을 외면할 수 없었다. 돌아 나오는 길의 안전을 장담할 수 없지만, 나로 인해 겪었을 규동의 고통과 영이별이 될지 모른다는 불안감이 나를 놓아주지 않았다.

"선생님을 돕는 것도 독립운동, 맞죠?"

우리가 하는 일은 위험하고 남자들이나 할 수 있는 일이라고 하자 생글생글 웃으며 규동이 한 말이었다. 신문을 배부하는 일에 적극적으로 나서면서부터 그녀는 우리가 모일 때 끝자리를 차지하고는 했다. 갈래머리 여고생이 너무 위험한 일에 끼어든 거 아니냐고 해도 생글생글 웃기만 했다. 청년들은 모이기만 해도 감시의 눈초리를 받으니, 여고생이 도울 일은 적지 않았다. 단원들의 연락이나 인쇄물을 운반하는, 사소하지만 사소하지 않은 일이 그녀의 역할이었다. 그녀는 작고 가녀린 몸으로 들고 나는 티도 내지 않고 침착하게 움직였다. 참한 규수 같은 태도가 묘하게 믿음을 주었다. 그런가 하면 어딘지 모르게 애처롭고 위태롭게 보였다. 눈이 녹으면 사라지는 눈사람처럼 조마조마한 느낌이었다.

동순을 알게 된 후였다. 중국집에서 만두 안주를 놓고 고량주를 마시고 있는데 규동이 찾아왔다. 오빠 옆의 규동은 전혀 다른 사람 같았다. 말을 그렇게 똑 부러지고 논리 정연하게 잘하는지는 처음 알았다. 이런저런 지식도 놀랄 정도로 해박했다.

"오호, 규동이 박사감이네. 어디 외국에라도 가서 계속 공부하면 훌륭한 교수도 되겠는걸."

내가 감탄하자, 규동이 부끄러워하며 입을 다물었다. 그걸 보며 동순이 말했다.

"아버지도 늘 그렇게 말했어요."

"아버지는 어쩌다 돌아가셨나?"

아버지 이야기가 나오자 갑자기 분위기가 어색해졌다. 동순이 규동의 눈치를 보면서 슬그머니 이야기를 돌리는데, 규동은 얼음처럼 말없이 앉아 있다가 나가 버렸다. 동순이 술잔을 비우고 입을 열었다.

"아버지 이야기를 아무렇지 않게 할 수 있어야 되는데……."

나는 잠자코 동순의 다음 말을 기다렸다.

"아버지는 지방행정관이었어요. 그러다가 원산으로 발령을 받게 됐지요. 원산이 국제항으로 개방되면서 그걸 관리하는 일을 하게 된 거예요. 아버지는 원래 개방적이고 깨인 분이었어요. 규동이 어릴 때부터 총명한 걸 보고 여기저기서 혼사 자리가 들어올 때도 그걸 다 거부하고 크면 외국 유학을 시킬 거라고 말할 정도였으니까요. 그런 분이 선진국에서 온 외국인들을 상대하면서 조선도 이제는 낡은 봉건사상을 버리고 현대식 민주공화국을 세워 부강한 나라를 만들어야 된다는 생각을 하게 된 거예요."

"이를테면 초기 개화파로군."

"맞아요. 그건 이완용처럼 나라를 팔아먹자는 게 아니었죠. 그런데 한일강제병합이 되고 항일 의병들이 일어나니까 우리 집과 아버지가 표적이 된 거예요. 정말이지 죽지 않을 만큼 맞았어요. 재산이고 뭐고 다 뺏기고 도망치듯 고향을 떠난 거예요."

"그래서 마포로 온 건가?"

"아버지는 도중에 돌아가셨어요. 맞아서 죽은 거나 다름없죠. 어쩌다 보니 아버지 임종을 규동이 혼자서 지킨 거예요."

"그때가 몇 살이었는데?"

"10살이요. 그때 살짝 넋이 나갔던 거 같아요. 어머니나 나는 정신이 없으니 규동에게 신경도 못 썼지요. 그런데 하루는 누가 물에 흠뻑 젖은 규동이를 안고 오는 거예요. 한강물로 들어가는 걸 보고 건져 온 거였어요."

동순은 천천히 술잔을 비우더니 붉게 충혈된 눈으로 나를 바라보았다.

"형님, 규동이 좀 예뻐해 주세요."

"무슨 소리야?"

"이번에 와서 보고 좀 놀랐어요. 규동이가 아주 단단해졌더라구요. 물론 혜수 누님 덕분에 굉장히 안정이 되었지요. 그런데 저 아이가 저렇게 심지가 굳어진 건 다 형님 덕분이에요."

"내가 뭐 특별히 해 준 것도 없는데."

"형님에게서 아버지를 느낀 거예요."

"그런 거라면 걱정 말게. 혹시라도 자네가 없으면 내가 보호자 역할을 해 줄 테니."

동순은 다시 붉은 눈을 들어 나를 바라보더니 푹 쓰러졌다.

"에이, 그게 아니라니까요."

식탁에 엎드려서도 동순은 자꾸만 그게 아니라며 손을 내저었다. 그걸 바라보고 있자니, 어느 날 밤의 장면이 떠올랐다.

경찰서에서 풀려난 후 고문 후유증으로 앉고 서기도 불편하고 걷는 것도 힘들던 때였다. 혜수 집에서 동지들과 모임을 갖고 헤어져 집으로 돌아오는 길이었다. 어느새 규동이 따라 나와서는 팔짱을 끼는 거였다.

"부축해 드릴게요."

"괜찮아. 지팡이를 짚으면 걸을 만해."

"아이참, 위장술이에요. 절뚝거리면서 혼자 가는 것보다 자연스럽잖아요."

"위장술은 무슨……."

내가 팔을 빼려고 하자 그녀는 더욱 꼭 붙었다. 그녀는 아무 말도 하지 않고 그대로 걸었다. 더 이상 팔을 빼기도, 무슨 말을 하기도 좀 그랬다. 그렇게 밤길을 걸었다. 기분이 참으로 야릇했다. 말없이 걷는 가운데 무언가 내밀한 느낌이 자꾸만 나를 툭툭 건드리는 것 같았다. 당혹스러웠다.

"이제 그만 돌아가라."

내가 팔을 빼려고 하자 규동이 낮은 목소리로 나를 불렀다.

"선생님."

그녀는 한참 뜸을 들이더니 말했다.

"그냥 좋아요. 그러면 안 되나요?"

"안 되긴? 오빠를 좋아하는 게 뭐 어때서?"

나는 부러 목소리를 높이며 오빠를 힘주어 말했다. 나는 억지로 팔을 잡아떼며 웃었다.

"고맙다, 고마워. 오빠도 네가 좋아."

천천히 고개를 들고 나를 바라보는 규동의 얼굴이 너무나 쓸쓸했다. 한 번도 본 적이 없는 표정이었다.

"제가 싫은가요?"

"그게 무슨 소리야."

"그렇다면 멀리서 존경만 할게요."

그녀는 얕은 한숨을 내쉬며 돌아섰다. 어둠 속으로 걸어가는 그녀의 뒷모습이 나를 괴롭혔다. 내 속의 무언가가 쑥 빠져나간 것 같았다. 있는지도 몰랐던 것이 쑥 빠져나간 빈자리가 나를 덮치려고 했다. 그대로 달려가서 끌어안고 싶은 마음과 나는 한참을 싸우며 서 있었다.

그녀는 아무 일도 없었던 것처럼 예전과 똑같이 행동했다. 그러나 나는 그러지 못했다. 내 마음속에서 갈래머리 여고생이 서서히 여인으로 자라고 있었다. 그날 밤, 그녀가 얼마나 큰 용기를 낸 것인지 그때서야 깨달았다. 그러나 나는 이미 결혼해서 아이까지 있는 몸. 그녀의 마음을 받아들일 수는 없었다. 내 마음을 드러낼 수도 없었다. 내가 할 수 있는 건, 그녀가 하루빨리 좋은 사람을 만나는 것이었다. 그게 얼마나 진실한 것인지는 알 수 없었다. 다만 그녀의 존재가 내게 알 수 없는 힘을 주고 있는 건 사실이었다. 그런 그녀가 나로 인해 고초를 겪고 중병에 걸렸다는 것이다.

먼 길을 걸어 경성에 도착한 나는 밤을 기다려 집으로 숨어들었다. 어둠 속에서도 내가 떠난 후 집안이 어떤 패악을 당했는지 한눈에 들어와 박혔다. 방문 소리에 벌떡 몸을 일으킨 어머니는 나를 알아보고는 얼굴이 하얗게 질렸다. 간신히 두 팔로 방바닥을 짚고 긴 한숨을 내쉰 다음에야 말문을 열었다.

"아이고, 네가 여길 왜 왔니?"

나는 무릎을 꿇고 어머니 두 손을 꼭 잡았다.

"어머니, 제 걱정은 하지 마세요."

어머니는 온몸을 부들부들 떨었다.

"잡히면 죽는다, 잡히면 죽어."

"제 걱정은 하지 마시고, 마음을 굳건하게 가지세요."

"나야 강하다. 네가 알잖니. 하지만 자식이 죽는 꼴을 볼 수 있을 만큼 강하지는 않구나."

"저는 괜찮습니다. 저는 아무래도 괜찮습니다. 그러니 어머니는 진지도 잘 잡수시고 그저 건강하십시오."

"영 떠날 사람처럼 말하는구나."

어머니는 기어이 울음을 터뜨렸다. 마음 놓고 울지도 못해 이불에 얼굴을 묻고 흐느꼈다. 그 소리에 아내가 건너왔다. 아내도 나를 발견하고는 스르르 주저앉더니 소리도 없이 주루룩 눈물을 흘렸다. 소리 죽인 흐느낌이 수천수만의 바늘이 되어 온몸을 찔러 댔다.

간신히 정신을 수습한 어머니가 아내에게 밥상을 차려 오게 했다. 목이 메어 밥이 넘어가지 않을 것 같았는데 익숙한 아내의 음식을 몸이 먼저 알고 화들짝 반겼다. 허겁지겁 밥을 먹고 나니, 아내가 내 손을 잡아끌었다.

건넌방에 누워 있는 건 규동이었다. 한여름인데도 두꺼운 이불을 덮고 있었다. 이불 아래 규동은 뼈만 앙상한 모습이었다. 인기척에 간신히 눈을 뜬 규동이 나를 보고 희미하게 웃었다. 완전히 기력을 소진한 듯 웃는 것조차 힘들어 보였다.

"선생님? 설마 내가 죽은 건 아니죠?"

목이 메어 아무 말도 할 수 없었다. 고개를 돌리고 싶었다. 그녀가 힘겹게 한마디씩 할 때마다 목에서 바람 소리가 났다. 푹 꺼져 버린 두 눈은 초점을 잃고 불안하게 흔들렸다. 그녀는 삶은 감자처럼 으깨어지고 홍시처럼 물러 터져 있었다. 참혹했다.

"미안하다, 미안해."

나는 가쁜 숨을 몰아쉬는 규동을 끌어안았다. 나는 절망했다. 분노와 울분과 미쳐 버릴 것 같은 광기와 인간 존재에 대한 욕지기가 거대한 파도처럼 나를 덮쳤다. 그러나 그것은 일시에 나를 무기력하게 만들었다. 화약고처럼 인화물과 폭발물로 채워져 있던 나의 몸을 일시에 빈껍데기로 만들어 버렸다. 아무것도 할 수 없는 무기력함과 하찮음, 그리고 모멸감과 수치심이 번갈아 가며 나를 후려쳤다.

"미안해 하지 말아요."

규동은 뼈만 남은 손으로 내 얼굴을 어루만졌다.

"나도 독립투사라고요."

아내는 그날 밤 한잠도 못 잔 것 같았다. 피로감 때문에 곯아떨어졌다가 새벽녘 이상한 느낌에 퍼뜩 눈을 뜨니 아내가 나를 내려다보고 있었다.

"미안해요. 나 때문에 잠이 깼군요."

"아니, 나야말로 미안해. 밤을 새워 걸었더니 너무 피곤했던가 봐."

"당신, 얼굴이 말이 아니에요."

"집 떠나 사는 신세에 이 정도면 그래도 괜찮은 거야. 그나저나 당신한테 말이 안 떨어지네. 얼마나 고생이 많은지, 염치가 없어서 차마 묻지도 못하겠어."

"그런 말 안 해도 돼요. 당신, 아주 돌아온 거 아니죠?"

"……."

"그러셔야죠. 어차피 당신은 발각되면 죽은 목숨이에요. 이 나라가 일본놈으로부터 독립하는 것만이 당신이 사는 길인걸요. 한번 뜻을 품으셨으니 반드시 성공하셔야 해요."

목울대가 뜨거워졌다.

"그렇게 말해 주니 정말 고마워."

"어머니도 감옥에서 얼마나 용감하셨는지 몰라요. 다른 노인네처럼 울고불고하지도 않고 오히려 호통을 쳐 대고 나중에는 단식까지 하니까 놈들도 쩔쩔매더라고요."

"어머니가 어째서 단식까지 하셨소?"

"규동이 때문에요. 놈들은 나보다 규동이를 더 다그쳤거든요. 규동이를 소실이라고 생각한 거죠. 본처인 내겐 말하지 않아도 작은댁한테는 뭔가 말했을 거라면서."

"작은댁? 대체 누가 그런 소리를 한 거야?"

"모르겠어요. 넘겨짚은 거겠죠."

"여보, 그건 오해야. 규동인 동지일 뿐이야."

아내는 뭔가 치밀어 오르는지 침을 꿀꺽 삼켰다.

"그놈들, 정말 미친개 같았어요. 당신을 잡으면 갈아 마셔도 속이 풀리지 않을 거라면서 길길이 날뛰었어요. 늙은 어머니를 매달아 놓고 채찍으로 때렸어요. 살점이 떨어져서 너덜거리는데, 살점 떨어진 데를 또 때렸어요. 그런데 그건 아무것도 아니에요. 놈들은 규동이를 발가벗겼어요. 실오라기 하나 남기지 않고 발가벗긴 채 목에 올가미를 매고 개처럼 끌고 다니고. 그리고 막대기로……."

아내 목소리가 떨리더니 눈물 한 줄기가 주르륵 흘러내렸다.

"놈들이 낄낄거리는 소리가 유치장까지 들려왔어요. 그 어떤 고문보다 고통스러운 건 규동의 신음 소리였어요."

귀를 막고 싶었다. 허벅지를 꽉 움켜쥔 나의 두 팔이 부르르 떨렸다.

"그런데 정말 놀랐어요. 정신력이 얼마나 강하던지, 그 끔찍한 고문을 당하면서 조금도 비굴하지 않았어요. 정말 대단한 아이예요."

아내는 고개를 절레절레 저었다. 나는 고개를 들 수 없었다.

"내가 모두에게 큰 죄를 짓고 있군."

"당신 덕분인지, 당신 때문인지 모르겠지만, 이젠 우리 집안 식구 모두 투사가 돼 버렸어요. 그러니 자꾸 미안하단 말 그만해요."

나는 고개를 들고 아내를 바라보았다. 그리고 아내를 꼭 끌어안았다. 아내의 말은 고맙고 힘이 되었지만 고맙다고만 하기엔 너무 가슴 아픈 것이었다.

"알고 보니 하나뿐인 오빠도 감옥에 있더군요. 혜수가 데려가겠다고 했지만 어머니는 당신이 보살펴 주고 싶어 하셨어요.”

아내는 깊은 한숨을 내쉬며 말했다.

“여보, 상하이로 데리고 가면 안 되나요.”

“누굴? 규동이를?”

“규동이, 얼마 못 살 거예요.”

건장한 사내가 혼자 몸으로도 가기 힘든 길이었다. 마음 놓고 기차를 탈 수도 걸을 수도 없었다. 사람들 눈을 피해 밤을 도와 걸어야 하는 길이었다. 사소한 실수 하나만으로도 형사나 밀정들이 쳐 놓은 포충망에 걸려들 수 있었다. 한 발만 잘못 내디뎌도 낭떠러지였다. 탈출을 하다가 잠입을 하다가 쥐도 새도 모르게 죽음을 당한 이들이 한둘이 아니었다. 그렇게 죽으면 하소연할 곳도 없었다. 그런 길을, 걷기도 힘든 환자를 데리고 가야 했다. 그러나 가기로 했다.

“내가 상하이로 데리고 가겠다고 하면 따라가겠어?”

넌지시 떠보는 나의 말 한마디에 규동의 얼굴이 확 피어났다.

“정말이요?”

내가 고개를 끄덕이자, 그녀는 당장이라도 나설 듯이 내 팔을 꼭 붙잡았다.

“가겠어요. 데리고 가 주신다면 어디라도 가겠어요. 놈들 감시만 없어도 살 거 같아요.”

가는 길에 죽더라도 그 길을 가고 싶은 결연한 의지가 보였다. 놈들은 다 죽어 가는 환자도 감시하고 있었다. 작전이 필요했다. 나는 사흘 후 무악재 너머 녹번동 숙부 집에서 어머니와 만나기로 약속을 하고 그날 밤 집을 떠났다. 상하이를 떠날 때 임정과 의열단으로부터 받은 임무가 있었다. 무엇보다 시급한 건 역시 자금이었다. 특히 의열단은 비밀리에 폭탄을 제조하고 있었으므로 절대적으로 자금이 부족했다. 단원들은 끼니를 건너뛰는 날이 허다했다. 언제든지 거사를 치를 수 있도록 암살 단원들의 조직도 재정비할 필요가 있었다. 임정에서도 지방 몇몇 지사들에게 전달할 문건을 내게 맡겨 왔다.

어머니는 병원에 가는 척 위장을 하고 그녀를 데리고 왔다. 나는 숙모에게 부탁해서 저녁상을 보게 했다. 다 같이 저녁을 먹고, 어머니와 숙부가 막걸리 한잔을 더 하는 동안 조용히 집을 빠져나왔다. 어머니에게 작별 인사를 하면 가슴이 터져 버릴 것 같았다.

그녀는 초인적인 힘으로 악착같이 나를 따라왔다. 몰아쉬는 숨소리가 금방이라도 자지러질 것 같았다. 녹번동에서 북한산 기슭으로 접어들었을 때 내가 등을 들이댔다.

"업혀."

그녀가 깜짝 놀라서 나를 떠밀었다.

"빨리 업혀. 사람들 눈 때문에 어차피 끝까지 업고 갈 수는 없어. 그나마 밤이니까."

그녀는 고개를 끄덕이며 조심스럽게 내 목에 팔을 감았다. 놀랄 만큼 가벼웠다. 흘러내린 규동을 추켜 업을 때마다 뼈가 덜그럭거리는 소리가 들리는 것 같았다. 조금만 힘을 주면 조각조각 흩어져 버릴 것 같았다.

상하이 양수포에 작은 방 하나를 얻었다. 방을 얻어 규동을 눕히고 나자 지나온 길이 꿈만 같았다. 조바심을 치며 자꾸만 일어나려는 규동을 간신히 눕혀 놓고 미음을 끓였다. 반찬 몇 가지도 사 왔다. 미음 한 그릇과 짠지 한 종지를 받은 그녀가 나를 바라보더니, 핏기 없는 얼굴로 생글거리며 말했다.

"이건 독립운동을 방해하는 거죠?"

그녀는 제비처럼 열심히 받아먹고, 나는 열심히 챙겨 먹였다. 너무 맞아서 부러진 늑골은 편안히 누워서 움직이지 않으니 조금씩 붙기 시작했고 물고문 때문에 폐에 물이 들어차 생긴 병은 때맞춰 잘 먹자 조금씩 차도를 보였다. 잘 먹인다고 해 봐야 미음 아니면 죽이고, 가물에 콩 나듯 고기반찬 한 번 먹는 게 다였다. 가장 좋은 약은 무엇보다 마음이 편한 것이었다. 그녀는 먹는 것보다 나의 이야기를 듣고 싶어 했다. 누구를 만나고 왔는지 무슨 이야기를 했는지 국제 정세가 어떻게 돌아가는지 사람들은 무슨 일을 하고 있는지 궁금해했다. 나란히 누워 밤새도록 이야기를 해도 끝이 없었다. 그러다가 혼자 밖으로 나오면 가슴이 뻐근했다. 소소한 행복감이 너무 낯설어서 가슴이 아려 왔다. 꼭 쥐고 싶은데, 다시는 놓고 싶지 않은데, 조금이라도 욕심을 내면 연기처럼 날아가 버릴 것 같았다.

"선생님들께 식사 대접을 하고 싶어요."

간신히 몸을 움직일 정도가 되자 그녀는 상하이의 어른들을 모시고 싶어 했다. 규동은 왼손 무명지에 끼고 있던 반지를 뺐다.

"엄마가 돌아가시면서 남겨 주신 거예요."

"그걸 팔려고?"

"엄마도 좋아할 거예요."

반지를 판 돈으로 쌀을 사고 반찬거리를 샀다. 김치를 담그고 불고기를 재고 감주와 약식도 만들었다. 그나마 중국의 재료로 조선의 맛을 낼 수 있는 것들이었다. 고향의 음식은 독립투사들을 완전히 무장해제시켰다. 김구, 이시영, 조소앙, 김원봉, 이종암, 늘 긴장된 생활 때문에 얼굴이 굳어 있던 사람들이 모처럼 크게 웃으며 떠들었다.

"상하이에서 이런 걸 먹게 될 줄은 생각도 못 했소."

"조국의 맛이군요."

"음식처럼 향수를 느끼게 하는 것도 없을 거요."

"그러고 보니 어머니가 떠오르네요. 젊은 여성이 어찌 이런 맛을 낼 줄 아시오?"

"이렇게 귀한 걸 만들어 주시니 고맙소. 어서 건강해져서 자주 만들어 주시오."

어머니 손맛처럼 푸근한 식사는 고달픈 망명객들에게 큰 위로였다. 늘 신세만 지던 나로서도 고마운 일이었다. 부엌에 쪼그려 앉아 도마질을 하고 심각한 표정으로 간장과 설탕의 비율을 맞추고 중국말로 쓰인 양념 봉지를 유심히 들여다보는 모습을 나는 우두커니 지켜보았다. 신기루처럼 사라져 버릴 것 같은 안타까운 느낌이 나를 오래도록 붙들고 놓지 않았다. 촛불이 꺼지기 직전의 마지막 불꽃같은 느낌을 떨칠 수 없었다.

　예감은 틀리지 않았다. 얼마 지나지 않아 그녀는 자는 것도 일어나는 것도 힘겨워 했다. 마치 손가락 사이로 모래가 빠져나가듯이 기가 빠지는 것 같았다. 음습한 겨울이 지나고 간신히 손톱만 한 꽃들이 피기 시작했는데, 다 피기도 전에 지려고 했다. 다시 악화된 병은 회복되지 않고 조금씩 깊어만 갔다. 기침과 발작 때문에 잠을 못 자는 날의 주기도 점점 짧아졌다. 물 한 모금도 넘기지 못하는데 각혈까지 했다. 약재상을 뒤지고 다녔다. 정확한 병명을 알 수 없으니 약을 쓰기도 어려웠다. 조금만 비슷한 약효가 있다 싶으면 사다가 달여 먹였다. 그러나 중국의 그 많은 한약재도 규동의 기력을 찾아 주지는 못했다.

　"이제 그만하세요."

　어느 날, 규동이 내 손을 꼭 잡았다.

　"고마워요. 나를 이곳까지 데려와 줘서 정말 고마워요. 나, 오래 살지 못한다는 거 알고 있었어요. 이제 여한이 없어요. 당신 품에서 죽을 수 있어서 얼마나 행복한지 몰라요. 존경하는 당신, 이제는 사랑해도 되죠?"

나는 메마른 규동의 입술에 길게 입 맞추었다. 긴 입맞춤이 끝났을 때 그녀의 거친 숨결도 멈춰 있었다. 눈사람이 녹듯 스르르 사그라진 것이다.

다음 날 소식을 들은 동지들이 찾아왔다. 김구 선생이 보낸 봉투에는 중국 돈 백 다양이 들어 있었다. 그 돈을 들고 관을 사러 나갔다. 머릿속에는 규동의 생글거리는 모습이 가득한데 그녀를 묻을 관을 산다는 게 믿기지 않았다. 멍한 상태로 거리를 쏘다녔다. 무엇 때문에 쏘다니는지도 모르고 한참을 걷다가 내 눈에 들어온 건 총 포상이었다. 쇼윈도에 진열된 총들이 반짝거리며 나를 부르고 있었다. 까맣게 빛나는 총구 앞에서 발이 떨어지지 않았다. 나는 빨려 들듯이 안으로 들어갔다.

관 대신 총을 사 들고 온 나를 동지들이 아연한 표정으로 바라보았다.

그날 내가 산 총은 7연발 모제르총이었다.

내게로 다가오는 기척

규동을 돌보고 영원히 떠나보내는 중에도 의열단의 거사는 이어졌다. 조선총독부 폭파 사건이 일어난 건 규동을 데리고 조선을 탈출한 지 얼마 지나지 않아서였다. 나는 한 달이나 지난 후에 신문을 보고 알았다. 그리고 규동이 숨을 거두기 두어 달 전 또 다른 거사가 있었다. 상하이의 황포탄(黃浦灘) 부두에서 일본 육군 대장을 향해 폭탄을 던진 것이다. 그 사건은 전 세계를 깜짝 놀라게 했다. 1920년 9월과 12월, 부산과 밀양경찰서 폭파사건 후 일 년이란 시간이 흐른 뒤 숨 가쁘게 벌어진 거사였다.

일본과 중국, 그리고 거기에 공산당까지 가세한 국제 정세는 빠르게 변하고 있었다. 1920년 초여름, 홍범도 부대가 봉오동에서 일본군과 싸워 대승을 거두었다. 불과 3천 명의 독립군이 강력한 화기로 무장한 일본군 3만 명과 싸워 이긴 것이다. 가을에는 청산리에서 큰 전투가 있었다. 김좌진의 북로군정서군이 대승을 거둔 청산리의 백운평(白雲坪) 전투, 그것을 시작으로 완루구(完樓溝), 어랑촌(漁郎村), 천수평(泉水坪) 등 독립군 연합 부대가 가는 곳마다 일본군을 격파하고 승전보를 올렸다. 그 소식은 상하이에도 속속들이 전해졌다. 신흥무관학교 출신이 초급 장교로 참전해 눈부신 활약을 했다는 소식도 전해졌다.

독립군에게 연이어 패배한 일본군은 가만히 있지 않았다. 만주의 백만 조선인들에게 보복을 자행할 것이라는 소문이 흉흉하게 퍼지더니 피의 보복을 위한 빌미를 만들었다. 중국인 마적단을 매수, 훈춘의 일본 영사관을 습격하게 해서 일본인 부녀자 9명을 죽인 것이다. 기다렸다는 듯 엄청난 일본군 부대가 만주로 급파되었다. 중국에게는 조선의 독립군들을 쫓아내라고 협박하면서 독립군을 무차별적으로 밀어붙였다.

밀리기 시작한 독립군 연합 부대는 적극적으로 지원하겠다는 소비에트 정부의 약속만 믿고 북만주로 러시아 연해주의 자유시로 이동했다. 그 결과는 비극적이었다. 소련의 레닌이 일본과의 전쟁에 휘말려 들지 않으려고 조선독립군을 무장해제시키려 들었고 이에 찬성하는 조선인과 반대하는 조선인들 사이에 갈등이 벌어졌다. 독립군들은 계략에 빠진 줄도 모르고 서로에게 총칼을 겨누었다. 그 전투로 무려 3천5백 명이 학살되었다.

독립군이 빠져나간 간도에서는 2만 명이 넘는 동포들이 일본군에 의해 학살당했다. 죽은 사람이 더 많은 곳에서 묻지 못한 시체가 산처럼 쌓이고 강물은 핏물이 되어 흘러 살아도 살았다고 할 수 없는 비극이 석 달간 계속되었다. 자기 무덤을 스스로 파고 산 채로 매장당하는가 하면, 산 채로 몸이 두 동강이 나는 아들을 뻔히 지켜본 부모가 미쳐서 강물로 뛰어들기도 했다. 그걸 보고 도망쳐 온 사람도 제정신이 아니었다. 자유시에서 일어난 이 참변으로, 사회주의 소련에 희망을 걸었던 많은 독립운동가들이 회의를 느끼고 대열에서 이탈했다.

더 이상 기다릴 수 없었다. 이제 내 차례였다. 나는 온몸으로 나의 때가 되었다는 것을 알았다. 저 멀리서 소리도 없이 나에게로 다가오는 기척을 나는 느끼고 있었다. 다만 그의 준비가 어떠한지 알 수 없었다. 그의 선택에 힘을 실어 주기 위해 김원봉을 만났다.

"약산, 나를 조선으로 보내 주시오. 나는 준비가 다 되었소."

그는 몹시 의아한 눈으로 나를 바라보았다. 왜 그렇게 바라보는지 알 것 같았다. 소련의 도움을 받아 항일전을 벌이겠다는 생각을 하고 있던 그에게도 자유시의 참변은 큰 충격이었을 것이다. 거기에다 의열투쟁도 지리멸렬한데, 엎친 데 덮친 격으로 테러라는 매도와 비난의 소리마저 들끓고 있었다.

"말씀해 보십시오."

"종로경찰서와 사이토 총독을 치러 가겠소."

사이토는 3·1만세 시위 후에 부임한 총독이었다. 그는 전임 하세가와 총독의 강압적인 헌병통치시대를 마감하고 문화통치시대를 선언했다. 조선인들은 학교를 설립하고 신문과 잡지도 발행할 수 있게 되었고 지주와 자본가 들은 회사를 설립해서 조선인의 고용도 늘릴 수 있게 되었다. 그러나 그것은 뱀처럼 간교한 술책이었다. 채찍 대신 내민 당근일 뿐, 그들의 속셈은 조금도 변한 게 아니었다. 조선인들은 당근에 놀아나고 분열되고 있었다. 조선인을 계몽시키겠다고 세운 학교의 설립자들은 일본과의 협조라는 미명 아래 어정쩡한 기득권자가 되었고, 지식인들은 눈치를 보며 일본의 개화된 문물을 받아들여야 된다는 논설을 써 대고 있었다. 일본의 관리와 경찰이 된 조선인들은 동포들에게 뻐기고 군림하는 것으로 그동안의 핍박을 보상받으려고 했다. 놈들이 내민 당근에 조선인들끼리 충성심 경쟁을 벌이고 있었다. 사이토는 뱀의 대가리였고 종로경찰서는 그 처리장이었다.

김원봉은 선뜻 대답을 못 하고 깊은 생각에 빠져 있었다.

"사이토를 처단하고 종로경찰서를 폭파한다고 조선의 독립이 이루어지지 않는다는 건 나도 알고 있소. 일본은 더욱 교묘한 뱀을 보낼 것이고 더욱 크고 견고한 경찰서를 짓겠죠. 안중근 선생이 이토를 처단했을 때 또 다른 이토를 보냈듯이 말이오. 그러나 제2의 제3의 안중근도 계속 부활할 것이오."

"알겠습니다. 그런데 선생님이 암살 파괴 공작에 나선다면 임시정부에서 좋아하지 않을 텐데요?"

황포탄 사건 이후 김원봉은 궁지에 몰리고 있었다. 미국 정부의 선언 때문이었다.

'조선인들이 독립 투쟁의 방법으로 공산주의자들처럼 잔혹한 방법을 선택하는 것을 미국은 물론 세계 어떤 나라도 찬성하지 않을 것이다.'

이에 대해 임시정부까지 의열단을 비난하는 성명을 발표했다.

'임시정부와 의열단과는 아무 관계가 없으며, 조선의 독립은 과격주의와 공포적 수단을 취하여 달성할 일이 아니다.'

임시정부의 성명에 의열단원들은 분노했다. 무장투쟁을 할 자체 군사력도 하나 없고 만들 의지도 없으면서 일종의 유격전인 테러 방식마저 포기한다는 것은 스스로 아무것도 하지 않겠다는 선언과 무엇이 다른가. 필리핀, 쿠바 등의 식민지를 가진 또 다른 제국주의 국가 미국이 떠드는 평화적 독립 투쟁이란 도대체 무엇이란 말인가. 왜 우리가 제국주의 국가들이 원하는 대로, 그들의 기준에 따라야 하는가? 의열단원들은 흥분해서 떠들었다. 하지만 의열단의 대표로서 여러 정치세력과 교섭을 해야 하는 김원봉으로서는 신중하게 판단해야 했다. 그는 자조적인 미소를 띠며 말했다.

"사람들은 우리를 테러리스트라고 비난하고 있습니다."

암살과 파괴, 그것이 적을 교란하기 위한 것이라 해도 사람을 죽이는 일이었다. 테러에는 비록 적국이라 할지라도 비무장 민간인의 피해가 따르기 마련이었다. 설사 상대가 군인이나 관리라 하더라도, 전투 중에 상대편 군인을 살상하는 것과 불의의 기습으로 살상하는 것은 다른 문제였다. 그들이 사람이기 전에 교활한 적이라고 스스로를 세뇌해도 자괴감이 어찌 없을 것인가? 게다가 폭탄을 지고 뛰어드는 이들이 모두 자신의 명령에 의한 것이었다. 그 자신, 저승사자인 것이다. 스물다섯의 나이로 감당하기에 그것은 너무나 무거운 짐인지 몰랐다.

"차라리 저 개인에 대한 비난이라면 감당할 수 있습니다. 그런 걸 예상하지 못한 게 아니니까요. 하지만 우리 독립운동 전체에 누가 되는 게 아닌지, 그게 저의 고민입니다."

그것이 어찌 그의 고민일 뿐일까? 나는 차분한 목소리로 말했다.

"약산! 우리의 길은 결코 잘못된 길이 아니오. 잘잘못을 따지는

174

이들은 약산의 고독과 용기를 흉내도 내지 못하는 이들이오. 그들은 단지 약산을 이용하고 있는 것뿐이오. 시류에 따라 약산은 찬사를 받기도 하고 정세의 변화에 따라 비난도 받을 것이오. 약산의 길은 그들과 다르오. 약산은 자신의 길 끝에 개인의 영달이라는 달콤한 과실이 있지 않다는 걸 이미 알고 있지 않소. 그건 우리 의열단 그 누구도 마찬가지죠. 제아무리 제왕의 영화가 있다 한들 하나뿐인 목숨을 던진 후에 그게 다 무슨 소용이란 말이오. 우리의 뜻을 알릴 길도 없는 지금, 떳떳하고 당당하게 우리의 의를 밝히고자 하는 것, 우리가 바라는 게 오직 그것 하나뿐이라는 걸 모르는 사람들은 없을 것이오. 그러니 테러리스트라는 비난은 얼마나 가증스러운 것이란 말이오. 일본의 간교한 이간질이나 대학살에 대해서는 아무 말도 못 하면서. 결국 한 사람을 죽이면 살인자고 대학살을 하면 영웅이라는 말장난과 무엇이 다르오? 아무것도 하지 않으면서 가타부타 말하는 것은 그들의 몫으로 남겨 두고, 나는 가던 길을 갈 것이오. 나는 차라리 테러리스트라는 말을 명예로 여길 것이오."

"잘 알았습니다. 고민해 보고 연락드리겠습니다."

김원봉은 깊이 고개를 숙이며 말했다.

"좋습니다. 어떤 결정을 내리든 약산의 결정을 따르겠소이다."

김원봉으로 부터 호출이 온 건 한 달쯤 지난 후였다. 그는 상기된 표정이었다.

"선생님, 준비를 하시지요."

"고맙소, 약산!"

나뿐만 아니라 김원봉으로부터 출발 명령을 받은 단원들은 모두 그렇게 말했다. 조국을 위해 죽을 기회를 준 것에 고맙다고. 한 번의 거사를 위한 준비는 치밀하고 그것을 위해 들이는 동지들의 공력과 수고로움, 이 모든 것들이 동지들의 목숨을 담보로 이루어지는 것이었다. 거기에 누구의 몫이 크고 작은지, 가치 있고 없는지 그런 건 중요하지 않았다. 의열단원이라면 누구나 마지막 통쾌한 거사에 자기 목숨을 던지고 싶어 했다. 그러나 그것을 결정하는 것은 김원봉, 오직 그의 고독한 권리였다. 누구나 원하는 일에 적임자를 가리는 것은 냉철해야 했고, 그것은 죽음을 의미했다.

"사실 이번 거사를 위해서 오랫동안 준비를 해 왔습니다."

짐작하던 바였다. 김원봉이 한동안 잠적해서 모종의 작업을 하고 있다는 것을 나는 눈치채고 있었다. 그게 무기와 관련된 것이라는 것도. 하지만 폭탄 제조 기술자를 데려오기로 한 이태준이 죽었다는 소문이 떠돌고 있었다. 외국인 한 명과 여행을 하던 이태준이 중국 국경에서 러시아의 사회주의혁명에 반대해 일어난 백위군에게 총살당했다는 것이었다. 헝가리인을 데리고 오던 중이었던 게 틀림없었다. 내가 아는 건 거기까지였다.

"어떻게 된 일이랍니까?"

"사실이더군요. 러시아 장군 보좌관이던 일본군이 이태준 선생을 알아본 겁니다. 의사인 척하면서 실은 은밀히 독립운동을 하는 자라고 말한 거죠. 그 자리에서 총살을 당했다더군요."

"아, 어찌 그런 일이."

마치 내 심장에 총알이 박힌 것처럼 예리한 통증이 가슴을 후벼 팠다.

"우리에게 오다가 그런 변을 당했으니 참담합니다. 저 때문에 그리된 것 같기도 하고."

"헝가리인은 어찌 되었나요?"

"러시아 말을 잘해서 이리저리 둘러대며 도망친 모양입니다."

"자기 나라로 돌아가 버렸나요?"

김원봉이 희미하게 미소를 띠며 고개를 저었다.

"우리를 찾아왔더군요. 우리 쪽에서도 그자를 찾으러 사람을 보냈는데, 그보다 먼저 온 거예요. 이름이 마자르입니다. 마자르는 제가 어디 있는지도 모르면서 물어물어 온 겁니다."

"마자르와 폭탄을 만들었군요."

"예, 프랑스 조계 안에 주택을 구해서 우리 여성 단원과 중국인 할머니와 가족으로 위장하고 은밀하게 폭탄을 제조했습니다. 무인도에 가서 성능 실험도 이미 끝마쳤습니다."

"어땠습니까?"

김원봉은 만족스런 표정으로 고개를 끄덕였다.

"선생님 부탁도 있었지만, 무예나 사격술이나 변장술 그리고 담력에 있어서 선생님만 한 적임자도 없습니다. 이번 거사의 총책임을 맡아 주십시오."

"그렇게 말해 주니 고맙군요. 그런데 총책임이라면?"

"이번 거사는 그 어느 때보다 규모가 큽니다. 하지만 국내 제일선에서 마지막 투쟁은 선생님이 책임지셔야 합니다."

"무슨 일이든 각오는 이미 되어 있소이다."

"선생님은 혁신단과 암살단을 이끈 경험이 있으니 국내에서 지하 조직을 재건하기 쉽겠지요."

"작년 경성에 다녀올 때 동지들을 만나고 왔지요. 모두 어릴 때부터 나와 함께했던 동지들이고, 언제든지 한목숨 바칠 각오가 되어 있는 동지들입니다."

"역시 제 생각이 옳았군요."

김원봉은 모처럼 환하게 웃더니, 안주머니에서 종이 한 장을 꺼내서 내밀었다.

"이게 뭡니까?"

"읽어 보시면 알 겁니다."

'조선혁명선언'

제목만 보고도 가슴이 두근거렸다. 나는 빨려 들듯 눈도 떼지 않고 읽어 내렸다. 다 읽고 났을 때 내 가슴은 뜨겁게 벅차올랐다. 글 속에는 강도 일본의 침략성과 그것을 물리쳐야 하는 당위성, 우리 독립 투쟁이 가야 할 방향과 목표, 그리고 그 토대 위에서 우리 민족이 무엇을 해야 하는지, 거기에다 의열투쟁의 정당성까지 빠짐없이 녹아들어 있었다. 문장은 힘이 있었고 조금도 주저하지 않는 추상같은 기상이 느껴지는 명문 중의 명문이었다.

"그대가 쓴 글이오?"

나는 떨리는 목소리로 물었다.

김원봉은 빙그레 웃으며 고개를 저었다.

"단재 선생님께 특별히 부탁드렸습니다."

"신채호 선생님 말이오?"

"예. 테러리스트라는 말을 도저히 떨쳐 버릴 수가 없어서 단재 선생님을 찾아뵈었습니다. 선생님을 찾아뵙고 다시 한 번 나의 길에 대한 확신을 다졌습니다. 선생님은 우리 의열단을 열렬히 지지하고 격려해 주셨습니다. 그리고 의열단을 위해 이렇게 조선혁명선언을 집필해 주셨습니다."

신채호 선생이라면 능히 그랬을 거였다. 공산주의도 자본주의도 거부하고, 어떤 지배자도 존재하지 않는 새로운 세상을 만들려는 진정한 혁명가가 바로 그 아니던가.

"감동적입니다. 이걸 보면 일본놈들 간담이 서늘하겠습니다. 우리 동포들과 단원들에게도 큰 격려가 되겠어요. 당장 저부터 힘이 솟는 것 같습니다."

"동감입니다. 저는 의열단 투쟁을 넘어서 조선혁명선언이라고 명명해 주신 걸 보고 가슴이 뭉클했습니다."

"그럼 이제 뭘 하면 되겠소."

"아까도 말했듯이 이번 거사는 규모가 큽니다. 투입되는 단원들의 수도 많고, 폭탄의 부피도 만만치 않습니다. 요소요소마다 서로 모르는 단원들이 투입될 겁니다. 공산당에게도 공조하겠다는 약속을 받아 냈습니다. 제일 중요한 건, 폭탄을 어떻게 운반하느냐입니다. 철통같은 검문검색을 뚫고 폭탄을 경성으로 들여가는 일, 그것이 이번 거사의 성패를 좌우할 것입니다. 치밀한 계획과 철저한 보안이 생명입니다."

당연한 이야기였다. 국경 한번 넘는 게 갈수록 힘들어지고 있었다. 잇단 폭파 사건 후 일반 여행객조차 이중 삼중의 검문검색 없이는 만주 국경을 넘을 수 없었다. 단신으로 국내에 잠입하는 일도 쉽지 않았다. 그런 상황에서 부피가 큰 폭탄을 대량으로 운반하는 것은 상상 속에서도 불가능한 일이었다.

"무슨 복안이라도 있소?"

"폭탄을 경성으로 운반해서 들여가고 그것을 보관하는 일은 만약의 경우에 대비해서 몇 단계로 나누어서 실행할 겁니다. 하지만 전체를 책임지고 총괄할 사람이 필요합니다."

"그럴 만한 사람이 있소?"

"황옥이란 자입니다."

"황옥?"

황옥이란 이름을 입속에서 굴리는데, 어쩐지 낯설지가 않았다.

"그자가 누굽니까?"

"종로경찰서 경부로 있는 자입니다."

"아, 황옥!"

문제적 인물, 황옥

밀정에는 몇 가지 부류가 있었다. 밀정의 먹이사슬 중 가장 밑바닥에서 가장 사소하고 너저분한 것들을 탐지하는 게 소위 끄나풀이다. 끄나풀은 단골 구멍가게 주인일 수도 있고, 장터 국밥집 주모일 수도 있다. 수시로 집 안을 드나드는 두부 장수이거나 엿장수일 수도 있고 이웃집 아저씨이거나 앞집 아줌마일 수도 있다. 그들은 대수롭지 않게 수다를 떨거나 오며 가며, 이웃들의 수상한 점을 감시한다. 직업적인 전문가가 아니므로 불평불만 분자들이나 삐딱한 생각을 가진 자들이 자기도 모르는 새에 포충망에 걸려든다. 때로는 치명적인 단서를 낚는 쾌거를 올리기도 한다. 평범한 생활의 미묘한 변화를 감지하는 데는 민완 형사들보다 훨씬 유리하기 때문이다.

처음부터 대물을 잡기 위한 덫도 있다. 덫을 만들기 위해서는 고문과 회유, 협박, 갖가지 수단이 동원된다. 내부 조직원이 바로 그 덫이기 때문이다. 목숨을 걸고 함께하기로 맹세한 동지들을 배신한 밀정들의 성과는 백발백중이다. 일본 경찰은 아주 먹음직한 먹잇감을 내걸고 조직의 우두머리를 유인해 오도록 시킨다. 그런 예는 적지 않았다. 만주의 한 독립투사는 자신의 조직원이 밀정으로 포섭된 것을 까맣게 모르고 모 재벌이 군자금을 주기로 했다는 동지의 말을 믿고 따라갔다가 일본 경찰에 체포되었다.

그것을 좀 더 적극적으로 활용하는 방법도 있었다. 처음부터 밀정의 임무를 띠고 단체에 가입하는 것이다. 의심을 사지 않는 확실한 방법이었다. 밀정으로 의심받지 않고 활동하기 위해서 독립운동가로 행세하는 것보다 좋은 방법은 없었다.

그러나 일제의 경찰로서 독립운동을 한다는 이야기는 한 번도 들어 본 적이 없었다. 만약 그게 사실이라면 의열투쟁을 성공으로 이끌 획기적인 기반이 아닐 수 없었다. 늘 놈들에게 정보가 누출될까 봐 전전긍긍하는 우리가 오히려 놈들을 손바닥에 놓고 들여다볼 수도 있다는 얘기였다. 놈들의 촉수가 어디에 어떻게 뻗혀 있는지만 알아도 일은 얼마나 수월해질 것인가. 거꾸로 그것이 만약 일제 경찰의 기획 작품이라면 의열단을 일망타진할 수 있는 올가미였다. 따라서 그건 도박이었다.

황옥을 이번 거사에 끌어들일지에 대해 치열한 토론이 벌어졌다.

김원봉은 동지들에게 황옥에 대해 간략히 설명했다.

"이자를 소개한 건 김시현 동집니다. 김 동지는 이번 거사와 관련해서 이미 국내로 잠입했습니다. 그런데 밀서로 황옥에 대해 건의해 온 겁니다. 김 동지는 밀양 폭탄 투척 사건으로 체포되었을 때 자신을 경성으로 호송하던 황옥 경부와 알게 되었답니다. 이후 김 동지가 국경을 넘나들 때마다 여비를 챙겨 주고 국경을 통과할 때 필요한 여행증을 써 주기도 하면서 친분을 유지했다고 하더군요."

유석현이 김원봉의 말을 보충했다.

"그자는 나도 알고 있어요. 그자는 고려공산당에도 가입했을 뿐 아니라 간부직까지 맡고 있죠. 1921년에 모스크바에서 열린 극동 민족대회에 국내 대표단을 파견할 때는 여행증과 경비를 대 주기도 했습니다. 그때 대표단들은 황옥의 집에 모여서 위임장을 만들었죠. 체포되는 순간에 그의 도움으로 빠져나온 이들도 있고, 체포되었다가 그가 교묘한 술수를 꾸며서 단순 범법자로 분류된 동지도 있고, 형기를 채우고 나온 투사들 중에 그의 집에서 신세를 진 사람도 있습니다. 설마 현직 경부 집에 독립운동가가 숨어 있으리라고는 상상도 못 할 테니, 그보다 안전한 은신처가 없는 셈이었죠."

부단장 이종암은 의심을 풀지 않았다.

"알 수 없는 자로군요. 경부로서 독립운동을 했다는 게 사실이라면 놀라운 일입니다. 하지만 현직 경부라는데, 언제 어떻게 변할지 그걸 어떻게 믿지요?"

내가 말했다.

"사실 저도 이자의 도움을 받은 일이 있어요. 미국 의원단 입국 때 암살 거사를 꾸미고 있었는데, 예비검속이 있다는 걸 이자가 알려 주었죠. 우리 동지들이 군자금 모금 때문에 체포되었을 때도 이

자가 풀어 주었고요."

이종암은 놀라서 눈이 휘둥그레졌다.

"풀어 주었다고요? 그게 가능한 일이오?"

"우리 동지들을 밀정으로 활용하겠다고 상부에 보고하고 풀어 준 거죠."

"그 후 동지들은 어떻게 됐습니까?"

"그들은 제 마음속처럼 환히 알고 있는 동지들입니다. 그건 분명히 우리 동지들을 풀어 주기 위한 핑계였습니다. 다른 건 몰라도 그것만은 확실합니다."

"그 정도의 권한을 행사할 수 있다는 건, 일본 경찰 내부에서 굉장한 신임을 받고 있다는 건데, 그만한 신뢰를 받을 만한 뭔가가 있다는 거 아닐까요? 그게 뭐겠어요? 그것도 조선인으로서 경부까지 올라갔다? 아무래도 불안해요. 경부까지 승진한 조선인이 고작 다섯 손가락 안에 꼽힌다고 들었는데 말이요."

"그만한 재량권을 가지려면 당연히 주는 것도 있었겠죠. 작은 걸 주고 큰 걸 지키는 식으로 말입니다. 사람 속이야 배를 갈라 봐도 모를 일이겠지만, 저라면 믿는 쪽으로 표를 던지겠습니다."

이종암은 의심을 풀지 않았고 유석현은 그동안의 관계로 미루어 믿어 봐도 좋을 거라고 했다. 그들의 말을 가만히 듣고 있던 김원봉이 말했다.

"김시현 동지가 국내로 떠나기 전에 제게 그러더군요. 자신을 믿느냐고. 그게 황옥 경부를 추천하려고 했던 말인 듯합니다. 공산당 활동을 같이하면서 확신이 섰기 때문에 추천했을 겁니다. 이번 거사가 얼마나 중요한지는 김 동지가 누구보다 잘 알고 있으니 함부로 얘기를 꺼내지는 않았을 겁니다."

김원봉은 잠시 침묵하더니 말을 이었다.

"제가 직접 만나 보고 결정하겠습니다."

"약산이 직접 만난다고요?"

모두 깜짝 놀라서 김원봉을 바라보았다.

"이런 식으로는 결정을 내릴 수 없습니다. 워낙 중요한 거사이고 그중에서 무기 운반이 관건인데, 현직 경부의 손을 빌릴 수만 있다면 이보다 확실한 방법은 없을 테니까요."

"그게 만약 덫이면 어쩌려고 그러시오?"

놈들은 김원봉을 잡지 못해 안달이었다. 김원봉의 목에는 거액의 현상금이 걸려 있었다. 현상금은 갈수록 올라갔다. 김원봉을 잡기만 하면 일약 영웅이 되는 건 물론이고 승진과 엄청난 포상이 따라올 것이다. 날파리처럼 김원봉 주변을 얼쩡거리다가 처단된 밀정도 한둘이 아니었다. 현직 경부와의 만남, 그것이 덫이 아니라고는 누구도 장담할 수 없었다. 반대로, 김원봉을 만나고도 체포하지 않는다면 믿어도 될 것이다.

김원봉은 비밀 연락망과 김시현을 통해 황옥과 접선했다. 얼마 후 황옥으로부터 밀서가 도착했다. 상부로부터 출장명령서를 얻어 내어 텐진으로 오겠으니 일본 조계 안에 있는 중국 여관에서 만나자는 내용이었다. 단원들이 즉각 반발했다. 일본 조계로 약속 장소를 잡은 게 수상하다는 거였다. 프랑스 조계 안에 있는 음식점으로 장소를 변경해서 통보했다. 그는 별다른 이의 없이 그것을 받아들였다. 그러고는 단서를 붙였다. 출장 때 일본인 경부보와 함께 갈 것인데, 그건 만약의 경우에 대비해 알리바이를 조작하기 위한 것이므로 오해 없기 바란다는 당부였다. 그러나 음식점에는 혼자 나갈 거라고 했다.

김원봉과 황옥이 만나는 날, 식당 안팎에는 의열단원들이 곳곳에 배치되었다. 황옥의 인상착의를 미리 알아 둔 단원들은 황옥이 큰 거리에 나타나서 골목을 통해 식당 입구에 도착할 때까지 여러 가지 신호로 그의 움직임을 알렸다. 황옥이 식당 밀실로 들어갔다는 신호가 왔다.

나는 김원봉을 부축해서 길을 건넜다. 김원봉은 60대 중국인으로 위장했다. 중국인들이 즐겨 입는 중산복 차림에 수염을 붙인 김원봉이 다리를 절면서 지팡이를 짚고 걸었다. 끄트머리에 실탄 한 발을 발사할 수 있는 장치가 되어 있고 몸통 속에 1미터 정도의 칼이 숨겨진 특수 제작된 지팡이였다. 황옥은 단원들이 이미 무장해제를 시켜 놓은 상태일 것이다.

식당 끝 방문을 열자 경직된 자세로 앉아 있던 황옥이 벌떡 일어났다. 그는 김원봉과 나를 번갈아 바라보았다. 김원봉이 껄껄 웃으며 손을 내밀었다.

"잘 오셨소. 내가 약산입니다."

그는 얼른 김원봉의 손을 잡고 고개를 숙였다.

"여기는 우리 의열단원입니다."

그는 나에게도 고개를 숙이며 손을 잡았다. 두껍고 큰 손이었다. 크고 건장한 체격에 광대뼈가 튀어나와 억세 보였지만 어딘가 선한 구석이 있는 묘한 인상이었다.

"일본놈 밑에서 빌어먹고 사는 저를 믿고 만나 주셔서 고맙습니다."

황옥은 종이 한 장을 펼쳐서 정중한 태도로 김원봉 앞에 놓았다.

"저의 주소와 그리고 부모와 아내, 자식들 이름이 적혀 있는 민적부입니다. 제 가족의 생명을 걸겠습니다."

김원봉은 그를 지긋이 지켜보다가 말했다.

"이 정도 정보는 우리도 금방 손에 넣을 수 있습니다. 그런데 왜 이렇게 위험한 일을 하려고 하십니까."

호탕하게 인사를 나누던 때와 달리, 김원봉의 목소리는 엄중했다.

"먼저 제 이야기를 해야겠군요. 어렵게 만났으니 못난 사람의 말이지만 들어 주시면 고맙겠습니다. 지금부터 제가 하는 이야기는 단 한 점의 거짓도 없습니다. 만약 거짓이 있다면 이 자리에서 저를 죽여도 좋습니다."

"말씀해 보시지요."

제 나이는 서른여섯입니다. 경상도 문경에서 태어났고 문중 어른들이 세운 신학교를 다니면서 신학문과 개화사상을 배웠습니다. 그런데 경상도가 봉건적 유교 전통이 강하다 보니 의병 부대들이 몰려와 교사로 쓰던 종택 강당과 마을을 전부 불태워 버렸지요. 문중 어른들도 잡혀가 고초를 겪었습니다. 우리가 신학문을 배운 건 일본에게 뒤지지 않으려면 봉건적인 사고방식을 고집해서는 안 된다는 생각 때문이지 친일하려는 의도가 아니었습니다. 제가 일본인 하급 관리로 취직한 것도 친일과는 거리가 먼 것이었습니다.

저는 평안북도와 진남포, 해주 등에서 재판소 서기 겸 통역생으로 근무했습니다. 그런데 3·1만세 시위 때 동포들을 잔인하게 짓밟고 고문하는 모습을 지켜보면서 정신이 번쩍 들었습니다. 제가 착각했다는 걸 알았죠. 그 무렵 변호사 홍진 선생을 만나게 되었습니다. 고향 선배인데, 인품과 덕망이 높은 분입니다. 그분이 민족운동가들과 어울려 독립운동하는 걸 보면서 많은 걸 깨우치고, 제 직위를 이용해서 은밀하게 뒷일을 돕기도 했습니다. 그런데 홍진 선생도 3·1만세운동으로 충격을 받고 상하이로 망명을 결심하시더군요. 저도 그분을 따라 망명했습니다.

그런데 한 번 묻은 오물은 쉬 닦이지 않더군요. 재판소에 근무했던 경력 때문에 왜경의 끄나풀이다, 정탐이다, 의심과 오해가 끊이지 않았습니다. 홍진 선생이 저를 변호해 주고 방패막이가 되어 주었지만 쉽지 않았지요. 저는 더욱더 열과 성을 다했습니다. 한성정부 수립 인사들의 상하이 망명 생활과 임시정부 일도 도왔습니다. 그런데 나중에는 나 때문에 그분들까지 밀정으로 의심받는 것 같았습니다. 상하이로 망명할 때 제가 그분들 위조 신분증을 만들어 주고 망명을 도와주었다는 것 때문이었죠. 저를 의심하는 건 몰라도 그분들까지 의심을 받으니 어쩔 도리가 없더군요. 나중에는 목숨이 위태로운 지경에 이르렀습니다.

홍 선생이 은밀하게 저를 부르더군요.

"이건 자네 탓이 아니라 노선 투쟁 탓이네. 임시정부가 동시에 여러 군데서 생기다 보니 패권 다툼이 벌어진 거야."

선생은 침통한 표정이었습니다. 모종의 결단을 내려야 할 때란 생각이 들었죠. 제가 그분에게 누가 될지 모른단 생각을 하지 않은 건 아니지만, 일이 그렇게 커질지는 몰랐죠. 제가 떠나겠다고 하자, 선생은 착잡한 표정으로 저를 바라보기만 하더군요. 그때 결심했습니다.

"차라리 일제의 형사가 되겠습니다."

선생이 깜짝 놀라더군요.

"일제의 경찰 조직으로 들어가서 독립운동을 하겠습니다."

"이중스파이가 되겠다는 건가?"

"재판소에서 이미 경험했으니까 문제없습니다. 그게 저의 운명이란 생각이 듭니다."

"혼자서는 불가능한 일일 텐데."

"선배님만 알고 계십시오. 그리고 독립운동권의 힘만으로 어려운 일이 있을 때 저를 사용하십시오."

"목숨이 위험할 수도 있어. 밀정으로 의심받는 것만으로도 목숨이 위태로운데, 만에 하나 그것이 발각되면 일본놈들도 가만두지 않을 거야."

"그런 건 무섭지 않습니다. 다만 안타깝습니다. 한 번 더럽혀지면 다시 기회를 잡기 어렵다는 걸 왜 더 일찍 알지 못했는지. 그 대가를 치르는 거라고 생각하렵니다."

"자네 진심을 헤아리지 못하는 소인배들의 노선 투쟁 때문이지 자네 탓은 아니네."

"한 가지만 부탁드리고 싶습니다."

"뭔가?"

"세상 사람들이나, 내 부모까지 나를 의심하더라도 선배님만은 나의 충정, 진심을 의심하지 말아 달라는 겁니다. 내가 세상에 어떤 모습으로 나타나더라도 말입니다."

나는 그렇게 상하이를 떠나 경성에 들어가 형사가 되었습니다. 그리고 어떻게든 독립운동을 도우려 애써 왔습니다. 이것이 전부입니다. 한 치의 거짓도 없는 진실입니다.

김원봉과 나는 묵묵히 그의 이야기를 경청했다. 그의 두 눈이 축축하게 젖었고, 방 안 공기가 무겁게 가라앉았다. 그의 이야기는 충분히 공감이 갈 만한 내용이었다. 왜놈들 때문에 일그러진 한 사내의 삶이 가슴 아플 뿐, 거짓이나 가식은 느껴지지 않았다. 김원봉은 팔짱을 끼고 고개를 푹 숙인 채 말이 없었다.

황옥이 목소리를 가다듬고 말했다.

"저를 이용하십시오. 제가 갖은 수모를 무릅쓰고 일본놈들 주구 노릇을 하는 건 바로 이럴 때를 위한 겁니다. 이것이 저의 독립운동이고, 저의 운명이라고 생각합니다. 저를 믿으십시오. 그리고 그냥 써먹으십시오. 짐작하시겠지만 이번에 출장을 올 수 있었던 것도 화북 지역의 조선인 독립운동 조직을 감찰하라는 임무를 맡았기 때문입니다."

그는 일본 경찰의 조직과 기밀을 낱낱이 털어놓았다.

"일본놈들의 경찰 정보망은 대단합니다. 전체 인력의 8할이, 저항하는 조선인을 색출하는 데 집중하고 있습니다. 각 마을마다 공개된 경찰 보조원이 있고 비밀 정보원이 두세 명씩 있습니다. 조금이라도 미심쩍은 사람은 집중적으로 비밀 감시를 합니다."

김원봉은 고개를 끄덕였다.

"그건 우리도 짐작하는 바입니다."

"어떤 사건에 연루되어 붙잡혀 오면 약점을 잡아 엄청난 협박으로 회유하지요. 체포하지 않은 것처럼 가만히 풀어 주기도 하고, 혹독한 고문을 하고 풀어 주기도 합니다. 그리고 그들을 밀고자로 만듭니다."

"그걸 어떻게 넘어설 수 있겠소?"

황옥은 고개를 절레절레 저었다.

"그자들의 집념은 상상력을 뛰어넘습니다. 우리에게도 그걸 뛰어넘는 상상력이 필요합니다."

톈진에 있는 동안 김원봉은 황옥을 몇 번 더 만났다. 만나는 횟수가 늘어날수록 두 사람의 이야기는 깊어 갔고, 신뢰감도 쌓여 갔다. 마음 놓고 술잔을 기울이는 일도 있었다. 어느 날 그가 김원봉에게 쪽지 하나를 보여 주었다. 경성의 히가시 과장으로부터 온 비밀 전보였다. 의열단장 김원봉이 상하이를 떠나 북쪽으로 간 듯하다는 정보가 있으니 유념하고 그의 종적을 쫓으라고 쓰여 있었다. 김원봉이 껄껄 웃었고 황옥도 통쾌하다는 듯 소리 내어 웃었다.

부단장 이종암과 단원들이 김원봉에게 물었다.

"황옥, 어떤 자 같습니까?"

"생각대로 대담한 사람입니다. 믿어도 좋을 듯합니다만, 김상옥 선생님은 어떻습니까?"

김원봉을 나를 바라보았다.

"그의 말이나 행동에서 거짓된 느낌은 들지 않았습니다. 설사 다른 목적이 있다고 해도 이미 늦지 않았습니까? 그가 마음만 먹었다면 약산은 벌써 체포되거나 사살되었을 겁니다. 그가 대담한 만큼 우리도 대담하게 밀고 나가면 된다고 생각합니다."

내 말이 끝나자 김원봉은 힘주어 말했다.

"저는 그에게 흐르는 조선인의 피를 분명히 느꼈습니다. 그걸 믿어 볼 겁니다."

약속

폭탄 운반 작전이 개시되었다. 폭탄은 네 단계로 나누어 경성으로 들여가기로 했다. 상하이에서는 위험 부담을 줄이기 위해 톈진과 만주의 안둥현 두 곳으로 보내기로 했다. 안둥현에서는 이륭양행의 선박을 이용할 것이다. 이륭양행의 아일랜드인 쇼가 밀반입을 도와주기로 약속되어 있었다.

쇼는 조국 아일랜드가 영국 식민지란 것 때문에 일본 식민지인 조선의 독립운동을 은밀하게 도와주고 있었다. 김원봉과 쇼의 인연은 김원봉이 처음 상하이로 올 때 밀항을 하다가 붙잡히면서부터 시작되었다. 톈진에서 안둥현까지는 의열단원과 공산당원 동지들이 기차를 이용해서 옮기기로 했다.

폭탄 운반 작전 중 위험하지 않은 곳은 단 한 곳도 없었다. 잠깐만 방심해도 모든 것은 허사가 된다. 그중에서 가장 위험한 곳이 안둥현이었다. 압록강 철교만 지나면 조선이기 때문에 쥐새끼 한 마리도 검문검색 없이는 통행이 불가능했다.

김원봉은 이번 작전을 위해 이미 작년 말부터 만주 안둥현에 협력자들을 심어 놓았다. 조선일보 안둥현 지국장인 홍종우와 평북 지국장 백영무, 그들은 고려공산당원이며 동시에 의열단원이었다. 신문사 지국장은 지역사회에서 힘깨나 쓰는 지역 유지였다. 경찰서나 관공서를 별다른 제약 없이 드나들 수 있고 고위 관리들과 사교 모임을 통해 돈독한 관계를 유지하면서 고급 정보를 얻어 낼 수도 있었다. 김원봉은 이런 신분상의 이점에 기대를 걸고 있었다.

압록강 철교만 무사히 건너면 일단 큰 고비는 넘은 것이다. 의주에서는 이삿짐 화물로 위장하여 철도편으로 부치고 일부는 황옥과 김시현이 직접 소지하고 경성으로 잠입하기로 했다.

폭탄은 커다란 여행용 가방으로 다섯 개나 되는 엄청난 양이었다. 폭탄 36개와 권총 5정, 실탄 156발, 신채호의 '조선혁명선언'과 '조선총독부 소속 관공리에게'로 시작하는 유인물이 들어 있었다. 종류도 다양했다. 도화선을 연결해 불을 붙이는 폭탄, 건전지를 쓰는 전기식 폭탄, 시계를 붙여 시간을 조절하는 시한 신관형 폭탄도 있었다. 상하이 앞바다 무인도에서 성능 시험을 마친 것들이었다. 불발탄도 많고 폭음만 요란한 사제 폭탄과는 차원이 달랐다. 파괴력도 강력했다. 김시현과 황옥, 그리고 나는 마자르를 통해 그 사용법을 숙지했다.

마자르는 작은 폭탄 하나를 들었다.

"이거 물통 같지요. 물통 아니고, 폭탄이에요. 조그맣지요. 그러나 폭발력 어마어마해요. 작은 집 한 채는 휙 날아가요. 파괴용입니다."

다음에 들어 올린 건 기름병처럼 생긴 것이었다.

"이건 방화용. 불나게 합니다. 강철도 녹일 수 있어요. 그때 가스가 나와요. 황린가스. 사람이 죽을 수도 있어요."

"마자르, 조선어 실력이 놀랍군요. 폭탄만 만든 게 아닌가 봐요."

김원봉이 농담을 하자 그걸 알아들은 마자르가 얼굴을 붉혔다. 위장 부부 생활을 하던 여성단원과 무척 다정하게 지낸다는 소문은 우리도 듣고 있었다.

"조선을 사랑하니까요. 폭탄 운반 때 나를 이용해요. 상하이는 외국인이 많아서 내가 이상하게 안 보일 거예요. 나는 치외법권이 있잖아요. 함부로 할 수 없어요."

김원봉의 얼굴이 환해졌다.

"그거 좋은 생각이군요. 안 그래도 테러가 자주 일어나서 그런지 상하이도 검문검색이 심해서 걱정이었는데."

푸른 눈의 마자르는 귀족 청년처럼 차려입었다. 옆에는 아리따운 조선 여인이 부부처럼 팔짱을 끼고 있었다. 서너 명의 짐꾼을 거느린 그들은 부르주아 여행객으로 보였다. 짐꾼들은 의열단원이었으며 트렁크에는 지난 반년 동안 마자르가 심혈을 기울여 만든 고성능 폭탄이 들어 있었다.

마자르의 예상대로 그들은 검사대에서 별다른 제지를 받지 않고 유유히 배에 탈 수 있었다. 그런데 톈진에서 배를 내릴 때 문제가 생겼다. 마자르와 여성단원은 무사히 출구를 통과했는데, 뒤따르던 짐꾼들이 걸린 것이다. 관리들은 고압적인 자세로 트렁크를 열라고 했다. 그걸 본 마자르가 되돌아가서 화를 벌컥 냈다.

"이자들은 짐꾼일 뿐이오. 이건 다 내 짐이란 말이오."

마자르는 조금도 긴장한 내색 없이 천연덕스럽게 위기를 잘 넘 겼다.

"마자르가 폭탄만 잘 만드는 줄 알았더니 연기력도 뛰어나더군 요."

김원봉은 가슴을 쓸어내리면서 웃었다. 김원봉은 무기를 분배 하고 의열단원들에게 위조 신분증과 자금을 나눠 주기 위해 마자 르와는 다른 경로로 톈진으로 잠입해서 기다리고 있던 중이었다.

김시현과 황옥, 그리고 나는 톈진의 프랑스 조계 안에 있는 중 국 여관에서 김원봉을 만났다. 황옥이 상하이에 온 지도 어느덧 한 달이 되어 가고 있었다. 황옥에게는 경성으로 귀환하라는 명령이 떨어진 상태였다. 그동안 황옥은 구체적인 작전 계획 회의에도 직 접 참석했다. 이번 거사에서 황옥이 차지하는 책임은 막중했다. 황 옥은 안둥현에서 홍종우, 백영무와 협조해서 폭탄을 국내로 반입 할 계획이었다. 경성에서 폭탄을 은닉하고 분배하는 일도 책임지기 로 했다.

황옥은 총독부의 출장명령서를 가지고 있었기 때문에 철교를 건 너는 데도 문제가 없었다. 직접 운반해야 하는 무기도 적지 않았다.

황옥은 가지고 갔던 트렁크 속을 비우고 폭탄과 선전 문건으로 채운 다음 옷으로 위장했다.

나는 몸에 은닉할 수 있는 최소한의 무기만 소지한 채 그들보다 먼저 경성으로 잠입하기로 했다. 권총 한 정과 총알은 한지와 옷을 이용해서 작은 소포로 만든 후 전우진이 근무하는 우체국으로 보냈다. 우체국 주소로 된 소포는 전우진이 직접 분류하게 되므로 가장 안심할 수 있는 방법이었다. 나에게는 국내 조직을 규합하고 상하이에서 국내로 잠입하는 의열단원들에게 작전에 대한 구체적인 역할을 분담하는 등 직접 거사를 지휘하는 책임이 부여되었다. 김원봉은 내게 경성에서 접선할 의열단원들의 명단과 접선 장소, 그리고 몇몇 인물들에 대한 소개장을 건네주었다. 나는 그것들을 옷옷 안감을 뜯어내고 얇게 펼쳐서 넣은 다음 다시 꿰맸다.

우리는 연락을 위해 무인포스트 몇 곳을 정했다. 암호로 된 쪽지는 담배처럼 돌돌 말아서 탑골공원 정자 기둥이 천장과 만나는 틈새에 꽂아 놓기로 했다. 그것이 여의치 않으면 2차는 낙산 바위 위의 소나무 옹이, 3차는 장충단공원의 세 번째 돌 제단 아래에 남기기로 했다. 직접 접선할 때는 담뱃불을 세 번 연속 깜빡거리고, 담뱃불을 돌리면 2차 약속 장소로 이동하기로 약속했다. 이동할 때는 반드시 전차를 이용하되 서로 엇갈려서 세 번을 갈아탄 후에 약속 장소로 가기로 했다.

반년에 걸친 준비가 끝나고 톈진을 떠나기 전날 밤, 나는 김원봉의 숙소로 은밀하게 불려 갔다. 김원봉은 방 한가운데 덩그러니 가부좌를 틀고 앉아 있었다. 맞은편에는 황옥이 앉아 있었고 내 뒤를 따라 김시현도 곧 도착했다. 김원봉의 표정은 산처럼 무거웠다.

"나는 여기까지입니다. 이제 우리는 여기서 헤어질 겁니다."

김원봉은 한 사람 한 사람 얼굴을 새겨 넣듯이 깊은 눈매로 바라보았다. 무거운 침묵이 흘렀다.

"이제는 동지 여러분들의 손에 달렸습니다. 동지들은 성공할 수도 실패할 수도 있을 것입니다. 나는 다만 이곳에서 동지들의 성공을 빌고 있겠습니다."

또다시 깊은 침묵이 흐른 후, 김원봉은 마지막 유언을 남기듯 천천히 말을 이어 갔다. 말 한마디의 무게가 조선 반도처럼 무거웠다.

"동지들이 성공하든 실패하든, 우리 혁명운동은 이것으로 끝나는 게 아닙니다. 우리의 이상하는 바가 실현될 때까지 투쟁은 끊임없이 이어져야 될 것입니다. 우리 대에서 못 이루면 자식 대에서 자식 대에서 못 이루면 손자 대에까지라도 반드시 이어져야 할 것입니다."

김원봉의 목소리는 점점 단호해지고 있었다.

"만에 하나, 불행하게도 이번 계획이 실패할 경우에 대해 이야기하겠습니다. 이번 거사에는 우리의 모든 전략 전술이 동원되었습니다. 이것이 발설된다면 두 번 다시는 쓸 수 없는 방책이 된다는 의미입니다."

김원봉은 잠시 침묵했다가 나를 보며 말했다.

"김 선생님, 내 말이 무슨 말인지 아시겠지요?"

나는 고개를 끄덕이며 말했다.

"나는 이번 거사에 생사를 걸었소이다. 만약 실패하면 내세에서
나 만납시다. 나는 자결하여 뜻을 지킬지언정 적의 포로가 되지는
않을 것이오."

김원봉은 고개를 끄덕이고 김시현을 바라보았다.

"나는 오늘만 기다린 사람이오. 나에게 내일은 없소. 이번 거사가
실패하는 날, 나도 없을 것이오."

김원봉은 마지막으로 황옥을 바라보았다.

"약산 김원봉과의 일은 내 무덤을 파헤쳐도 알 수 없을 것이오."

김원봉은 깊이 머리를 숙였다.

"모두들 고맙습니다. 이 약속은 조국 해방의 그날까지 지켜야 됩
니다."

김원봉은 이날을 위해 준비한 듯 코냑을 한 잔씩 따라 주며 건배
를 청했다. 이승에서의 마지막일지 모를 자리였다.

아, 경성!

나는 압록강 철교를 포기했다. 압록강 입구 검문소에서는 평범

한 여행객들도 짐을 모두 펼쳐 놓아야 하는 건 물론이고 몸 검사까지 당하기 일쑤였다. 기차도 탈 수 없었다. 의주에서 경성까지 검문검색이 이중 삼중으로 이루어졌다. 구간별로 담당 형사가 다르기 때문에 한 번 검색을 통과했다고 해도 안심할 수 없었다. 변장을 하고 위조 신분증을 소지해도 사형선고를 받은 지명수배자로서는 자살 행위였다.

나는 밤이 깊기를 기다려 맨몸으로 압록강을 건넜다. 저녁 해가 기울어 갈 즈음 거지로 위장하고 비교적 강폭이 좁고 얼음이 두껍게 언 곳을 눈여겨봐 두었다. 얼음 위를 납작 엎드려서 살살 기었다. 얼음이 맨 손바닥에 쩍쩍 달라붙었다. 냉기가 옷 속을 파고들었다. 다행히 구름이 엷게 깔려 있어 얼음 위를 기는 내 모습이 도드라지지는 않았다. 거의 다 왔다고 잠깐 방심한 사이 오른손을 짚은 얼음이 푹 꺼졌다. 그 바람에 오른쪽 상반신이 푹 젖었다. 그대로 일어나 강변으로 풀쩍 뛰어올랐다.

뭍에서는 잡풀이 우거진 곳만 골라서 걸었다. 기온이 뚝 떨어진 한밤중인데다 옷까지 젖은 탓에 걸음을 빨리해도 온몸이 부들부들 떨렸다. 밤새도록 걸어서 날이 밝을 무렵 멀리 인가가 보였다. 그곳에서부터는 멀찌감치 보이는 철로를 따라 걸었다. 한갓진 시골 간이역 부근에 도착했을 때는 해가 중천에 떠 있었다. 덤불숲에 몸을 가리고 지켜보니 석탄을 실은 화물열차가 보였다. 철도 인부들 두어 명이 기차 바퀴를 두드리며 점검하는 것으로 보아 곧 출발할 열차였다. 순사들은 보이지 않았다. 나는 조금씩 기어서 열차 쪽으로 접근했다. 잡목 더미를 쌓아 놓은 뒤에 숨어서 인부들이 열차로부터 멀리 떨어지기를 기다렸다. 일을 마친 인부들이 하나둘 역사 쪽으로 들어갔다. 그 틈을 타서 얼른 석탄이 잔뜩 쌓여 있는 곳으로 기어 올라갔다. 석탄을 파헤쳐 석탄 더미 속으로 눈만 빼고 몸을 파묻었다. 기차는 점심시간이 훌쩍 지나서야 출발했다. 나무판자 틈으로 흘러가는 바깥 경치가 보였다. 기차에 몸을 맡겨 흔들리다 보니 며칠 동안의 긴장이 풀리면서 졸음이 파도처럼 밀려왔다. 눈꺼풀이 스르르 내리 감겼다.

얼마나 잤을까. 기차 속도가 느려지고 덜컹거리는 바퀴 소리에 잠이 깼다. 판자 틈으로 바라보니 해거름 무렵인 듯했다. 논밭 사이로 초가집들이 드문드문 보였다. 기차는 더욱 속도를 줄였다. 역이 가깝다는 소리였다. 종착역이 어딘지 몰라도 이쯤에서 내리는 게 좋을 듯했다. 역 주변에 수레가 줄지어 있는 게 보였다. 석탄을 내릴 예정인 듯했다. 나는 얼른 석탄 더미에서 기어 나와 덤불이 있는 곳으로 몸을 날렸다. 역사 현판에 일산역이라고 써 있었다. 철로 변에서 멀찍이 떨어진 곳에서 외딴 주막을 찾아 들어갔다.

"오메, 탄광에서 오시오?"

얼굴이며 옷에 탄가루를 뒤집어쓴 내 몰골을 보고 주막집 할멈이 혀를 찼다.

"예. 배가 고픈데 국밥 한 그릇만 주십시오."

"저기 뒤꼍에 가서 좀 씻으시오. 깨끗하게 씻어야 밥맛도 좋지 않겠소."

나는 얼른 씻고 국밥을 먹으면서 할멈에게 말했다.

"탄광에서 싸우고 쫓겨나는 바람에 씻지도 못했습니다."

"싸움은 왜 해 갖고? 그 좋은 직장에서 쫓겨났다고?"

"그렇게 됐습니다. 그런데 이 꼴로 집에 가려니 면목이 안 서고, 혹시 깨끗한 옷을 좀 살 수 있을까요?"

"깨끗한 옷을 파는 데가 어디 있어야 말이지."

"아들이나 어르신이 입던 옷이라도 괜찮습니다."

"그런 거라면 있지."

경성은 남의 집 같았다. 도둑처럼 숨어들었으니 남의 집이 아니랄 수도 없었다. 시골 농부처럼 변장을 하고 잔뜩 목을 움츠린 자세는 가련하기만 했다.

2년 전 규동을 데리러 왔을 때보다 경성은 더 비대해져 있었다. 서양식 석조 건물들이 여기저기 들어서 있었고, 조선의 정궁 경복궁을 무참하게 헐어 낸 자리에 짓고 있는 총독부 건물은 7년째 공사 중이었다. 부쩍 늘어난 일본어 간판과 기모노에 게다짝을 끌고 다니는 일본인 물결 때문에 이곳이 과연 조선이 맞는지 헷갈릴 지경이었다. 화려한 일본인들 모습과 달리 낙산 언저리에는 판잣집들이 늘어나고 있었다. 나무가 무성한 숲을 이루던 낙산 기슭에 나무는 사라지고 대신 나무로 얼기설기 이어 붙인 판잣집들이 따개비들처럼 다닥다닥 붙어 있었다. 그래도 그건 형편이 나은 편이었다. 산기슭 언덕을 담벼락 삼은 흙구덩이에 나무 막대기 몇 개를 기둥이랍시고 세우고 천막을 덮은 토막집들도 적지 않았다. 굴러 온 돌이 박힌 돌을 빼내는 형국, 그것이었다.

거리에서 마주치는 사람들은 허깨비 같았다. 혼과 얼이 쑥 빠진 꼭두각시 인형들 같았다. 얼굴은 누렇게 뜨고 눈은 초점이 흐렸다. 말소리 웃음소리는 귓바퀴를 타고 흐르는 바람 같아 어디에도 걸리지 않았다. 말을 해도 말이 되지 아니하고 웃고 있어도 웃는 게 아니었다. 피돌기가 멈춰 버린 것 같았다. 그들 속에 있었다면 내 눈에도 보이지 않았을지 모를 풍경들이었다.

가장이 떠난 집안이 이와 다르지 않을 것이다. 국부가 국부답지 못하고 가장이 가장답지 못해 도둑에게 자리를 내어 주니 버림받은 식솔들은 한순간에 나락으로 떨어져 집마저 내어 주고 쫓겨나고 있는 것이다. 눈치만 보다가 그마저도 길들여지고 있는 것이다.

다시 도망치는 일은 없을 것이다. 내 집이 나의 무덤 자리가 되더라도 더는 물러서지 않을 것이다. 나는 사형수였다. 그들은 나의 목숨을 저당 잡고 있었다. 그들은 나를 잡는 즉시 목매달 것이다. 그들에게 나의 목을 매달 권리는 없으나 내 목이 달려 있는 동안 그 권리를 빼앗을 수가 없으므로 나는 언젠가 그들 손에 죽게 될 것이다. 그러나 그들은 사형을 집행할 수 없을 것이다. 내 목숨을 저들에게 내놓지 않을 것이기 때문이다. 분명한 건 하나였다. 나는 죽으리라는 것. 죽되 그냥 죽지 않으리라는 것. 그리고 그 죽음은 내가 결정하리란 것. 그러니 나는 죽으러 돌아온 셈이었다.

여동생 아기는 내가 상하이로 떠난 후 결혼해 살림을 차렸다. 규동을 데리러 왔을 때 어머니는 아기의 집을 가르쳐 주었지만 찾아갈 여유가 없었다. 하나뿐인 여동생의 결혼식도 보지 못한 게 늘 마음에 걸렸다. 아무리 생각해도 어린 소녀 모습만 떠오를 뿐 주부의 모습은 떠오르지 않았다. 사는 모습도 들여다보고, 얼굴이라도 한 번 보고 싶었다. 매제가 어떤 사람인지 그것도 궁금했다.

아기 집은 삼판통에 있었다. 원래 조선 시대 때 조정의 제사용 소와 돼지, 양을 맡아서 기르던 전생서라는 관청이 있던 지역이었다. 그래서 전생서동으로 불리던 것을 일제가 삼판통이라고 고친 것이다. 경성 시내에서 한강으로 나가는 길목이면서 황금정과 명치정, 남대문역과도 가까웠다. 어머니가 말로 그려 준 약도를 머릿속에 펼치고 어둠을 더듬었다. 경성에서 나는 밝음보다 어둠이 더 편했다. 마치 육탈을 한 유령이거나 그림자만 남은 기분이었다. 밝을 때는 전혀 다른 존재로 떠돌다가 가족에게 다가갈 때는 그림자처럼 어둠 속으로 스며들었다.

초가집이지만 새 나무로 대문을 해 단 집은 아기 집뿐이라고 했다. 싸리나무 사립이던 것을 춘원이 결혼 기념으로 바꿔 달아 준 거라고 했다. 나는 집집마다 대문을 하나씩 쓰다듬었다. 새 대문이라면 결이 거칠 것이다. 그리고 마침내 새로 해 단 듯한 대문을 발견했다.

"아기야."

담장 옆 불 꺼진 창문을 톡톡 두드리며 나지막이 이름을 부르니 잠시 후 창문이 밝아졌다.

"누구요?"

남자 목소리였다.

"아기 오라비요."

내 말이 떨어지자마자 대문이 삐걱 열렸다. 댓돌에 서 있던 아기가 한달음에 달려와 내 손을 잡았다.

"오라버니!"

아기와 남편은 내가 방에 앉기를 기다리다가 대뜸 절을 했다.

"고봉근이라고 합니다. 뵙고 싶었습니다, 형님!"

엉거주춤 나도 맞절을 했다. 고개를 드는 아기 눈에 눈물이 고여 있었다. 3년 전 집을 떠날 때만 해도 이름처럼 아기 같더니, 혼사를 치르고 나니 어른티가 났다.

"오빠, 얼마나 고생이 많았어요?"

"미안하다. 오빠도 없이 혼사를 치르고. 고맙구나."

동생의 남편 고봉근은 흐뭇한 표정으로 오누이의 대화를 지켜보고 있었다. 아무리 오빠라고 해도 한밤중에, 그것도 요시찰 인물이 불쑥 찾아오면 싫은 내색을 할 법한데 그의 표정은 그렇지 않다고 말하고 있었다. 조금이라도 불쾌한 기색이 보이면 인사만 하고 그대로 떠날 생각이었다. 그런데 그는 마치 나의 심중을 꿰뚫고 있는 것처럼 말했다.

"장모님 댁은 순사들이 시도 때도 없이 들이닥치니 가시면 안 됩니다. 그렇지만 우리 집에는 아직 경찰이 온 적 없으니 다른 계획이 없으면 안심하고 머무십시오."

미소 띤 그의 얼굴과 넉넉한 마음 씀씀이가 나를 편안하게 해 주었다.

"몇 년 만에 돌아오셨는데, 두 다리 뻗고 편히 쉴 곳도 없다면 말이 되겠습니까? 일이 있으면 언제든지 다녀오시고, 형님 집처럼 마음 편히 계십시오."

고봉근의 말은 매우 곡진했고 나는 기뻤다. 아기가 결혼한 사람이 이토록 푸근하고 진중한 사람이라는 게 무엇보다 기뻤다.

"자네가 그렇게 말해 주니 고맙네. 그럼 당분간 여기 머물도록 하겠네."

"오빠, 잘 생각하셨어요! 시장하죠? 얼른 밥부터 지을게요."

아기가 얼굴에 홍조까지 띠며 좋아했다. 아기는 부엌으로 나가고 매제는 아궁이에 군불을 지폈다. 나무 때는 냄새가 밥 냄새처럼 구수했다. 두툼하게 솜을 넣은 이부자리는 혼수용인지 새것이었다. 아랫목은 온기를 머금으며 달궈지는 중이었다. 매제의 다정다감한 마음이 그대로 전해졌다. 온몸이 크나큰 위로를 받는 기분이었다.

한 번도 본 적 없는 나를 아내의 오빠라는 것 하나만으로 온 마음을 내어 주는 것, 이런 게 가족일 것이다. 그렇게 따진다면 조선 사람 누군들 가족이 아니라고 할 수 있을까?

이토록 편안한 잠자리가 얼마만인지 가늠도 되지 않았다. 그런데 가만히 누워서 생각해 보니 아기 집의 위치가 마치 나를 위해 준비된 것 같은 느낌이었다. 시내와 가까우면서도 아랫마을과는 멀고, 산 밑에 몇 안 되는 초가가 감나무 밭을 사이에 두고 흩어져 있는 한적한 곳이었다. 그야말로 안성맞춤, 일부러 찾으려고 해도 찾기 어려운 최적의 장소였다. 당분간 이곳을 비밀 기지로 삼으면 될 것 같았다. 나는 이틀 동안 바깥 외출도 하지 않고 푹 쉬었다. 아기가 해 주는 따뜻한 밥을 먹고 따뜻한 방에서 자고 또 잤다. 노독이 씻은 듯이 사라지자 어떤 일이든지 성공적으로 해낼 것 같은 자신감이 생겼다.

사흘째 되던 날 아침, 나는 경성우체국 건너편에 서 있었다. 얼마 기다리지 않아 우편낭을 멘 배달부들이 쏟아져 나오는 가운데서 전우진의 모습을 찾기란 어렵지 않았다. 우편배달부 제복을 입은 전우진은 황금정 골목을 누비며 우편물을 배달하기 시작했다. 마치 준마가 몸을 푸는 듯 날렵하고 가벼운 발걸음이었다. 몸이 재기로는 누구에게도 뒤지지 않는 나도 숨이 가빠 왔다. 그의 발걸음이 조금 느려진 것은 남산 기슭의 병목정 언덕으로 접어들고서였다. 유곽이 늘어선 병목정 부근은 주점들이 많았다. 일본말 간판을 내건 사케 집과 조선인들이 드나드는 허름한 술국집으로 나뉘어 있었다.

나는 슬그머니 그의 곁으로 다가붙었다.

"우진 형님!"

전우진이 풀쩍 뛸 듯이 놀라 돌아보았다. 그러고도 한참을 쳐다 보고서야 그는 숨이 턱 멎는 표정으로 내 손을 덥석 잡았다.

"이게 누구야?"

전우진은 나를 아래위로 훑어보고는 얼른 좌우를 살폈다. 그러 고는 손목을 잡고 병목정 깊숙한 골목으로 들어가더니 허름한 국 밥집으로 데리고 갔다.

"얼마나 고생이 많았나?"

"고생은요. 나는 잘 지냈어요. 고생은 동지들이 했죠. 그나저나 내가 보낸 건 받았나요?"

"받았네. 내가 우편물 분류를 하니까 내게 오는 건 걱정 안 해 도 돼."

"불빛에 비춰 봤지요?"

"그럼. 나한테 결혼할 여자를 소개해 달라는 편지를 보낼 사람이 어디 있겠어? 얼른 불에 쪼여 봤지. 그런데 소포는 아직 도착하지 않았어. 내용물이 뭔가?"

"권총 한 자루하고 총알이에요. 옷으로 돌돌 말고 책도 넣고 위 장을 한다고 했는데."

"톈진에서 보낸 거라면 국경을 넘는 데 시간이 좀 걸려. 경성우체국으로 바로 보낸 거니까 괜찮을 거야. 받는 대로 바로 연락할게."

"전에 우리가 늘 사용하던 무인포스트를 그대로 살리죠. 그리고 동지들을 다시 규합하려고요."

"암살단 동지들이 다시 모이는 건가?"

"예, 형님이 연락을 좀 해 줘야겠어요."

"그건 아무 걱정 말아. 자네 없는 동안에도 우리들끼리 가끔씩 모이고 연락도 하면서 결의를 다지고 있었거든. 다들 자네 소식을 눈 빠지게 기다리고 있을 거야. 그런데 목표는 뭔가?"

"그건 다들 모이게 되면 이야기할게요."

"알겠네. 참, 서대순은 서울에 있어."

"그래요?"

"학교에서 해고된 후에 학습 교재 만드는 회사에 들어갔어. 소학교 때 스승이 학교를 그만두고 차린 회사라더군. 그런데 그 스승이 일본 사람이라고 얼마나 죄스러워 하는지."

"그게 어딥니까?"

"일본 사람이지만 아주 괜찮은 사람이고, 대순이 성실하다고 몹시 아꼈나 봐. 그런데 대순이 오갈 데가 없게 되니까 공장에서 먹고 잘 수 있게 해 줬다더군. 나도 한번 가 봤는데, 밤에 가면 만날 수 있을 거야. YMCA에서 안국동 방향으로 죽 가다 보면 운림필방이라고 큰 간판이 있는데, 그 옆 골목으로 들어가면 문구교재라고 써 있어."

저녁이 되기를 기다려 찾아가니, 서대순은 귀신을 본 것처럼 놀랐다.

"형님! 형님이군요. 다시는 못 볼 줄 알았는데. 어서 들어가요."

"들어가도 괜찮겠어?"

"물론이죠. 제 방이 따로 있어요. 어서 들어와요."

서대순이 큰소리를 쳤지만 막상 들어가 보니 방이랄 것도 없는 곳이었다. 2층으로 올라가는 계단 아래 공간을 판자로 막고 다다미 한 장을 깔아 놓은 곳이 방이었다. 가슴이 찡했다.

"이 정도면 그럭저럭 지낼 만은 하겠다."

내가 웃으며 말하자 서대순은 머리를 긁적거렸다.

"내 얘기는 들었죠? 노다 선생님이 개인적으로야 무슨 원한이나 미움이 있겠냐면서 선뜻 나를 받아 주더군요. 3년 감옥살이하고 나오니까 가족들은 뿔뿔이 흩어지고 먹고살 방도도 없던 차에 그렇게 말해 주니 고마울 뿐이지요. 그래도 형님 얼굴을 보니 미안하고 부끄럽네요."

"부끄럽다니, 그런 말 마라."

"변명 같지만, 일본인하고 있으면 아무래도 요시찰의 감시도 피하고 안전할 것 같다는 계산도 했어요. 그래서 명색이 취직이라고 이러고 회사에서 기거하고 있는 거예요."

"염려하지 마. 나는 네 말을 믿어. 네 말대로 도움이 될 수도 있을 거야."

"형님, 이렇게 반가울 수가. 이런 날 술 한잔 없으면 섭섭하겠죠?"

서대순은 사무실 구석에 있는 책상 아래서 고량주병을 꺼내 왔다. 서대순이 고량주 따르는 걸 바라보고 있자니 철물점 2층 중국집이 떠올랐다.

"상하이에서도 고량주를 마시면 너희들 얼굴이 하나씩 떠오르더라."

"나도 잠 안 오는 날이면 이거 한잔씩 마셔요. 저도 형님 얼굴이 떠오르던데요."

서대순이 동지들 이야기를 전해 주었다.

"면목이 없다. 다들 고생하는데, 나만 피신해서 편안히 지냈으니."

"무슨 말이에요? 형님이 피신했다는 게 우리한테 얼마나 큰 힘이 되었는데요. 형님이 안전한 이상 우리가 조금 고생한 건 아무것도 아니다. 반드시 다음 일을 도모할 것이다. 이런 희망이 우리를 버티게 해 주었다고요."

"그렇게 말해 주니 정말 고맙다."

"우리는 모이기만 하면 지금까지는 연습이다, 다시 한 번 기회가 주어진다면 정말 실패 없이 제대로 해 보자고 맹세했단 말이에요. 그까짓 고생도 각오 안 하고 뛰어들었겠어요?"

서대순은 조금도 달라진 게 없었다. 외모는 선비처럼 곱상했지만 기상만은 북방의 장군 같던 그 느낌 그대로였다. 나까지 덩달아 용기가 솟는 기분이었다. 자연스럽게 심중을 털어놓게 되었다.

"실은 이번에 마지막 담판을 지으러 들어왔다."

나는 이번에 상하이에서 들어온 목적과 사명을 자세히 설명했다. 그리고 지난번처럼 행동을 같이하자고 말하기도 전에 그가 먼저 내 손을 덥석 잡았다.

"형님, 고마워요."

서대순은 손에 더욱 힘을 주며 말했다.

"형님이 우리 기대를 저버리지 않을 거라는 건 알고 있었어요. 누구도 그걸 의심한 적은 없었어요. 형님이 반드시 돌아올 거라고 믿으면서 부르기만 하면 언제든지 달려 나갈 거라고 생각하고 있었죠."

서대순은 감격스런 얼굴로 잔을 다시 채우고 건배 제의를 했다.

"이번엔 반드시 성공하자구요."

집으로 가는 길, 눈물까지 글썽이며 기뻐하던 서대순의 얼굴이 자꾸만 떠올랐다. 차디찬 겨울밤, 어둠을 틈타 쥐새끼처럼 돌아다니면서도 마음은 장작불이라도 지핀 듯 훈훈했다. 그러면서도 온전히 기쁘지만은 않은 고약스런 기분이 검불처럼 자꾸만 달라붙었다. 이토록 순정한 젊은이들을 죽음으로 내모는 이것이 과연 기뻐할 일인가. 입맛이 썼다. 내가 이럴진대 김원봉은 어땠을지. 누군가를 이해한다는 말은 함부로 할 수 있는 말이 아니었다.

그리고 자꾸만 나의 뒷덜미를 잡아채는 그것은 동순과 규동이었다. 하나뿐인 혈육을 이국땅에 묻고 왔노라는 그 말조차 전할 수 없는 처지가 가시처럼 가슴을 콕콕 찔러 댔다. 혜수 얼굴이라도 보면 좀 풀릴 것인가. 나는 아기 집으로 향하던 발걸음을 돌렸다.

안국동에서 창덕궁 돌담길을 따라 걷다가 효제동으로 접어드니 전우진이 일러 준 대로 여섯 채쯤 되는 집이 밭 한가운데 옹기종기 서로 등을 맞대고 있었다. 새로운 동네가 만들어지는 중인 듯했다.

밤늦은 시간이라 주위는 고요했다. 성냥불을 켜 들고 73번지를 찾았다. 문패에 혜수 아버지 이름이 쓰여 있었다. 대문 옆 조그만 창문에서 희미하게 불빛이 번져 나오고 있었다. 톡톡, 창문을 두드렸다. 기척이 없었다. 다시 한 번 두드리려는 순간 창문이 열렸다. 고개를 내민 건 혜수의 여동생 창규였다.

"어머!"

어둠 속의 나를 창규는 알아보지 못했다. 창규는 비명을 지르며 얼른 창문을 닫아 버렸다. 자매가 뭐라고 쏙닥거리는 소리가 들렸다.

"날세. 혜수, 나야."

내가 다시 창문을 두드리며 혜수 이름을 부르자 조심스럽게 창문이 열렸다.

"에구머니나, 이게 누구야?"

혜수는 불빛 아래 드러난 내 모습을 보며 웃음을 터뜨렸다. 나는 영락없이 촌사람 꼴을 하고 있었다. 중국식 바지에 오버를 걸치고 머리에는 벙거지를 푹 눌러쓰고 수염도 기르고 있었다.

"이사한 집을 어떻게 찾아왔어요? 아이참, 하얀 두루마기에 최신식 갓을 쓰고 지팡이까지 짚고 다니던 멋쟁이가 꼴이 이게 뭐예요? 그러나저러나 얼마나 고생을 했으면, 얼굴이 반쪽이네요."

혜수는 여전히 밝고 명랑했다. 창규는 아직도 내가 낯선지 가만히 쳐다보기만 했다.

"창규가 많이 컸구나."

"졸업하고 이제 선생님이 돼요."

"그래? 발령은 받았고?"

"대전으로 받았어요. 며칠 후에 내려갈 거예요."

"그렇구나."

가슴이 뜨끔했다. 피 흘린 상처는 아물기라도 하지만 가슴에 유리 파편처럼 박혀 버린 상처는 기회만 생기면 날을 세워 콕콕 찔러 댔다. 3년 전, 규동도 창규처럼 곧 발령을 받게 될 거라며 좋아했었다.

"좋은 선생님이 될 거예요."

"어떤 게 좋은 선생님인데?"

"글쎄요."

"그것도 모르면서 좋은 선생님이 된다는 거야?"

"정말로 중요한 게 뭔지 가르쳐 주고 싶어요. 눈에 보이지는 않지만 절대로 잊어서는 안 되는 그런 거. 사랑, 우정, 역사, 이런 거 눈에는 안 보이잖아요. 하지만 눈에 보이는 모든 것들은 눈에 보이지 않는 곳으로부터 온 것이거든요. 나란 존재도 애초에는 눈에 보이지도 않는 무엇으로부터 생겨났잖아요."

"보이지 않는 것이라."

"네. 보이지 않는 거요."

어쩌면 지금껏 나를 움직인 것도 보이지 않는 그 어떤 힘이었을 것이다. 사랑, 정의, 진리, 의리, 약속 같은 것들.

"동순이 면회는 가 봤어?"

혜수가 고개를 끄덕였다.

"규동이 얘기는 차마 할 수가 없더라구요. 그래서 나중에 편지로 썼어요."

나는 고개를 떨구었다.

"동순이 보고 싶군. 동순 얼굴을 보면서 내가 직접 말해 줘야 되는데."

"언젠가 그런 날이 올 거예요. 너무 괴로워하지 말아요. 동순이 답장을 보냈더라고요. 상옥 씨 품 안에서 떠났다는 게 무엇보다 위안이 된다고 그랬어요."

위안이 된다. 그 말은 내게 안도감을 주어야 했다. 죄책감인지 부채감인지 알 수 없는 미안함에 시달리던 내게 그 말은 크나큰 용서이며 감동이 아닐 수 없었다. 그런데 그게 온전히 받아들여지지 않았다. 뭔가 잘못됐다는 느낌을 떨칠 수 없었다. 그건 왜곡이었다.

동순은 위안이 아닌 분노를 느껴야 했다. 그게 올바른 감정이었다. 삶이 부조리하다 보니 감정마저 왜곡되는 것이다. 어쩌면 나 역시 너무 예민하게 반응하는 건지도 몰랐다.

　나는 아기 집에 머물면서 작전을 짰다. 이번 작전도 3년 전의 암살단 계획만큼이나 방대한 것이었다. 사이토 총독을 비롯한 왜인 고관은 물론, 친일 반역하는 조선인 고위층 인사들을 사살하고 관공서와 관저를 불사르고 수도국, 전화국, 전기 회사를 폭발, 파괴한 다음 민중을 동원해서 각 지역의 관공서와 경찰서를 접수하는 일대 무력 혁명이나 다름없었다. 암살단원들과 의열단원들이 국내 각 거점에서 동시다발적으로 거사를 감행하게 될 것이다.

　거사 시점은 사이토 총독이 경성을 출발하는 때에 맞출 예정이었다. 1월에 도쿄에서 일본 국회가 열리는데 거기에 조선 총독이 참석하는 게 관례였다. 출국 날짜가 정해지면 그때 남대문역에서 대기하고 있다가 저격, 암살할 계획이었다. 사이토 암살이 이번 거사의 신호탄인 셈이었다. 남대문역을 면밀하게 답사할 필요가 있었다. 아기 집에서 남대문역까지는 걸어서 반 시간 거리도 안 되었다.

　"형님, 출근 안 하십니까?"

　저녁을 먹고 잠시 누워 있던 나는 벌떡 일어나서 밖으로 나갔다. 바지 주머니에 손을 넣고 마당에서 서성이던 매제가 나를 올려다보며 씽긋 웃었다. 참 무던하고 성실하고 좋은 사람이구나. 아기가 남편감 하나는 잘 골랐구나. 그런 생각이 절로 떠오르게 만드는 사람이었다. 아무리 형님이라지만 사형선고를 받은 지명수배자를 집에 머물라고 하더니, 내가 외출할 때 한번 앞장서서 망을 봐 준 이후로 그 일을 마다하지 않고 자기가 먼저 나를 불러냈다. 매제는 오십 보 정도 앞장서서 가면서 수상한 낌새가 있으면 갑자기 큰 소리로 떠들거나 팔을 흔들며 이상한 행동을 하기로 했다. 매제를 따라가면 보초를 세운 듯 든든했다. 만에 하나 신변에 위험이 닥치게 되면 피할 시간을 벌 수도 있을 것이었다. 그러면서도 그는 아무것도 묻지 않았다.

"나도 이젠 먹고살 방도를 찾아야 되지 않겠는가. 철물점은 빚더미에 앉아 있고, 중국을 오가면서 피륙 장사를 해 볼까 하고 말이야. 그래서 전국에 있는 장사꾼들을 좀 만나면서 판매망을 만들고 있는 중이라네."

어림도 없는 소리란 건 나도 알고 매제도 알고 있었다. 그래도 나는 그렇게 하지 않을 수 없었다. 무엇이 되었든 나에 대해서는 모르는 게 나았다. 이런 내 마음을 매제도 읽고 있었다.

"피륙 하면 중국이 제일이죠."

매제와 뚝 떨어져서 다녀도 그것도 몇 번 계속되니까 눈에 띄는 날이 있었다. 순사들은 조약돌처럼 길바닥에 깔려 있었다. 열 가구도 채 안 되는 조선인 마을에도 순사들이 별다른 용무도 없이 빈둥거리며 돌아다녔다. 그들은 지나다니는 조선인들에게 공연히 어디

가느냐, 뭐하느냐 물어보는 게 일이었다. 그러다가 조금만 눈에 안 차거나 집에서 마누라하고 싸우고 나와 심기가 불편하면 아무나 붙잡고 행패를 부리기 일쑤였다. 그러니 순사복만 보면 사람들은 위축되기 마련이었다. 아기 집에 올라가는 길에도 빈둥거리는 순사들과 며칠에 한 번씩 마주치게 되었다. 조선은행 사택 거리에서 마주친 형사는 나를 지목하며 매제에게 물어보기도 했다.

"저 사람 누구요? 못 보던 사람인데?"

"마포 사는 친구예요. 술 한잔 하다가 전차를 놓쳐서요."

순사들과 마주치는 일이 잦아지자 매제는 불안해 했다.

"여기도 좀 불안하네요. 거처를 옮기는 게 어떨까요? 오늘 밤도 형사들 눈치를 보니 형님을 유심히 보는 것 같았어요."

"그게 그자들 일 아닌가."

"형님이 여기 온 게 벌써 달포가량 됐으니까 그자들이 무슨 보고를 했을지도 몰라요."

"이제 곧 일이 마무리될 거네. 그러면 여길 뜰 생각이네."

앞으로 나흘 후, 1월 17일이 사이토가 출국하는 날이었다.

다시 남대문역에서

남대문역에는 두 개의 출입구가 있다. 남대문역을 바라보고 정문

오른쪽에 끽다점이 있다. 끽다점을 사이에 두고 오른쪽이 일반승객 출입구이고 왼쪽이 귀빈 출입구였다. 일반 승객들은 1, 2등 대합실과 3등 대합실을 따로 쓴다. 대합실을 지나면 역 구내를 통과해 플랫폼으로 들어서게 된다. 귀빈실은 들어가 본 적이 없지만, 구조는 다르지 않을 것이다.

1월 17일, 사이토는 왜성대에서 출발해서 남산 길을 따라 내려와 남대문을 지나 역 광장에 도착할 것이다. 광장에서 차를 내린 그는 귀빈 접객실을 통해 플랫폼으로 들어갈 것이다. 광장에는 총독부의 고관들이며 그 부인들로 이뤄진 출영객들이 도열할 것이다.

3년 전, 조선의 신임 총독으로 부임하던 사이토는 이곳 남대문역에서 평생 잊지 못할 환대를 받았다.

환영 준비는 더없이 완벽했다. 역 귀빈실 앞에서부터 도로를 가로질러 순사들이 도열하고 그곳에서부터 남대문역까지 기마 부대가 도열했다. 경성 시민들도 이날의 환영 인파에 대거 동원되었다. 학생, 각종 단체와 일반인들까지 자신들을 지배하러 오는 일본인 총독을 웃으며 열렬히 환영하라는 지침을 받고 강제 동원된 것이다. 역 광장 주차장으로부터 남대문역까지 환영 인파가 열 겹 스무 겹으로 세워졌다. 거대한 인간 광장이었다. 대열 가운데는 나도 있었다. 일장기를 손에 든 사람들을 바라보고 있노라니, 가슴에 피멍이 드는 기분이었다.

경성 시내는 한 달 전부터 일장기가 물결을 이루고 있었다. 장맛비가 기승을 부리던 한여름이었다. 갑작스런 장맛비는 홍수로 이어져 집이 떠내려가고 콜레라까지 번져 수많은 사람들이 죽었다. 그런데 장마가 끝나자 칼로 자른 듯 연일 가뭄이 계속되었다. 아침저녁 선선한 가을 바람이 불기 시작해도 가뭄은 걷히지 않더니 그날은 갑자기 두터운 구름장이 내리누를 듯 덮여 있었다. 사람들은 무언가 불안하고 뒤숭숭한 기분으로 일장기를 든 손을 내려다보며 술렁거렸다.

경계망도 환영 인파 못지않았다. 남대문역으로부터 왜성대까지 총검을 멘 병사가 이중 삼중으로 성을 쌓았다. 기병대는 총검을 메고 도로를 가로세로로 휘저으며 말발굽 소리를 내고 있었다. 광장 한가운데에는 사이토 일행이 타게 될 마차 두 대가 삼엄한 경계 속에 대기 중이었다.

오후 5시가 되자 긴 기적 소리와 함께 시커먼 연기를 내뿜으며 기차가 들어왔다. 역사 밖에서는 보이지 않지만 플랫폼에는 총독부 간부들과 조선의 귀족들이 나란히 대기 중이었다. 백작 이완용, 남작 한창수, 조선왕조의 마지막 장관 출신들과 각 신문사 사장과 실업계 유지인사 등 천 명이 넘는 친일파들이 일찌감치 귀빈 접객실로 들어가는 것을 사람들은 지켜보았던 것이다. 기차 소리가 멎고 잠시 후 서쪽 하늘 어디선가 야포병 대대가 발사하는 예포 소리가 경성 하늘에 울려 퍼졌다. 기마병들이 군중 사이를 돌아다니며 일장기를 흔들라고 소리쳤다. 그 시각, 역내 승강장에서는 점령군과 점령군에게 아부하기 위해 출영한 식민지 귀족들이 서로 악수를 나누며 환영식을 치르고 있었다.

한참이 지나서야 사이토가 귀빈실 출구에 나타났다. 흰 해군 대장 정복을 입은 사이토의 가슴에서 찬란히 번쩍이는 욱일장이 멀리서도 보였다. 사이토의 뒤를 이어 수야 정무총감, 총독 부인, 총감 부인, 그리고 여러 비서관들이 나타났다. 사람들은 시키는 대로 일제히 소리를 지르며 일장기를 흔들어 댔다.

사이토는 끽다점으로부터 열 걸음 정도 떨어진 마차로 향했다. 그 뒤로 정무총감과 부인들이 뒤따랐다. 장엄하게 물결치는 사람의 바다에서 그들은 세상의 중심인 듯 찬란했다. 세상의 질서는 그 찬란한 중심을 향해 일사불란하게 재편되는 중이었다. 한 치의 의심도 허용하지 않는 진리인 듯 견고했다.

돌연, 그것이 흐트러졌다. 모든 게 꿈이라는 듯 거울처럼 산산이 깨지고 부서졌다. 땅이 흔들리고 고막을 찢을 듯한 굉음이 울리면서 광장을 메운 인파가 급류에 휘말린 듯 소용돌이쳤다. 폭발이었다. 매캐한 냄새와 연기가 구름처럼 덮쳤다. 서서히 연기가 걷히면서 방금 전까지 세상의 중심이던 그곳이 재앙의 진원지로 바뀌어 있었다.

나는 아우성 소리와 흐트러진 대열과 인파를 밀어내려는 순사들을 밀치며 마차 쪽으로 다가갔다. 제복을 입은 사람들이 바닥에 납작 엎드려 있는 게 보였다. 엉덩이를 치켜든 채 고개를 파묻고 있는가 하면 피를 흘린 채 널브러지고, 앞뒤 분간을 못 하고 어디론가 기어 달아나고, 마차 밑에서 부들부들 떨면서도 카메라를 들이대고 있는 자들로 아수라장이었다.

사이토, 사이토는 어디 있는가? 어디서 피를 흘리고 있는가? 나는 연기 사이로 욱일장을 가슴에 단 하얀 제복의 작달막한 사내를 찾았다.

사이토, 그자는 피 흘리며 쓰러지기는커녕 마차에서 천막 밖으로 얼굴을 내밀고 이 소동을 지켜보고 있었다. 폭탄은 마차와 한 발작 정도 못 미친 곳에서 터졌다. 그리고 그는 폭발보다 딱 한발 먼저 마차에 올라탄 것이다. 전쟁 영웅답게 그는 얼굴빛 하나 변하지 않았다.

기마대와 순사들은 당황한 빛을 감추고 대열을 정비하기에 정신이 없었다. 다시 나팔 소리가 울려 퍼졌다. 총독과 일행은 나팔 소리를 뒤로하며 남대문역을 떠났다. 나는 발등을 찍고 싶었다. 주먹이 으깨지도록 땅이라도 치고 싶었다. 딱 한 발짝, 일 미터만 더 날아갔어도 사이토는 다시 일어설 수 없었을 것이다. 폭탄 터진 자리를 거만하게 내려다보지 못했을 것이다. 하얼빈에서 안중근의 총에 쓰러진 이토 히로부미처럼.

그런데 누굴까?

나는 그가 누군지 궁금해서 미칠 지경이었다. 그가 보고 싶었다.

오만한 점령군의 수괴가 부임하는 첫날, 조선인이 그를 결코 환영하지 않는다는 것을 각인시킨 그가 너무나 보고 싶었다.

그러나 끝내 모르기를 바랐다. 아무도 모르기를 바랐다.

3년 만에 찾은 남대문이지만, 그날의 광경이 눈앞에 환히 그려졌다. 안타까움과 뒤섞여 야릇한 쾌감도 생생했다. 나는 남대문역 구내를 한 바퀴 돌아 끽다점으로 들어갔다. 이른 오전 시간인데도 절반 정도 자리가 차 있었다. 신문을 보거나 마주 앉아 이야기하는 젊은 남녀, 양장으로 한껏 멋을 부린 유한마담들과 신사복 차림의 중년 사내들이 커피를 숭늉이나 되는 듯 마셔 대고 있었다.

커피 한 잔을 시키고 담배를 피워 물자 자연스럽게 끽다점 유리창 너머로 시선이 돌아갔다. 바로 유리창 밖 저 자리, 저 자리에 그가 서 있었던 것이다.

저 자리에 서기 위해 그는 중국에서 러시아로 시베리아로 블라디보스토크로 먼 길을 돌아왔다. 국경 너머 길림성에 살던 그가 러시아인으로부터 수류탄 한 개를 사서, 블라디보스토크에서 기선을 타고 청진을 지나 원산에 도착했다. 원산에서는 기차로 경성에 잠입, 장사하는 사람들과 섞여 여관을 전전하며 사이토가 부임하는 날을 기다린 것이다. 그는 수류탄을 던진 지 딱 보름 만에 체포되었다. 그를 끝까지 추적하여 체포한 이는 조선인 형사, 김태석이란 자였다. 의열단 1차 거사를 물거품으로 만들어 의열단 7가살 명단에

영광스럽게도 첫 번째로 이름을 올린 악명 높은 자였다.

그의 이름은 강우규, 놀랍게도 65세의 노인이었다. 신문 기사는 그를 공명심에 들뜬 물정 모르는 노인이라고 비하했다. 글방에서 한문 몇 자 공부한 것 외에는 아무 학력도 없는 자, 과격한 조선인들과 교제하며 오랫동안 벽지에 갇혀서 세상 물정을 모르는 자, 그러던 중 얼마 남지 않은 생명을 던져 세상에 이름을 드러내리라 결심한 자, 이게 그들의 중간발표였다.

그의 공판이 열렸을 때 경성지방법원이 있는 종로 네거리는 인산인해를 이루었다. 사이토 환영식에 강제 동원되어 현장을 목격한 사람들이었다. 가슴 답답하던 그날의 울적함을 한 방에 날려 준 멋진 노인을 보고 싶어 몰려온 것이다. 그는 구치소에서 마차를 타고 와서 7호 법정에 입정했다. 나는 숨을 죽이고 그를 바라보았다.

백발이 먼저 눈에 들어왔다. 회색 무명옷을 입은 그는 키가 훤칠하게 컸다. 그는 법정으로 들어오면서 방청석을 휘 둘러보았다. 그건 죄인의 모습이 아니었다. 그는 마치 개선장군처럼 고개를 똑바로 쳐들고 방청객들을 둘러보며 당당하게 입장했다. 눈빛이 부리부리했다.

재판이 시작되었다.

재판장 다치가와가, '피고는 9월 2일 남대문역에서 사이토 총독 각하 일행에게 수류탄을 던진 사실이 있는가?'라며 묻기도 전에 강우규가 버럭 소리를 질렀다.

"이 죽일 놈들, 너희 일본인들은 새파랗게 젊은 놈이 노인에게 그 따위로 반말을 하느냐?"

다치가와는 멈칫했다. 방청석을 가득 메운 조선인들의 열기와 노인의 기에 그는 눌리고 있었다. 재판이 진행되면서 그의 호칭은 조금씩 달라졌다. 영감님이라고 하더니 나중에는 강 선생님이라며 깍듯하게 존대를 하고 있었다.

"기선 월후환호를 타고 원산에 입항할 때 경찰의 신체검사를 받고 어떻게 폭탄을 감추었지요?"

"별다른 묘책이 있었던 게 아니오. 비단 주머니에 싸서 부인들 월경대처럼 낭심 밑에 찼더니 순사들이 보고도 별말이 없더군. 아마 내 낭심이 크다고 생각한 모양이지."

긴장하고 있던 방청석에서 웃음이 터졌다. 순사들도 눈치를 보다가 웃음을 터뜨리자 재판관조차 너털웃음을 터뜨리고 말았다.

재판이 진행될수록 누가 누구를 재판하는지 모를 형국이 벌어졌다. 강우규는 재판장을 큰소리로 꾸짖고 야단치고 재판관은 오히려 기어들어 가는 목소리로 변명과 대꾸를 하기에 바빴다. 법정에는 외국인들과 신문기자들도 적지 않았다. 강우규는 법정에서조차 경성 시민의 갑갑한 속을 풀어 주었고, 독립운동을 하고 있었던 것이다. 그는 변호받을 일이 없다며 변호인조차 거부했다. 그리고 일목요연하고 분명하게 자신의 주장을 폈다.

심문이 끝나자 그는 오히려 재판장에게 질문했다.

"이 재판은 천황이 시켜서 하는 것이오, 아니면 총독이 시켜서 하는 것이오?"

"법정은 천황의 재가를 받을 뿐, 재판은 재판소 독립으로 하는 것이오."

"그러면 어찌하여 나만 잡아다 심문하는 거요? 내가 알기로 사이토는 세계 평화를 좀먹는 전쟁범죄자인데 어째서 그는 잡아들이지 않는 거요?"

강우규는 부당함을 참지 못하고 의자를 번쩍 들어 집어던졌다. 검사는 겁에 질려 뒷문으로 달아났다. 사형을 언도받을 때도 그는 조금도 주눅 들지 않고 쩌렁쩌렁한 목소리로 방청객들을 향해 조선독립만세를 외쳤다. 몇몇 사람들이 따라서 만세를 불렀지만 모기 소리처럼 작았다.

사이토는 명이 질긴 자였다. 강우규 선생의 거사로부터 일 년 후, 그리고 지금으로부터 3년 전, 미국 의원단이 경성에 도착하는 날 나는 반드시 사이토의 명줄을 끊어 놓으리라 다짐했다. 그러나 그는 그것도 빠져나갔다. 이번에는 꼭 성공하리라. 나는 끽다점을 나와 강 노인이 서 있던 자리에 섰다. 노인의 기상이 역 어딘가에 서려 있는 것 같았다.

강 선생님, 보고 계시지요? 17일입니다. 도와주십시오.

그런데 이상했다. 폭탄이 도착할 때가 됐는데 접선 장소를 다 돌아보아도 아무것도 없었다. 뭐가 잘못된 걸까? 발각된 걸까? 국경에서 체포된 건 아닌가? 무인포스트나 암호를 잘못 기억하고 있나? 온갖 생각이 다 떠올랐다. 그때마다 머리를 흔들었다. 불길한 생각은 하고 싶지도 않았다. 잘못되면 안 된다. 잘못될 리가 없다. 아무 일도 없을 것이다. 곧 접선이 될 것이다. 그렇게 주문을 외며 탑골공원과 낙산과 장충단을 돌았지만 기대는 번번이 어긋났다.

불안하고 초조하고 답답해서 미칠 노릇이었다. 김시현과는 의열단원과 우리 암살단원과의 동조 문제를 의논해야 하고, 황옥 경부로부터는 무기 은닉 장소로부터 무기를 찾고 나누는 일을 상의해야 했다. 그런데 두 사람 다 마치 이승의 사람이 아닌 듯 감감무소식인 것이다.

내가 상하이를 떠난 후 무슨 일이 생긴 걸까? 불길한 예감이 불쑥불쑥 고개를 쳐들었다. 가장 떨쳐 내고 싶은 의혹은 바로 황옥, 그자에 대한 것이었다. 그자가 내민 손길이 결국 의열단을 일망타진하려는 덫이었다면? 호랑이 아가리에 고개를 들이민 것과 무엇이 다르겠는가? 고양이에게 생선 가게를 통째로 맡긴 게 아닌가. 그건 너무 끔찍한 상상이었다.

방법은 하나밖에 없었다. 직접 그를 만나러 가는 것. 그가 의열단을 잡기 위한 미끼였다고 해도 경찰서로 출근은 할 것이다. 호랑이 굴로 뛰어드는 격이지만 달리 방법이 없었다. 아침 출근 시간과 저녁 퇴근 시간에 집중적으로 잠복을 한다면 그를 만날 수 있을 것이다. 나는 거지와 엿장수로 번갈아 변장을 하면서 종로경찰서 주변을 배회했다.

시계탑

황옥이 나타난 건 잠복 이틀 후, 출근 시간이었다. 이목구비가 뚜렷한데다 체격이 커서 멀리서도 금방 눈에 띄었다. 그는 긴 다리로 성큼성큼 걸어 경찰서로 쑥 들어갔다. 얼굴은 두 뺨이 푹 패도록 수척해 보였지만 걸음걸이는 어딘지 경쾌한 느낌마저 들었다. 톈진에서 만난 그는 술 잘 마시고 담대하며 호방한 성격의 사내였다. 어느 모로 봐도 일본놈의 주구 짓이나 할 졸장부로 보이지는 않았다. 어쨌든 그의 가벼운 발걸음이 불안감을 어느 정도 씻어 주었다.

점심 무렵에는 엿장수 차림으로 경찰서 맞은편 골목을 누비며 줄곧 감시했다. 그런데 그가 나타나지 않았다. 출장 기간 동안 밀린 일을 처리하느라 밥을 시켜 먹는지도 모를 일이었다. 엿장수 노릇도 더 이상은 어려웠다. 저녁때는 좀 더 가까이 접근해 봐야겠다는 생각을 하며 탑골공원으로 갔다.

나는 메고 있던 엿판을 내려놓고 정자에 벌렁 드러누웠다. 한겨울 공원은 텅 비어 있었다. 콧물을 들이마시며 땅파기 놀이를 하던 사내아이 둘도 엉덩이를 털며 사라졌다. 장죽을 빨며 쪼그려 앉아 있던 노인도 사내아이들 뒤를 따라갔다. 뒹굴뒹굴하며 주위를 살피던 나는 슬그머니 나무 기둥의 갈라진 틈에 손톱을 박아 훑었다. 담배 개비처럼 돌돌 말린 쪽지가 툭, 떨어졌다. 얼마나 반갑고 놀라운지, 가슴속에서 폭탄이 터진 것 같았다. 쪽지를 얼른 버선 틈에 집어넣고 공원을 나와 종묘 뒤쪽 순라 길로 해서 낙산까지 걸었다. 혹시라도 따라붙을지 모를 미행 때문에 당장이라도 펴 보고 싶은 조바심을 꾹 누르며 태연하게 걸었다. 어디에 무슨 나무가 어떤 모습으로 서 있는지도 환히 아는 낙산은, 일개 군대가 쫓는다 해도 도망칠 자신이 있는 곳이었다.

난수표로 작성된 쪽지는 황옥이 보낸 것이었다. 접선 장소는 장충단 훈련원 뒤 숲이고 시간은 새벽 1시였다. 그리고 충격적인 내용이 있었다.

'발각됨, 의심받고 있음. 조심하기 바람.'

새벽까지 어떻게 시간이 갔는지 몰랐다. 나는 장충단 훈련원 뒤 숲 속으로 갔다. 밖에서는 내가 보이지 않지만 나는 바깥을 잘 살필 수 있는 곳을 골라서 자리를 잡았다. 금방 손발이 얼어붙을 정도로 추운 날씨였다. 그러나 쪽지 내용이 너무 충격적이어서 추운지도 몰랐다. 뒤통수를 한 대 얻어맞은 것처럼 머릿속이 하얬다. 의심을 받고 있다니, 그건 실패나 다름없다는 말이 아닌가.

어둠과 바람 소리 사이로 인기척이 났다. 멀리서 사람의 그림자가 보였다. 그림자만으로도 황옥이란 걸 알 수 있었다. 황옥은 담뱃불을 세 번씩 깜박이며 걸어왔다. 안전하다는 신호였다. 그래도 나는 꼼짝도 하지 않고 그를 지켜보았다. 자신도 모르게 뒤에 누굴 달고 왔을지 모를 일이었다. 담배를 다 피운 그가 담배꽁초를 밟아 끄고 두리번거리더니 숲 속으로 걸어 들어갔다. 나는 그러고도 한동안 그를 지켜보다가 담배를 불붙여 물고 그에게로 다가갔다. 황옥도 이미 나의 존재를 의식하고 있었다. 그는 불안하게 뒤를 돌아보며 내 손목을 잡고 숲 속 깊이 들어갔다. 우람한 둥치의 고목 몇 개가 아늑하게 둘러선 곳에 다다라서야 그는 깊은 한숨을 내쉬며 털썩 주저앉았다.

"뭐가 어떻게 되었다는 것이오?"

나는 애가 타서 그를 재촉했다.

"얼른 연락 못 해서 정말 미안하오."

"발각되었다는 게 정말이오?"

그가 천천히 고개를 끄덕였다. 온몸의 맥이 탁 풀렸다.

"어떻게? 어디서부터? 무엇이 발각되었다는 게요? 그럼 다 허사가 되었다, 이 말이오?"

그는 다시 한 번 깊은 한숨을 내쉬며 숨을 고르더니 그동안 숨가쁘게 벌어진 이야기를 하기 시작했다. 황옥이 털어놓은 이야기는 놀라웠다.

경성에 도착한 건 어젯밤이었소. 나는 우선 전화로 히가시 과장에게 간단히 귀환 보고를 했지요. 상하이와 톈진을 오가면서 김원봉과 의열단의 동태를 감시했지만 구체적인 단서를 잡지 못했다고 말했습니다. 그때만 해도 히가시는 수고했다면서 출근하는 대로 보고서를 작성하라고 말하더군요. 그리고 오늘 아침, 보고서를 작성하고 있는데 호출을 받았소이다. 그런데 히가시 과장 방이 아니라 경기도 경찰부장 우마노의 방으로 오라는 겁니다. 나 같은 일개 경부를 총수 방으로 부르는 일은 흔치 않죠. 잔뜩 긴장을 하고 들어갔더니 우마노 부장과 모리 서장 그리고 히가시가 앉아 있었죠. 그런데 탁자 위에 검은 물체가 있더군요. 그건 분명히 내가 몰래 반입한 바로 그 폭탄이었소.

눈앞이 캄캄하더군요. 어젯밤 나는 북미창정에 있는 조황과 김사용의 집에 폭탄을 맡겼습니다. 그게 도대체 어떻게 이자들 손에 들어갔는지 귀신이 곡할 노릇이었소. 하지만 두 사람 중 누군가로부터 흘러나온 것만은 확실합니다. 두 사람 다 의열단원입니다. 상하이에서 가입한 자는 아니고 국내에서 가입한 단원들이지요. 오래전부터 알고 있었고, 믿을 만한 사람이기 때문에 맡긴 겁니다.

세 사람은 들어올 때부터 내 표정을 유심히 지켜보고 있었죠. 우마노가 묻더군요.

"이것에 대해 자네가 뭔가 알고 있다고 생각하는데, 어떤가?"

식은땀이 흐르더군요. 등허리가 축축해졌어요. 그래도 태연한 표정으로 되물었지요.

"이건 폭탄이 아닙니까?"

"자네는 모른다 이 말인가?"

"이렇게 정교한 폭탄은 처음 보는군요."

"히가시 과장 말이 자네가 의열단을 오랫동안 추적해 왔다고 하던데."

"그렇기는 합니다만, 이 폭탄에 대해서는 아는 게 없습니다."

내가 계속 잡아떼자 히가시가 애가 타는지 나를 달래더군요.

"자네가 수사 중이라서 말하기 곤란한 모양인데, 폭탄이 이미 우리 수중에 들어왔으니 다 털어놓게."

나는 끝까지 시치미를 뗐습니다. 팽팽한 긴장감이 감돌았지요. 나는 나대로 이 폭탄이 도대체 어떻게 여기에 있는지 추리하고, 그들은 그들대로 내 말을 어디까지 믿어야 할지 계산하는 게 느껴졌습니다. 까딱 잘못하면 나는 곧바로 고문실로 끌려갈 수도 있는 상황이었죠.

"좋다. 하루만 더 말미를 주겠다. 이 폭탄에 대한 단서나 첩보가 될 만한 것을 내일까지 보고하도록!"

우마노가 자리에서 일어나면서 말하더군요.

내가 아직 무사한 건 히가시 과장 덕분입니다. 고등계 형사들은 각자 맡은 사건이 다르면 사건이 해결될 때까지 정보나 정보원을 공유하지 않는 게 관례입니다. 서로 간에 암묵적인 경쟁도 심하고, 업

무상 철저히 보안을 지켜야 하는 경우가 많기 때문이죠. 히가시는 내가 그런 상황일 거라고 믿고 있는 눈치였습니다. 우마노 방에서는 무사히 나왔지만 모리 서장과 히가시 과장이 넌지시 경고를 하더군요.

"자네가 수사 중이라고 해도 이제는 정보를 독점할 수 있는 단계를 넘어섰네. 어디까지 일이 진행됐는지 자초지종을 내게 보고하게. 그래야만 자네도 화를 면할 수 있어."

그렇게까지 말하는데 계속 시치미를 떼면 오히려 수상할 것 같았죠. 하는 수 없이 김시현이 모종의 임무를 맡아 의열단원들과 함께 경성에 들어온 것 같다고 털어놓았습니다. 하지만 김시현의 은신처와 그 임무가 무엇인지는 아직 모른다고 잡아뗐지요.

히가시는 얼른 우마노에게 그걸 보고하고 와서 못을 박더군요.

"내일은 우마노 부장님께 모든 걸 보고할 수 있도록 해야 할 거야."

그때부터 분위기가 완전히 달라졌습니다. 싸늘한 감시의 눈길이 나를 싸고돌더군요. 히가시도 말은 그렇게 했지만 나에 대한 의심을 거두지 않았고요. 꼼짝도 할 수가 없었습니다. 오랫동안 외국 출장을 다녀왔다는 핑계로 동생을 불러 집안 이야기를 하는 척하면서 간신히 접선 신호를 보낸 겁니다. 김시현 동지에게도 일단 피신하라고 했습니다.

황옥의 이야기를 듣고 있는데, 온몸의 피가 다 빠져나가는 것 같았다. 나는 멍하니 넋을 놓고 앉아 있었다. 이렇게 끝나는 것인가?

나를 가만히 지켜보던 황옥이 중대한 제안을 했다.

"경찰 간부들이 어떤 정보를 갖고 있는지, 지금 나로서는 정확히 알 수가 없소. 하지만 폭탄을 입수했다는 건 노출될 만큼 노출됐다는 의미일 거요. 그래서 말인데, 저들의 의심을 풀기 위해서 우리가 반입한 폭탄 중 일부를 내가 압수하는 형식으로 저들에게 내주면 어떻겠소?"

나는 너무 놀라서 아무 말도 할 수가 없었다.

"히가시 과장이 나를 믿어 주는 것도 한계가 있을 것이오. 밀정들의 정보가 어느 정도인지 알 수 없는 지금 상황에서는 만약의 경우를 생각해야 되지 않겠소?"

그의 입장을 생각하면 충분히 가능한 발상일지 몰랐다. 하지만 황옥, 그자에 대한 의구심이 생기는 것도 어쩔 수 없었다.

"그렇게 하면 단원들이라도 구할 수 있을 것이오. 내가 거사를 적발하고 폭탄을 압수했으나 단원들은 모두 도피한 것으로 이야기를 꾸미는 거죠."

"그 말은 이번 거사가 실패라는 뜻이오?"

"폭탄이 발각된 이상 원래 계획대로 거사를 진행하는 건 어렵다고 봐야겠죠. 지금으로서는 어떻게든 피해 규모를 줄이는 게 능사가 아니겠소? 폭탄 일부만 저들에게 내주고 단원들을 도피시켜 후

일을 도모하자는 거죠."

"폭탄 일부로 저들이 만족할까요? 오히려 수사가 더 확대되고 경성에 잠입한 동지들은 물론이고 중국에 있는 의열단 동지들에게까지 화가 미칠 가능성도 크다고 생각되오만."

"그러니까 피해 규모를 줄이는 최선의 묘책을 강구해 보자는 거죠."

머리가 복잡했다.

그의 제안을 받아들일 수도 거절할 수도 없었다. 무엇보다 폭탄이 발각되었다는 걸 인정할 수 없었다.

수개월 동안 총력을 기울여 준비해 온 거사였다. 폭탄은 말할 것도 없고, 중국에 있는 의열단과 국내 조직들과 그리고 공산당 조직까지 이념이나 노선을 초월해서 추진해 온 거사였다. 폭탄을 들여오는 데도 얼마나 공력을 들였던가. 그런데 경성까지 들여온 폭탄을 만져 보지도 못하고 적의 손안에 고스란히 바쳐야 한다니, 코앞에서 모든 것이 물거품이 되는 것을 보고만 있어야 된다니, 수긍하기 어려웠다.

무엇보다 걸리는 건 황옥, 이자의 정체였다. 폭탄이 발각되었다는 것도, 후일을 도모하기 위해 폭탄의 일부만 내어 주자는 것도, 모두 내 눈으로 확인할 수 없는 일이었다. 그를 어디까지 믿을 수 있는가. 어디까지 믿어야 하는가.

김시현의 거처는 모른다고 발뺌했다지만, 그가 경성에 잠입했다는 것을 보고했다면 체포되는 것은 시간문제일지 몰랐다. 그건 이미 김시현을 팔아먹은 거나 다름없었다. 어쩌면 그게 김시현이 아닌 나일수도 있었다. 어째서 내가 아닌 김시현이었을까?

절체절명의 위기에서 거사에 대해 터놓고 이야기할 수 있는 유일한 사람이 김시현이었다. 그러나 그는 이미 접선 불가능한 인물이 되어 버렸다. 남은 건, 황옥밖에 없었다. 그런데 그를 믿을 수 없는 것이다.

그와 헤어진 것은 파랗게 어둠이 걷힐 무렵이었다. 우리는 아무것도 합의를 보지 못했다. 폭탄의 일부를 내어 주는 데 나는 동의할 수 없었지만, 그건 이미 내가 동의하고 안 하고의 문제가 아니었다. 모든 건 그의 수중에 있었다. 그를 믿고 그에게 이 모든 책임을 맡기다니, 발등을 찧고 싶었다.

그는 오늘 출근하게 되면, 모종의 결단을 내려야 할 거라고 말했다. 사정이 급박하게 돌아가면 접선도 암호도 전달할 수 없을 거라고 했다. 급박한 사정 중에는 그 자신이 체포될 가능성도 포함된 것이리라.

"이제는 시간적 여유도 없을 것이오. 순간순간 내가 판단할 수밖에. 사정이 어떻게 돌아가는지 연락하도록 해 보겠지만 여의치 않을지도 모르오. 어쨌든 최선을 다해 보겠소."

그는 한동안 나를 바라보았다. 나도 한동안 그를 바라보았다. 그러나 아무리 생각해 봐도 그에게 할 말이 떠오르지 않았다. 그는 천천히 일어나 다시 한 번 깊은 한숨을 내쉬더니 돌아섰다. 한동안 그대로 서 있던 그가 다시 돌아서서 말했다.

"나 때문에 일을 그르친 거 같아서 혀라도 깨물고 죽고 싶은 심정이오. 이제 와서 이런 말 소용없다는 것도 알고, 믿어 달라고 말할 상황도 아니지만, 나는 절대로 밀정이 아니오."

터덜터덜 걸어서 사라지는 그를 바라보다가 나도 돌아섰다.

나는 동이 터 오는 새벽하늘을 바라보며 남산을 넘어 아지 집으로 돌아왔다. 남산을 넘어오는 동안 내린 결론은 시간이 없다는 거였다. 기대할 것도 없다는 거였다. 한 점 미련이 모든 걸 망칠 수도 있다는 깨달음만이 산처럼 나를 짓눌렀다.

그로써 나는 혼자가 되었다.

그러나 지푸라기 같은 미련 한 조각을 버리는 게 쉬운 일은 아니었다. 그걸 끊는 게 내 손발을 끊어 내는 것만큼이나 힘들었다. 황옥이 내게 말한 게 착각이었다면, 과민해서 잘못 판단한 거라면, 또는 그의 말대로 폭탄 일부를 내주는 것으로 잘 마무리되고 다시 계획대로 추진할 수 있게 될지 모른다는, 그 실낱같은 희망이 자꾸만 나의 발목을 잡아채는 것이었다.

그날 오후, 나는 목수처럼 작업복을 입고 외투를 걸친 다음 종로 뒷골목을 배회했다. 주머니에는 수류탄과 권총 두 정이 들어 있었다. 밖에서 보는 종로경찰서는 여느 날과 크게 달라 보이지 않았다. 어딘지 긴장감이 감도는 것 같았지만 예상보다 평온했다. 대기하고 있던 인력거를 타고 떠난 자가 고위급 인사라는 건, 군기가 바짝 든 보초병들의 거수경례로 미루어 알 수 있었다. 그 외에는 특이한 게 없었다.

황옥이 경찰서 문을 나선 건 상점들이 하나둘 불을 밝히기 시작할 무렵이었다. 체포나 구금 따위와는 거리가 멀어 보였다. 그에게는 동행이 있었는데, 말을 할 때마다 허리를 굽신거리는 걸로 보아 그의 상관인 것 같았다. 두 사람은 보초병이 잡아 온 인력거에 올라탔다. 나는 달리기 시작했다. 인력거를 놓칠 때를 대비해 그들이 탄 인력거의 특이점을 눈여겨보아야겠다고 생각하는 순간, 종로 3정목에서 골목으로 접어들었다. 인력거가 멈춘 곳은 명월관 앞이었다.

나는 또 다른 수수께끼에 맞닥뜨렸다. 분초를 다투는 위기 상황에서 기생집에 간다는 건 어떤 의미일까. 지금 상황에서 그들이 축배를 들 경우는, 황옥이 폭탄과 무관하다는 것이 증명되고 경찰에서 입수한 폭탄이 다른 단체와 관련된 것으로 밝혀지는 것, 그 정도일 것이다. 그런데 요즘 같은 감시 체제에서 경성으로 폭탄을 들여올 단체가 있을 것인가. 게다가 황옥도 그게 우리 폭탄이란 걸 한 눈에 알아보았다고 하지 않았던가. 착오일 가능성은 배제되어야 했다.

그러나 그가 독립투사를 가장한 밀정이라면? 그의 성과는 놀라운 것이다. 그가 개입되었던 상하이, 톈진, 안둥현, 신의주 경로만 캐면 의열단은 물론이고 공산당까지 독립운동 조직을 거의 궤멸

할 수도 있는 쾌거가 아닌가. 상관은 그를 업어 주고 싶을 것이다.

그래도 여전히 한 가지 의문은 남았다. 오늘 새벽은 나를 잡을 수 있는 절호의 기회였다. 일망타진하기에 때가 이르다고? 그럴 리가 없다. 어차피 모든 열쇠는 황옥이 쥐고 있으니까.

미련을 접기로 했다. 한 가지 의문 때문에 그에게 질질 끌려다닐 수는 없는 일이다. 나는 주머니 속의 수류탄과 권총을 꼭 쥐고 종로경찰서로 향했다. 초저녁 종로 거리는 화려했다. 거리를 따라 가로등이 켜지고 퇴근하려고 쏟아져 나온 사람들의 말소리와 웃음소리, 게다짝 소리와 전차 소리, 자동차 엔진 소리가 뒤섞여 소란했다. 그 사이로 똑바로 걸었다. 내딛는 한 걸음 한 걸음이 거대한 무게로 내 어깨를 짓눌렀다. 내가 향하는 그곳은 나의 절벽이었다. 나의 벼랑이었다. 그리고 나의 죽음이었다.

어둠 속에 우뚝 솟은 시계탑이 눈에 들어왔다. 외눈박이 올빼미 눈이 나를 노려보고 있는 것 같았다.

분수처럼 불꽃을 튕기며 전차가 달려오고 있었다.

황옥, 1949년 반민특위 재판정

이런 걸 숙명이라고 하는 걸까요. 그게 숙명이라면 어쩌다 이런 숙명을 타고났는지 한스러울 뿐입니다. 하지만 그게 저의 숙명이더군요. 아무리 발버둥을 쳐도 헤어날 수 없는 숙명의 늪이란 생각밖에 안 들었습니다.

답답해서 한숨밖에 안 나왔습니다. 그동안의 과정을 한 점 의혹 없이 상세하게 설명했지만 김상옥은 내 말을 믿는 것 같지 않더군요. 이해합니다. 어떻게 만든 기회입니까. 저보다 먼저 경성에 잠입해서 조직을 재정비하고 폭탄 오기만 이제나저제나 기다리면서 만반의 준비를 하고 있는데, 모든 게 물거품이 되었다는 말이 믿어지겠습니까?

김상옥의 심정이 그럴 때 제 심정은 어떻겠습니까? 제 속이 버선목이라면 뒤집어 보이고 싶은 생각뿐이었습니다.

김원봉 앞에서도 저의 진심을 증명하기 위해 제 가족들의 목숨을 담보로 잡혔습니다. 무엇을 바라고 그랬겠습니까? 제 염원은 오직 조선의 독립밖에 없었습니다. 독립을 위해서 제 목숨을 던지겠다는 생각밖에는, 아무 생각도 없었습니다. 하지만 그때마다 의심받는 게 저의 숙명이더군요. 홍진 선생을 따라 망명했을 때도 밀정이라고 의심받고 생명의 위협을 받았던 것처럼 말입니다.

1923년의 의열단 거사 계획은 엄청난 거였습니다. 조선총독부는 물론이고 기관과 요인 암살이 전국에서 동시다발적으로 진행될 예정이었죠. 거사에 직접 참여하는 단원만 해도 50명이 넘었고요. 계획대로만 됐다면, 일제의 모든 조직을 손도 쓸 수 없는 마비 상태로 만들었을 겁니다. 그런 일에 제가 가담하고 작은 도움이나마 줄 수 있다는 게 가슴 벅찼습니다. 죽고 사는 문제는 이미 제 손을 떠난 일이었죠. 오직 성공만을 바랐습니다.

문제는 폭탄이었습니다. 폭탄을 경성으로 무사히 들여오는 게 거사의 성공을 좌우하는 일이니까, 저의 임무가 막중했지요.

폭탄 반입 작전은 한 편의 영화처럼 아슬아슬한 것이었습니다.

저는 톈진에서 합류했습니다. 출장 가방에 들어 있던 것들을 다 버리고 폭탄을 그득 채워 넣었죠. 출장증명서와 신분증명서가 있기 때문에 가능한 일이었습니다.

안둥현에서는 조선일보 지국장 홍종우 집에서 모였습니다. 홍종우는 공산당원이자 의열단원이죠. 그는 그 지역 유지들을 초청해서 파티를 벌였습니다. 만주 영사관과 헌병 부대, 신의주 경찰서장 등이 참석했습니다. 안둥현 부영사 김우영도 있었고요. 그의 부인이 나혜석이라는 화가인데, 김원봉과 아는 사이라서 이번 일을 돕게 된 것 같았습니다.

파티에는 특별히 초청된 사람들이 있었죠. 기생들입니다. 기관장과 지역 유지들은 기생들의 접대를 받으며 흥이 올랐습니다. 술에 취하자 노래를 하고 춤을 추면서 분위기가 무르익었지요. 이때 홍종우가 신의주로 건너가서 한잔 더 하자고 부추겼습니다. 몸이 달아오른 참석자들은 신이 나서 따라나섰습니다. 일렬로 대기하고 있던 인력거에는 대형 폭탄 여섯 발이 나뉘어 실려 있었죠. 물론 인력거를 끄는 사람들도 모두 우리 요원이었고요.

인력거 다섯 대가 나란히 압록강 철교로 달려갔습니다. 검문소에서 초병들은 규정대로 인력거를 세웠습니다. 그런데 인력거에 탄 사람들을 확인하고는 그대로 통과시켰습니다. 경찰서장이며 헌병대장이 술에 취해서 기생들을 끼고 있으니, 그럴 수밖에 없었던 거죠. 그렇게 폭탄은 신의주까지 무사히 도착했습니다. 홍종우가 그들을 데리고 요정으로 들어간 다음 인력거들이 다시 움직였죠.

인력거가 도착한 곳은 백영무의 집이었습니다. 이자는 신의주에 사는 조선일보 평북 지국장인데, 역시 공산당원이며 의열단원입니다.

저는 신의주의 한성여관에 묵고 있다가 연락을 받고 백영무 집으로 가서 폭탄을 인수했습니다. 대형 폭탄 여섯 발과 소형 폭탄 열 발 가운데 대형 폭탄 세 발과 소형 폭탄 다섯 발을 낡은 옷과 함께 상자에 넣어 소포 화물처럼 꾸몄습니다. 국외에서 들어오는 화물은 철저히 검색하지만 국내에서 오가는 화물은 상대적으로 검색이 심하지 않거든요. 그것을 경성부 효자동 31번지 조황 앞으로 부쳤습니다. 나머지 대형 폭탄 세 발과 소형 폭탄 다섯 발은 백영무가 신의주에 사는 의열단원 조동근 집에 숨겨 놓았습니다. 권총 다섯 정과 총알 이백 알, 선전 문건과 수류탄은 제가 가방 하나를 더 만들어서 소지하기로 했습니다.

경성에 도착하자마자 저는 폭탄을 두 군데로 나누어 맡겼습니다. 북미창정에 사는 김사용은 저와 같은 고향 출신이고 젊을 때부터 항일에 대한 울분을 토로하던, 믿을 수 있는 친구였습니다. 그곳에 소형 폭탄 다섯 발이 담긴 손가방을 맡겼습니다.

나머지 폭탄과 권총, 탄환과 수류탄은 대나무 상자에 넣어 조황에게 넘겼습니다. 신의주에서 화물로 보낸 폭탄도 남대문역에서 수령해서 함께 보관하도록 당부했죠.

그런데 그중 하나를 우마노 부장 방에서 본 겁니다. 눈앞에서 뻔히 보면서도 믿어지지가 않더군요. 폭탄이 무사히 경성에 들어왔으니 이제 거사는 9부 능선을 넘었다며 안심한 게 바로 그날 아침이었으니 말입니다. 뒤통수를 호되게 맞은 것처럼 머릿속이 하얘지더군요.

히가시 과장은 저를 믿고 싶었을 겁니다. 만에 하나 제가 의열단을 도와 폭탄을 경성으로 반입한 게 사실이라면 히가시도 처벌을 면키 어려울 테니 말이죠. 그래서 하루의 말미를 준 거죠. 그렇지만 혹시라도 제가 의열단과 접선할 틈을 주지 않으려고 출장 노고를 치하한다는 핑계를 대고 명월관으로 데려간 거죠.

그렇지만 그 자리에서 체포될 거라고는 상상도 못했습니다. 히가시도 마찬가지였을 겁니다. 우리가 명월관에서 술잔을 부딪치면서 서로의 의중을 타진하고 있던 그 시간, 총독부 경무국으로 급보가 타전된 겁니다.

훗날 알게 된 건데, 밀고가 들어온 건 두 곳이더군요. 조황이 발단이었죠. 그는 국내에서 의열단에 가입한 자입니다. 권총 한번 잡아 본 적 없는 자가 폭탄 꾸러미를 맡아 가지고 있자니 겁을 먹었던 거죠. 그는 같은 의열단인 김두형에게 폭탄을 맡겼습니다. 그런데 김두형이 바로 밀정이었던 겁니다. 이곳 반민특위에서 재판받고 있는 바로 그자입니다. 조황에게 접근해서 의열단인 것처럼 행세했지만 실은 경기도 경찰부의 하기 경부보가 내부 정탐을 위해 심어 놓은 끄나풀이었던 거죠. 김두형은 가명을 일곱 개나 쓰면서 30년간이나 밀정 짓을 했던, 파렴치하기 짝이 없는 일제의 주구였던 잡니다. 그런 자가 해방이 되니까 갑자기 대변신을 하더니 대단한 애국자인 양 민족정기단 충남 부단장직까지 맡았더군요. 하여간 조황은 고양이에게 생선을 갖다 바친 꼴이었죠. 그 폭탄이 우마노 책상으로 간 겁니다. 폭탄을 조황에게 맡긴 자가 종로경찰서 황옥이란 제보와 함께 말이죠.

또 한 곳은 신의주였습니다. 그곳은 평안북도 경찰서의 김덕기 경부가 곳곳에 함정을 파 놓은 상태였습니다. 1922년 9월부터 안동, 봉천, 신의주를 비밀리에 왕래하면서 의열단의 움직임을 예의 주시하고 있었던 거죠. 의열단이 워낙 은밀하게 움직이니까 요소요소에 첩보망을 가동하고 있었죠. 신의주에 살고 있는 홍우룡이란 자도 김덕기가 비밀리에 고용한 첩보원이었습니다. 그런데 홍우룡에게 폭탄을 맡겨 온 자가 있었던 겁니다. 신의주에서 경성으로 반입하고 남은 폭탄을 홍종우와 백영무, 그리고 조동근 집에 나누어 은닉했는데, 조동근이 자기 집에 폭탄을 놔두는 게 두려워서 평소 가깝게 지내던 홍우룡에게 좀 맡아 달라고 가져간 겁니다.

거사 실패의 가장 큰 원인은 밀정들 때문이지만, 규모가 크다 보니 비밀 작전에 대해 혹독하게 훈련받지 못한 단원들이 동원되면서 어처구니없는 실수를 저지른 것도 큰 원인이었습니다. 홍우룡은 웬 떡이냐 했겠죠.

홍우룡은 곧바로 김덕기에게 제보하고, 김덕기는 조선일보 지국을 중심으로 지국장의 행적과 내부 움직임을 정탐했겠죠. 그 결과 안둥현의 홍종우로부터 엄청난 양의 폭탄이 신의주 백영무 집으로 밀반입되었고, 그것이 경성으로 들어갔다는 걸 캐낸 겁니다. 이들의 집을 급습해서 폭탄을 압수하고 취조하니, 모든 게 백일하에 드러난 거죠. 제가 경성으로 떠난 바로 다음 날의 일입니다. 김시현은 물론이고 종로경찰서 황옥 경부란 자가 의열단과 깊숙이 연루되어 있다는 것도 신의주에서 밝혀낸 상태였죠.

그들은 자백을 받자마자 곧바로 총독부 경무국으로 급전을 띄웠고, 그때 저는 히가시 과장과 명월관에 있었던 겁니다.

김두형도 30년간 악질적인 밀정 짓을 했지만, 김덕기의 악행은 차마 입에 담을 수도 없습니다. 일제 경찰로 16년간 근무하고 이후에는 일제 관리로서 16년간 근무했는데, 경찰에 있을 때는 일제 40년간 20명밖에 받은 사람이 없는 경찰공로기장을 받고, 관리로 있을 때는 친일 공로를 인정받아 칙임관 훈4등까지 받은 자입니다. 이곳 반민특위에서 사형선고를 받은 바로 그자이지요.

이자가 그렇게 큰 공을 세울 수 있었던 건 그가 근무했던 평북이 바로 독립투사와 독립군들이 들고나는 관문이기 때문이었죠. 당시 김좌진, 김동삼과 더불어 3대 맹장으로 불리던 광복군 사령부 총영장 오동진을 붙잡은 것도 김덕기입니다. 압록강을 넘나들면서 일본인 순사를 습격하고 군자금을 모집하던 정의부의 이진무를 체포한 것도 김덕기입니다. 그 외에도 창의단 단장 편강렬, 평북낭림 대장 장창헌 등 만주독립운동계의 쟁쟁한 지도자들을 체포하고 사살해서 항일무장투쟁에 막대한 타격을 입혔죠. 그의 손에 혹독한 고문을 당하다가 사망하거나 사형당하고 옥고를 치른 독립투사가 천 명이 넘습니다. 그중에서도 1923년에 의열단 거사를 미연에 방지한 공이 가장 컸지요. 경찰공로기장은 바로 그 공으로 받은 겁니다.

다 끝난 거죠. 그토록 공들인 거사가 조선인 형사와 밀정들 때문에 완전히 물거품이 돼 버린 겁니다.

그런데 김상옥 동지가 남아 있었던 겁니다. 명월관에서 체포돼서 끌려갈 때 제 머릿속에는, 이제 어떻게 해야 될 것인가, 어떻게 하면 귀중한 단원들의 목숨을 건질 수 있을 것인가, 그 생각밖에 없었습니다. 그런데 지프차가 종로경찰서에 도착하자 저를 압송하던 순사들이 비명을 지르더군요. '이게 어떻게 된 일이야? 언제 이렇게 됐어?' 하면서 허둥대더군요. 그래서 고개를 들어 보니 종로경찰서 한쪽이 무너져 내린 겁니다.

김상옥! 속으로 외쳤습니다. 대번에 그가 떠올랐죠. 그렇게 대담한 짓을 할 사람은 김상옥 외에는 없으니까요. 그날 새벽, 저의 제안에 아무 대답도 하지 않았을 때 그는 이미 독자적으로 움직이겠다는 판단을 한 거죠. 결국 그의 생각이 옳았던 거죠.

거사에 가담한 단원들이 줄줄이 검거되고 서대문형무소로 끌려가서 갖은 고문을 당하면서도 총독부와 경찰 간부들이 혼이 쑥 빠질 정도로 당황하고 있다는 걸 느낄 수 있었죠. 고문의 강도는 놈들의 신경이 얼마나 곤두섰는가와 정확히 비례하거든요.

말이 나온 김에 고문에 대해서 이야기 좀 하겠습니다. 일제가 독립투사들에게 가한 악형이나 학대는 인간으로서는 차마 상상도 할 수 없을 만큼 잔인한 것이었습니다. 경찰 내부에서 그걸 지켜보는 게 가장 고통스러웠습니다. 놈들이 고안한 형틀이나 채찍은 조선왕조 때 태형과는 비할 바가 아니었죠. 소의 음경으로 만든 채찍은 그 끝에 납을 매달았는데 이것으로 치면 살점이 떨어지고 피가 낭자하고, 걷지도 못합니다.

고문 방법은 기상천외하고 헤아릴 수도 없이 다양하죠. 손가락 사이에 철봉을 끼우고 손끝을 졸라맨 다음 천장에 매달고 잡아당기거나 손톱 발톱 사이에 대나무 못을 박는 건 기본 중에 기본이고, 대나무를 양쪽에서 마주 잡고 위에서 아래로 훑어 내리고, 입을 벌리고 혀를 잡아 뺀 다음 기도에 담배 연기를 불어 넣고, 종이로 얼굴을 봉창한 다음 물을 끼얹고, 동전 둘레만큼의 머리카락에 몸을 매달아 머리털이 빠지게 하고, 돌바닥에 메쳐 놓은 다음 머리

채와 귀를 잡아끌고 다니며 구타하다가 돌바닥에 처박고, 코에 뜨거운 물을 붓고 입안에 석탄가루를 쑤셔 넣어 기절시키고, 널빤지에 못을 박아 그 위에 눕히고 가죽 채찍과 대나무 묶음으로 맨몸을 휘감아 갈기는 건 일상적인 수준이고, 입에 재갈을 물리고 머리털을 선반에 잡아맨 후 앉을 수도 설 수도 없는 좁은 공간에 처박아 놓거나 영하의 날씨에 알몸으로 수도전에 묶고 찬물을 끼얹어 얼음 기둥을 만듭니다. 알몸에 가죽 줄을 빙빙 감아 마당에 세워 두면 가죽이 마르면서 몸을 조여드는데 손이 많이 안 가서 고문기술자들이 좋아하는 방법이죠. 그들이 편할수록 고문은 더욱 끔찍해지죠. 이름이 좀 알려진 독립투사들한테는 고문의 흔적을 남기지 않고 효과는 극대화시키는 교활한 방법을 씁니다. 단근질할 때 온몸에 기름을 바르고 지지는가 하면, 천장에 매달 때도 새끼줄에 붕대를 감아서 팔이나 어깨를 묶습니다. 상처가 나도 회복이 가장 빠른 방법은 입속에 막대기를 쑤셔 넣는 고문입니다.

이런 고문이 한 번 시작되면 보통 서너 시간씩 계속되고, 하루도 거르지 않고 한 달 이상을 계속합니다. 그래도 이런 고문은 일 분 일 초를 헤아리면서 참아 낼 수 있습니다. 그것보다 더 끔찍한 건 고문 후에 몰려오는 허기죠. 더 견디기 힘든 건 여러 날을 굶긴 후에 경찰들이 음식 먹는 걸 보게 하는 겁니다. 그런 상황에서 미치지 않는 사람이 없죠. 자기 옷에 들어 있는 솜을 뜯어 먹는가 하면 심지어 깔고 자던 썩은 짚을 씹어 삼키기도 합니다.

그렇게 고문을 하다가 죽으면 그날로 쥐도 새도 모르게 시신을 감쪽같이 치워 버리고 자살로 처리해 버립니다. 시신 상태 때문에 시끄러워질 것 같으면 행방불명으로 처리하죠. 고문에 관한 한 놈들의 창의성은 타의 추종을 불허할 겁니다. 인류 역사상 최고 수준이라고 할 만하죠. 그런데 조선인들 중에서도 일본놈들을 능가하는 놈들이 있었죠. 경남 경찰부 고등계 하판락은 주사기로 피를 뽑았다고 해서 흡혈귀라는 별명이 붙었지만, 그보다 더 악명 높은 자가 바로 경기도 경찰부 김태석이었습니다. 고문왕, 고문귀, 악의 화신, 귀경부, 친일귀 이것이 그자의 별명입니다. 강우규 선생을 끝까지 추적해서 체포하고, 고문은 또 얼마나 지독했는지 선생의 혀가 세 치나 빠져나왔다고 하더군요.

의열단과도 질긴 악연으로 엮인 자입니다. 단원들은 온갖 잔인한 고문과 악형 끝에 옥사하거나 극형을 당했죠. 1920년 의열단의 첫 국내 거사에 대한 첩보를 입수하고 단원들을 덮친 것도 그였죠. 그런데 1923년 거사 때도 톡톡히 한몫을 한 겁니다.

혼절, 실신을 반복하면서도 김시현과 김상옥을 보호해야 된다는 생각만 붙들고 있었습니다. 나중에 곰곰이 생각해 보니 그게 오히려 저를 견디게 해 주었던 것 같더군요. 저들에게 줄곧 엉뚱한 곳을 둘러대며 수사에 혼선을 빚었습니다. 그사이에 김시현이 충분히 도피할 수 있을 거라고 생각했죠. 그런데 그도 결국 체포되더군요. 역시 밀고 때문이었습니다. 탈출과 도피에 노련한 그는 수사망을 피하려고 독립운동과는 아무 상관없는 어느 한량 집에 은신해 있으면서 중국으로 탈출할 기회를 노리고 있었는데, 한때 동지였던 이가 눈치를 채고 밀고한 거죠.

그런데 김상옥이 빠져 있더군요. 고문 때문에 정신이 들락날락하는 중에도 놈들 입에서 김상옥이란 이름이 나오지 않는다는 걸 눈치챘죠. 김상옥이 톈진에서부터 따로 움직였기 때문에 노출이 덜 된 때문이었던 거죠. 다른 동지들도 암묵리에 저와 같은 생각을 했을 겁니다. 끔찍한 고문을 당하면서도 김상옥이 그나마 한 줄기 희망이었던 겁니다.

김태석, 1949년 반민특위 재판정

종로경찰서 폭발 사고는 끓는 기름에 불씨를 던진 형국이었습죠. 평안북도 경찰부와 신의주 경찰서는 이미 그 전날 홍우룡의 밀고를 받고 홍종우와 백영무, 조동근의 집을 급습해서 숨겨 둔 폭탄을 모두 압수하고 이들을 체포해서 취조 중이었거든요. 그리고 폭발 사고가 나던 바로 그 즈음 종로경찰서 황옥 경부가 중요한 역할을 했으며 김시현 등이 폭탄을 갖고 경성에 잠입했다는 사실을 캐내고 조선총독부 경무국으로 급전을 보냈습죠.

경기도 경찰부는 뒤통수를 맞은 겁네다. 김두형의 밀고로 중요한 첩보를 입수하고도 자기 부하가 연루되었을까 봐 곧바로 체포에 나서지 않고 물밑 수사를 진행한 게 화근이었던 게죠. 일부러 꾸미기라도 한 것처럼 절묘한 타이밍이었습죠. 경무국에서 황옥 체포 명령이 떨어졌는데 상관이라는 자가 기생들을 끼고 황옥과 술시중을 받고 있었으니 말입네다. 그 순간 히가시는 세상이 하얗게 보였을 겝니다. 그리고 수갑을 찬 부하와 함께 돌아갔는데 경찰서가 폭발한 게죠. 참, 더럽게 운이 없는 사람입죠.

종로경찰서 위신은 이루 말할 수 없이 추락했습죠. 우마노는 황옥을 서대문 경찰서에 끌고 가서 취조하도록 했습네다. 폭탄을 전량 압수하고, 거사에 가담한 단원들도 2, 3일 안에 거의 다 체포했습죠. 열흘 만에 잡힌 김시현까지 이 사건에 연루되어 체포된 자가 18명에 이르렀습죠.

사건은 그렇게 일단락되는 듯했습죠. 그때까지 김상옥의 존재는 드러나지 않고 있었습죠. 사형선고를 받고 지명수배된 자가 경성에 들어왔을 거라고 아무도 생각하지 못한 겁네다. 취조 과정에서도 김상옥은 드러나지 않았습죠.

그런데 엉뚱하게도 동대문경찰서에서 수상한 낌새를 감지한 겁네다. 처음 냄새를 맡은 건 동대문경찰서 고등계 김창호 형사였습죠. 김상옥이 자기 관할이니까 일급 감시 대상이었던 게죠. 그는 생각날 때마다 이웃에 놀러 가듯이 김상옥 집을 들여다본 겁네다. 물도 한잔 얻어 마시고 쓸데없는 이야기도 한마디씩 던지면서 말입죠.

그렇게 매일 다니다 보면 아주 조그만 차이도 금방 눈에 띄는 법입죠. 그런데 어느 날인가, 김상옥 어머니와 부인이 평소와 다르게 좀 불안해 보였던 겁네다.

긴가민가 의심하고 있는데 그걸 뒷받침하는 제보가 들어옵네다. 동대문경찰서 소속 조용수 순사가 김상옥 이웃에 살고 있었는데, 그 어머니가 수상한 낌새를 감지한 거죠. 조용수 어머니는 김상옥 집에 가끔 마실을 다니곤 했는데, 김상옥 어머니가 어딘지 불안해 보이는 게 꼭 아들을 만나고 오는 것 같다고 조용수에게 털어놓은 겁네다. 어머니들끼리 통하는 직감이랄까요.

곧장 미와에게 제보가 들어갔습죠. 미와의 대단한 점이 바로 이런 거죠. 평소에 형사나 밀정들과 인간관계를 돈독하게 유지하면서 관리를 하니까 누구보다 먼저 첩보를 입수하는 겁네다. 그의 대단한 검거력이 저절로 이루어진 게 아니란 말입죠.

미와의 예리한 촉수가 곧바로 작동하기 시작했습죠. 그는 김상옥이 경성에 잠입했을 가능성이 매우 높다고 판단했습네다. 사실 한두 달 사이에 위험인물이 경성에 잠입할 거라는 현지 밀정들의 보고가 끊이지 않았습죠. 상하이 임정 주변에서 심상치 않은 일이 추진되고 있다는 거였습죠. 따라서 고등계 형사들은 요시찰 인물들을 중심으로 동향 정보를 수집하고 적발하는 데 열을 올리고 있었습죠.

하지만 김상옥이 황옥 사건의 주범 중 하나라는 생각은 못했습죠. 당연히 그가 종로경찰서에 폭탄을 던졌으리란 생각도 못 한 겁네다.

하지만 미와는 달랐습죠. 그는 김상옥이 황옥 사건의 숨은 주범이며 종로경찰서 폭발 사고도 그와 관련이 있을 거라고 짐작했습죠.

미와는 김상옥의 소재를 파악하는 데 주력했습죠. 일차로 그의 어머니와 처, 동생을 잡아다가 취조하면서 3년 전 암살단 동지들을 탐문하기 시작했습죠. 이렇다 할 소득이 없었습네다.

결정적인 제보를 손에 넣은 건 사흘째 되는 16일 저녁이었습죠. 역시 제보는 엉뚱한 곳에서 들어왔습네다. 그저 평범한 아낙이었습죠. 자기가 세 들어 사는 주인집에 친척이 와서 며칠째 묵고 있는데 권총을 봤다는 거였습네다. 집주인 이름이 고봉근이라고 했습죠. 고봉근? 고봉근이 누군가 알아보니 김상옥 누이의 남편이었던 겁네다.

"요시!"

김상옥이 뻔했습죠. 미와가 그걸 놓칠 리 없습죠. 은신처를 알아냈으니 이제 체포하는 일만 남은 겁네다.

미와는 우마노 부장이 아닌 종로경찰서장 모리에게 보고했습네다. 황옥 사건 때문에 모리 서장 얼굴이 말이 아니었습죠. 황옥 사건이 마무리되는 대로 책임을 지고 징계를 받을 처지였습죠. 그런 불명예를 피하려면 어떻게든 종로서가 앞장서서 범인을 체포해야 했던 게죠. 미와는 자기 상관을 돕고 싶은 마음으로 가장 먼저 은

신처 정보를 알렸던 겝니다. 미와의 보고를 받은 모리 서장은 전의
를 불태웠습죠.

1월 16일 밤. 모리는 가장 민첩하고 날렵한 형사 20여 명을 특별
히 선발해서 체포조를 짰습죠. 작전 개시는 김상옥이 한창 단잠에
빠져 있을 17일 새벽 5시로 정했습죠.

삼판통 고갯길에는 전날부터 내리기 시작한 눈이 잔뜩 쌓여 있
었습죠. 새벽에는 바람이 거세게 불면서 눈보라까지 쳐 댔죠. 지독
한 악천후였습죠. 추격자에게는 좋은 징조입죠. 눈이 쌓이면 도망
자는 발자국을 남길 수밖에 없으니까요. 김상옥이 누이 집에 있다
는 걸 확인하고 형사들이 새벽까지 잠복했으니까 잡아 오기만 하면
되는 거였습죠. 모리 서장과 미와는 서에서 기다리고 있었습죠. 굳
이 갈 필요도 없다고 생각한 겁네다. 체포대도 20명이나 보낼 필요
가 있나 싶었습죠. 눈 덮인 언덕을 올라가면서 별로 긴장도 되지 않
았으니까요. 제아무리 날랜 놈이라도 악천후에 이 정도의 포위망을
뚫고 도망친다는 건 불가능하다고 생각했습죠.

다들 전문가였습죠. 담장을 뛰어넘고 문을 열고, 막힘이 없었습
죠. 다무라 형사가 앞장섰습죠. 별명이 호랑입네다. 유도 2단에 완
력이 세고 날쌔기가 경성 장안에서 첫손에 꼽히는 형사였습죠. 그
만큼 공명심이 큰 자입죠. 어쩌면 다음 날 신문에 자기 얼굴이 대
문짝만 하게 실리고 총독부에서 훈장이라도 받는 모습을 떠올렸
을지도 모르죠.

다무라 형사가 문고리를 잡고 나동그라졌을 때는 뭐 그러려니 했습네다. 이내 중심을 잡고 방 안으로 뛰어들어 갈 때는 그걸로 끝났다고 생각했습죠. 이제 결박할 일만 남았다고 생각했습네다. 유도로 단련된 자라서 몸싸움을 하면 눈 깜짝할 사이에 제압해 버리거든요.

그런데 오판이었던 겁네다. 달려들어 가던 기세로 뒤로 튕겨 나오더니 그대로 피를 뿜었으니까요. 거구의 다무라는 그날 세 번의 비명을 질렀습죠. 어이쿠, 헉, 윽, 그리고 죽었습죠.

혼비백산, 말 그대로였습죠. 다무라가 피를 뿜고 쓰러진 것만 해도 얼이 빠질 지경인데, 이마세 경부와 우메다 경부까지 거꾸러졌단 말입네다. 두 사람은 문 양옆에 바짝 붙어 있었습죠. 다무라가 마당으로 나가떨어지고 김상옥이 뭐라고 고함을 지르면서 밖으로 뛰어나오는 찰나였습죠. 총을 쏘기에는 너무 가까웠던 겁네다. 두 사람은 양쪽에서 김상옥을 덮치려고 했던 것 같습네다. 그런데 김상옥은 가깝고 말고 할 것도 없이 그냥 총을 쏘아 버린 겁네다. 그것도 쌍권총을 말이죠. 오른손으로는 이마세를, 왼손으로는 우메다를 동시에 쏜 겁네다.

모든 게 눈 깜짝할 사이에 벌어진 일입네다. 정신이 하나도 없었습죠. 마당에 대기하고 있던 형사들은 겁에 질려서 장독대고 마루 밑이고 숨기 바쁘고, 대문 쪽에 서 있던 형사들은 바깥으로 뛰쳐나가 버렸습죠. 저도 담장 밑에 납작 업드렸습죠.

일순간 포위망이 뚫려 버린 겁네다. 김상옥은 그렇게 빠져나갔습죠. 뒤늦게 정신을 차리고 호각을 불어 대며 뒤를 쫓았지만 이미 숲 속으로 자취를 감춰 버린 뒤였습네다. 비호, 날아다니는 호랑이, 바로 그거였습죠. 사격 실력은 또 어떻고요. 그런 상황에서 쌍권총을 쏘아서 정확히 맞춘다는 건 결코 쉬운 게 아닙네다.

그를 너무 얕봤던 겁네다. 최악의 상황이었습죠. 다급해진 모리 서장은 어쩔 수 없이 경기도경 우마노 부장에게 실토하고 지원을 요청했습죠. 우마노는 노발대발 난리도 아니었습죠. 모리는 혼자서 공을 세워 보려다가 그 지경이 됐으니 얼굴을 들 수가 없었습죠. 어디 모리뿐입네까? 경찰, 총독부 얼굴에 먹칠을 한 거죠. 어이없는 일이었습죠. 무슨 전쟁터도 아니고 경성 한복판에서 총격전이라니 말입네다. 게다가 범인은 포위망을 뚫고 도주하고 오히려 베테랑 형사가 죽고 둘은 부상을 입었으니.

경성 시내에 총비상이 내렸습죠. 경찰서에서 난롯불이나 쬐고 있던 모리 서장과 미와 경부보도 정신없이 현장으로 달려왔습죠. 2백 명이 넘는 정복 순사들이 동원되었습네다. 순사들은 횃불을 훤히 밝히고 남산 숲을 뒤졌습죠. 다른 지원 병력은 남산을 빙 둘러싸고 퇴로를 차단했습죠.

그날 날이 밝으면서 사람들은 심상치 않은 분위기를 느꼈을 겁네다. 남산에 이르는 골목마다 무장 경찰들이 배치되고, 마구잡이로 수색을 하고 검문을 해 대니 말입죠. 하지만 신문 보도가 일체 금지됐으니 영문을 알 수 없었을 겁네다.

순사들은 줄지어 눈 쌓인 남산 숲을 뒤지기 시작했습네다. 김상옥이 제아무리 사격 솜씨가 좋고 몸이 날래도 눈 덮인 산속에서야 얼마나 버티겠나 생각했습죠. 하지만 수사본부의 분위기는 뭐라 말할 수 없이 험악했습죠.

사이토 총독은 예정대로 무사히 떠났습죠. 간략한 환송식마저 취소하고 완전무장한 기마병들과 순사들의 엄중 경계를 받으면서 남대문역을 출발했습죠. 하지만 김상옥에 대해 보고를 받고 갔으니 이 사건은 내지에도 전해질 것이고, 속히 해결하라고 독촉을 해 댈 것이 뻔했습죠. 총독부 마루야마 경무국장도 원래는 총독과 동행할 예정이었지만 다 취소하고 수사본부에 진을 치고 있으니 우마노 부장은 똥줄이 탔습죠.

수사본부에서는 자기들끼리 언성을 높이면서 비난을 해 댔습죠. 삼판통은 용산경찰서 관할이거든요. 그런데 일언반구 통보도 없이 종로경찰서가 단독으로 체포 작전을 벌이다가 놓쳤으니 가만 있겠습네까? 종로경찰서가 공명심에 눈이 멀어서 일을 그르쳤다고 모리 서장에게 대들었습죠. 용산에 협조 요청만 했어도 잡을 수 있었다는 게죠. 모리 서장은 할 말이 없을 수밖에요. 종로경찰서에서 폭탄이 터진 것도 망신인데, 독단으로 덤볐다가 범인까지 놓쳤으니 말입죠.

"도대체 김상옥이란 자가 어떤 놈이냐?"

우마노는 얼굴이 시뻘게져서 소리쳤습죠. 사실 김상옥은 다른 독립운동가들이랑 완전히 달랐습죠. 독립운동가들은 거의가 조선인 중에서는 제일의 지식인들 아닙네까? 고등 공부를 할 수 있다는 건 집이 부자란 거고 양반이란 게죠. 조선 공산주의자들의 8할이 양반이라고 했으니 말입네다. 다들 백면서생에 가깝다는 의미죠. 위엄 있게 큰소리를 치다가도 무력으로 윽박지르고 협박하면 겁을 먹기 마련입네다. 거기에 비하면 김상옥은 무사 같은 자라고 할 수 있습죠. 단신으로 붙어도 경찰 서너 명쯤은 우습게 제압할 무예와 담력의 소유자였단 말입네다.

해가 중천에 떴는데도 추격대와 수색대로부터는 아무런 전갈이 없었습네다. 이미 포위망이 뚫린 게 분명했습죠. 미와 경부도 난처했을 겁네다. 어렵게 김상옥의 은신처를 알아내서 모리 서장에게 먼저 정보를 줬는데 놓쳤으니 자기도 책임을 면하기 어렵게 된 거죠. 미와는 바로 김상옥의 여동생 부부를 취조했습죠. 미와가 누굽네까? 그의 고문에 무너지지 않는 자가 없었습죠. 그의 고문은 알고 있는 것 이상을 불게 하죠. 그런데 쉽지 않았습죠. 누이 부부도 참 대단합디다. 그 모진 고문을 당하면서도 김상옥을 털끝만큼도 원망하지 않더란 말입죠.

"이자들, 도대체 뭐야?"

미와는 불가사의하다는 표정으로 그들을 노려보았습죠. 그러자 피범벅이 된 고봉근이 고개를 들고 미와를 빤히 쳐다보면서 말합

디다.

"너 같으면 동기간을 고발하겠느냐?"

다 죽어 가면서도 으르렁거리는 사자 같았습죠.

죽어서도 살고 싶은 내 나라
(1923년 1월 17일 ~ 22일)

3장

◆

짚신을 거꾸로 신고

김창호, 1949년 반민특위 재판정

하얀 나비

김창호, 1949년 반민특위 재판정

빛

짚신을 거꾸로 신고

희부윰하게 동이 트고 있었다. 쫓기는 자에게 밝음은 치명적인 것. 눈밭의 자취를 들키면 따라잡히는 건 시간문제다. 나는 북쪽으로 방향을 잡았다. 장충단 고개를 넘으면 내가 태어나고 자란 동대문과 창신동이 나타날 것이다.

눈 쌓인 비탈길을 따라 한참을 올라갔다. 발은 아무 느낌도 없었다. 무의식적으로 걸음을 내딛고 있을 뿐 정신마저 희미해졌다. 칼바람이 부는데도 이마와 등줄기에는 땀이 흥건했다. 체력이 바닥났다는 생각이 드는 순간, 나도 모르게 무릎이 푹 꺾이더니 눈밭에 털썩 주저앉았다. 이대로 주저앉으면 안 된다는 건 단지 생각뿐이었다. 눈이 마치 솜이불처럼 포근하게 느껴졌다. 눈이 스르르 감기고 그대로 벌렁 누워 버렸다. 그렇게 잘 수도 있을 것 같았다. 잠의 유혹은 말할 수 없이 달콤했다.

선녀의 품에 안긴 듯 황홀한 잠 속으로 빠지려는데, 머리통을 후려치는 듯 어디선가 나지막이 두런거리는 소리가 들렸다. 두 눈이 저절로 번쩍 뜨이고 귀가 쫑긋 섰다. 수색대였다. 웅웅거리는 것으로 미루어 지근거리는 아니었다. 벌떡 일어나 달리기 시작했다. 눈밭에서 중심을 잃고 넘어지고 뒹굴어도 튕기듯 일어나 달렸다. 아무리 생각해도 그건 나의 의지 밖의 일이었다.

날은 이미 훤히 밝은 지 오래였다. 산이 거의 끝나고 멀리 인가가 드문드문 보였다. 완만한 기슭이 이어지고 있었다. 한 발작도 더 못 걷겠다는 절망감이 목까지 치받쳤을 때 새 둥지처럼 작은 암자가 나타났다. 어쩌면 구수한 밥 냄새가 그리로 이끌었는지 몰랐다. 암자 마당으로 들어서자 문이 활짝 열린 공양간이 먼저 눈에 들어왔고 행자승이 보였다. 염치 불구하고 공양간으로 뛰어들어 갔다.

"미안하지만, 밥 좀 주시오."

행자승은 깜짝 놀라 주춤하더니 내 몰골을 보고 이내 안쓰러운 표정을 지었다.

"어쩌죠? 뜸이 덜 들었는데. 조금만 기다리세요."

"괜찮아요. 지금 좀 줘요."

행자승은 딱하다는 듯 고개를 끄덕이며 바가지에 밥을 퍼 주었다.

"찬물 한 공기만 부어 줄래요?"

씹고 어쩌고 할 겨를도 없이 나는 찬물에 만 생쌀을 후루룩 마셨다. 그러고는 법당으로 갔다. 짚신 하나가 놓여 있는 방문을 여니 주지로 보이는 중이 새벽 예불을 보다가 고개를 들었다. 나는 공손히 합장을 하고 말했다.

"스님, 죄송합니다. 보다시피 몰골이 이 모양입니다."

나는 외투도 없이 바지와 털스웨터만 입은 차림에 맨발이었다. 그나마 눈밭에 뒹구느라 젖고 찢어졌으며 발은 상처투성이였다. 그저 한 마리 야생짐승이었다.

"도박을 하다가 순사들한테 쫓기는 바람에 이 꼴이 되었습니다."

주지는 물끄러미 나를 올려다보다가 주섬주섬 일어나 승복 한 벌을 내주었다. 누비 장삼과 송낙, 장삼과 짚신에 양말까지 챙겨 주었다. 주지는 그러고도 별 말이 없었다. 나는 깊이 머리 숙여 합장했다. 그러고는 짚신을 거꾸로 신고 산을 내려갔다.

동대문 밖에서 나는 망설였다. 몇 가지의 길이 있었다. 그대로 의정부로 빠져서 중국으로 탈출하거나, 강원도 깊은 산골이나 절간에 몸을 숨기고 있다가 기회를 노리는 것. 그러나 어느 것도 선뜻 내키지 않았다. 동지들 얼굴이 눈에 밟혔다. 어떻게 만든 기회인가? 그것을 이 지경으로 만들어 놓고 피신을 한다, 아무리 생각해도 비겁한 변명이었다. 지금 이 순간 동지들과 가족들은 나로 인해 이승과 저승을 오가는 고초를 겪고 있을 것이다. 그 생각만 하면 온몸이 불에 덴 것처럼 뜨거웠다.

동대문 안으로 들어가자.

어쩌면 동대문 안은 나의 사지일지 몰랐다. 하지만 더는 물러설 수 없다는 생각이 죽음에 대한 두려움보다 강했다.

사대문 안은 경계가 삼엄할 것이다. 그 경계를 뚫고 통과하려면 너무 밝아도 너무 어두워도 좋지 않다. 해 저물녘 행인들로 북적거릴 때가 적기였다. 미아리에는 이모 집이 있었다. 이모 집에서 어두워지기를 기다리기로 했다. 멀찌감치 떨어져 망을 보았지만 수상한 기색은 느껴지지 않았다. 이모는 사대문 안에서 벌어진 상황을 전혀 모르는 눈치였다.

"아이구, 얘야, 네가 중국으로 갔다는 소리를 들었는데 갑자기 중옷을 입고 나타나다니, 무슨 일이냐?"

"세상만사 뜻대로 되는 것도 없고, 그래서 머리 깎고 속세를 떠나려고요."

이모는 내 말을 곧이곧대로 믿는 모양이었다. 밥을 차려 주고, 밥 먹는 걸 쳐다보고, 눈 좀 붙이겠다고 누워 있는 옆에서도, '네 엄마는 어찌할끄나, 네 처자식은 또 어찌할끄나' 하며 혀를 찼다.

미아리 고개 너머 저만치 동소문 고개가 보였다. 나는 천천히 걸으며 주위를 살폈다. 짐칸에 나무바리를 쌓은 마차 한 대가 동소문으로 향하고 있는 게 보였다. 나는 걸음을 빨리해 나무바리 뒤에 바짝 붙어 섰다. 예상대로 성문 주변에는 형사들 서넛이 서성거리고 있었다. 그들은 행인들을 한 사람도 놓치지 않고 쏘아보다가 조금만 미심쩍어도 불러서 검문검색을 했다. 나는 마치 짐마차 주인이라도 되는 듯 느긋하게 걸었다. 그들의 날카로운 시선이 나를 아래위로 훑어 내렸다. 그러나 별다른 제지는 없었다. 그들 눈에 나는 마치 성문 밖으로 나무 시주라도 다녀오는 중처럼 보였을 것이다.

동소문 고개를 내려온 나는 종로 5정목 방향으로 걸었다. 효제동 혜수 집으로 갈 생각이었다. 새 동네로 이사한 지 얼마 안 돼서 이웃 사람들 시선으로부터 비교적 자유로울 것 같았다. 동소문에서 낙산 쪽으로 붙어서 걷다가 연지동 못을 지나고 방아다리 눈 덮인 채소밭을 지나는 사이 밤이 깊었다. 눈 쌓인 지붕 여섯 개가 밭 한 가운데 옹기종기 머리를 맞대고 있었다. 창문마다 노랗게 켜진 전등불 빛이 따뜻해 보였다.

나는 두어 발 떨어진 어둠 속에서 혜수 방 창문에 작은 돌멩이를 던졌다. 쨍, 유리창 두드리는 소리가 명징했다. 잠시 후, 혜수가 창문을 열고 두리번거리는 게 보였다. 혜수가 뭐라고 중얼거리더니 창문을 닫았다. 다시 한 번 돌멩이를 던졌다. 혜수가 다시 고개를 내밀었다.

나는 검지손가락을 입술에 대며 창가로 다가섰다.

"에구머니나."

혜수가 나지막이 비명을 지르면서 두 손으로 자기 입을 막았다. 혜수는 한눈에 상황을 파악한 듯 얼른 창가에서 사라지더니 대문을 열고 나를 낚아채듯 방 안까지 단숨에 데리고 들어갔다.

안 그래도 커다란 혜수의 눈이 왕방울처럼 커졌다.

"어떻게 된 거예요?"

내 생에 가장 긴 하루였다. 무슨 이야기를 어디서부터 어떻게 해야 될지 몰랐다. 꿈보다 더 꿈 같은 날이었다고 할까. 그래서였을까. 잠시 눈을 감았다가 뜬 것 같았는데 아침이었다.

혜수가 따뜻한 밥상을 차려서 내왔다. 군불을 얼마나 땠는지 허벅지가 살짝 덴 것 같았다. 얼었다 녹은 발은 고무풍선처럼 부풀어 있었다.

"왜 이래요?"

나는 어제 일을 자세히 설명했다.

"세상에, 그러니까 그게 다 상옥 씨 때문이었군요. 어제 온 경성이 아주 살벌했어요. 기마병들이 돌아다니지를 않나 경찰차들이 떼를 지어서 이리 왔다 저리 갔다 하고. 그나저나 발이 이 지경이 됐으니, 큰일이네요. 동상인 줄 알았으면 찬물에 얼음부터 빼야 되는데, 나는 그것도 모르고 추울까 봐 장작을 미련하게 많이 땠으니. 더운 방에 발을 묻고 잤으니 오죽이나 열이 나고 아팠겠어요."

혜수 말대로 발 상태가 심각했다. 까딱 잘못되면 잘라 내야 될 것 같았다.

"대학병원에 친구 고모가 간호사로 있어요. 거기 가서 약을 좀 구해 올게요."

일어서는 혜수를 붙잡아 앉혔다.

"부탁할 게 하나 더 있어."

"말해 봐요."

"어제 도망치다가 권총을 잃어버렸어."

"에그! 권총이요?"

"그걸 좀 찾아 줘야겠는데."

"내가 어떻게?"

혜수는 진저리를 치다가 이내 고쳐 물었다.

"아니에요. 찾아올게요. 어디예요?"

"장충단 입구 돌다리 부근이야. 눈에 파묻혀 있을 거야. 그리고 두 개야."

"알겠어요. 거기는 오후에 갔다 올게요. 이렇게 아침 일찍 그런데서 서성거리면 수상하게 생각할 거예요. 순사들이 쫙 깔려 있거든요. 일단은 약부터 구해 올게요."

혜수는 혜화동까지 가서 약을 구해 오고, 점심을 먹고 잠시 쉬었다가 장충단 공원으로 갔다. 두 시간쯤 지나서 혜수가 돌아왔다.

"무서워서 혼났어요."

혜수가 부르르 떨면서 품속에서 권총을 꺼내는데, 하나뿐이었다.

"하나는 도저히 찾을 수가 없었어요. 사람들 이목이 있어서 더 이상은 훑고 다닐 수가 없더라구요. 순사들도 보이고."

혜수가 찾아온 건, 규동의 관 대신 산 7연발 모제르총이었다.

저녁 때 전우진이 왔다. 혜수가 경성우체국에 가서 편지를 부치며 전우진을 눈짓으로 불러낸 것이다. 전우진은 나를 보자마자 와락 두 손을 잡았다.

"애간장이 닳아 없어지는 줄 알았어. 자네한테 무슨 일이 생긴 게 분명한데, 아무것도 알 수 없으니. 경성이 발칵 뒤집힌 걸 보면서 아직 잡힌 건 아니라고 안심하고 있었네."

"형님도 무사하니 다행이에요. 형님에게 무슨 일이 생기지 않았나 걱정했어요. 다른 동지들 소식은 모르죠?"

"연락을 할 수가 있어야지. 쥐 죽은 듯이 고요해. 하지만 암살단 사건 때 투옥됐던 동지들은 검속됐을 가능성이 크지 않을까? 나야 그때 체포되지 않았으니까 괜찮겠지만."

"권총은 잘 있죠?"

"그럼. 그건 걱정 말아."

"사이토는 떠났겠죠?"

전우진은 침통하게 고개를 끄덕이며 말했다.

"안 그래도 자네가 나타날까 싶어서 가 보려고 했는데, 아예 남대문부터 접근도 못 하게 하더군. 배달할 우편물이 있다고 해도 소용없고."

"미꾸라지 같은 놈이군요. 하지만 아직 권총이 남아 있으니까 뭐가 됐든 시도하려고 해요. 소포 궤짝을 이리로 좀 갖다 줘요."

이혜수와 전우진이 펄쩍 뛰었다.

"지금?"

"혼자서?"

"이 비상시국에 뭘 할 수 있겠어요?"

"게다가 혼자서는 절대로 안 되네."

"몸도 이 지경인데, 지금은 꼼짝 말고 있어야 돼요."

"기다리면서 기회를 보자고. 동지들도 모아 보고."

동지들을 다시 모으고 기회를 본다. 내게는 회의적인 이야기였다. 하지만 두 사람이 하도 간곡하게 말리니 고개를 끄덕거리지 않을 수 없었다.

"알았어요. 나도 지금 상태로는 발 때문에 한 발짝도 움직일 수가 없으니, 좀 더 생각해 볼게요. 그래도 궤짝은 꼭 좀 갖다 줘요."

다음 날 새벽, 동도 트기 전에 전우진이 탄환 궤짝을 들고 왔다.

"아무리 봐도 이럴 때가 아니야. 경계가 보통 삼엄한 게 아니야. 왕십리 청량리 방면까지 순사들이 쫙 깔렸어. 개미 새끼 하나 못 빠져나가게 조여 오는 거 같아."

"알았어요. 형님도 당분간 여기에 오지 말아요."

"그리고 정설교가 경성에 들어온 것 같아."

"그래요? 아직 무사하군요."

"아마 이동 중이어서 무사했겠지."

"설교를 이쪽으로 좀 보내 주겠어요?"

"그래. 하지만 마지막이야. 당분간은 아무도 만나지 않는 게 좋을 거야. 낯선 사람이 눈에 띄면 샅샅이 뒤져 댈 테니까."

탄환 궤짝에는 9연발 브라우닝식 권총이 하나 더 있었다. 어제 분해해서 물기를 제거한 모제르와 함께 탄알을 장전했다. 권총 두 자루를 앞에 놓고 있으려니 온몸으로 전기가 흐르는 기분이었다. 먹잇감을 향해 한 발 두 발 다가오는 사냥꾼의 발자국 소리 같은 게 느껴졌다.

경계망을 가동하는 것도 한계는 있다. 아무리 뒤져도 사자를 찾을 수 없다면 돌아가게 되어 있다. 놈들은 내가 성문 안으로 들어왔으리라고는 짐작도 못 할 것이다. 왕십리 암자에서 인적이 끊어진 걸로 미루어 경성 밖으로 도망갔을 거라고 추리할 것이다.

언젠가는 경계가 외곽으로 넓어지면서 느슨해질 때가 분명히 온다. 그때가 기회다. 실패를 만회할 기회. 이 한 번의 기회를 위해서 얼마나 많은 동지들이 피땀을 흘렸던가. 그들의 피땀은 은유가 아니다. 그들을 실망시키고 싶지 않다.

밤늦게 혜수 집으로 스며든 정설교도 전우진과 같은 말을 했다.

"형님. 바깥 사정은 형님 생각하고 달라요. 전국의 경찰이 경성으로 집결한 거 같아요. 사람들은 모두 집 안으로 숨었고 돌아다니는 건 헌병대하고 순사들, 그리고 군인들밖에 없어요. 군인들까지 동원됐다니까요. 전쟁이라도 난 줄 알았어요. 형님과 관련이 있을 거라고 예상은 했지만 이 정도일 줄은."

정설교는 가만히 있는 내 어깨를 잡고 흔들었다.

"형님, 거사도 중요하지만 형님도 소중해요. 형님이 잘못되면 우린 어떡하라고요. 무모하게 뛰어들지 말고 신중하게 다음 기회를 노려 보자고요."

"다음 기회라."

"저는 형님을 잃고 싶지 않아요."

잠자코 듣고 있던 혜수가 말문을 열었다.

"사실 낮에 형사가 다녀갔어요."

혜수는 마루에서 사과를 깎고 있었고 나는 궤짝 속에 있던 권총을 분해해 소제하는 중이었다. 그때 불쑥 대문을 들어서는 자가 있었다.

"혹시 여기 김상옥이가 오지 않았습니까?"

나는 얼른 모제르총을 집어 들고 방문 뒤로 붙었다. 문틈으로 보니 동대문경찰서 김창호였다.

"먹을 복이 있으시네요."

혜수는 애써 웃음 지으며 사과 접시를 내밀었다.

"누구요? 김상옥이요? 그 사람이 왜 우리 집에를 와요? 상하이로 망명한 뒤로는 죽었는지 살았는지 소식도 모르는데요."

김창호는 뜻밖의 환대에 기분이 좋은 듯 마루에 걸터앉아 담배를 피웠다.

"동생 창규가 곧 선생이 된다면서요?"

"어떻게 알았어요? 대전으로 발령을 받아서 며칠 후면 내려가야 돼요."

"가족들이랑 멀리 떨어져야겠네요."

"김 형사님 동생은 경성으로 발령을 받았다면서요?

"글쎄, 그렇다더군요."

마음이 조마조마한데, 김창호는 혜수에게 흑심이라도 있는지 잡담이 늘어졌다. 그때 혜수가 쐐기를 박았다.

"둘이 동창인데, 하나는 대전 하나는 경성으로 발령을 받은 걸 보면 김 형사님 백이 좋아서 그런가 봐요?"

김창호는 꽁초를 마당으로 톡 튕기며 일어섰다.

"이 집 딸들이 성깔이 좋지 않아서 그렇겠죠."

그리고 사과 하나를 집어 들고 베어 먹으며 집 안을 휘둘러보더니 밖으로 나갔다.

"그땐 정말 간이 녹아내리는 줄 알았다고요."

"김 형사 다루는 걸 보니 혜수 수완이 보통이 아니더라."

"지금 웃을 때가 아니라구요."

정설교는 굳은 얼굴로 말했다.

"김창호가 다녀갔다면 여기도 위험해요. 우선 은신처부터 옮겨야겠어요."

"김창호가 뭘 알고 왔을까요?"

"좋은 징조는 아니죠."

"가끔 들러서 여기저기 쑤석거려 보는 사람이긴 한데."

"형님, 당장이라도 여기를 뜨죠."

정설교는 잔뜩 긴장한 표정이었다.

"이 밤중에요? 상옥 씨 발이 이래서 걷기도 힘들 텐데. 진눈깨비까지 내리고."

나는 정설교의 어깨를 두드리며 말했다.

"내가 공연히 걱정만 시키는 것 같구나. 그래, 잘 알겠다. 일단 어디 깊은 산골에라도 파묻혀서 조용해지기를 기다려 보기로 하자. 너도 몸조심하고 다시 연락하자."

"형님, 꼭 다시 만나야 돼요."

정설교는 오랫동안 내 손을 꼭 잡고 있다가 돌아섰다. 오후 들어 진눈깨비가 다시 내리더니 안개까지 자욱했다. 코트 깃을 올리고 돌아선 정설교는 이내 보이지 않았다.

김창호, 1949년 반민특위 재판정

미와를 보고 있으면 집념이 얼마나 대단한지 저절로 머리가 숙여지더군요. 사자가 한번 문 고기를 놓지 않는 것처럼 그자도 한번 물었다 하면 끝까지 놓지 않더라고요. 자기가 피투성이가 되는 한이 있더라도 놓지 않는단 말입니다.

김상옥을 찾아낸 것도 미와의 집념과 끈기의 결실이었죠. 경찰 수백 명이 남산을 완전히 포위하고 토끼몰이하듯 샅샅이 뒤졌습니다. 눈이 쌓여 있으니 발자국만 따라가면 곧 잡을 거라고 생각했죠. 발자국은 한강리에서 갑자기 북쪽으로 방향을 꺾더니 장충단 고개를 넘어가자 자취를 감췄습니다. 짧은 시간에 눈밭에서 이렇게 멀리까지 움직일 줄은 상상도 못 했죠. 더 놀라운 건, 발자국이었어요. 발자국을 따라서 추적하는데 발자국과 발자국 사이가 몇 미터 간격으로 벌어져 있는 겁니다. 꼭 나뭇가지를 잡고 나무 사이를 날아다닌 것처럼 말이죠. 추격 대원들이 그걸 보고 겁에 질렸다더군요. 누군가는 이자가 축지법을 쓴다는 소리도 했어요.

또 놀라운 건 어느 순간 발자국이 뚝 끊어진 겁니다. 장충단 부근에서 왕십리 쪽으로 움직이던 발자국이 자취를 감춘 거예요. 장충단 부근에 발자국이 어지럽게 찍힌 건 추격대를 따돌리려고 했던 것 같아요. 그렇지만 이른 아침에 사람들이 다닐 시간도 아닌데 못 찾을 리가 있나요? 경찰은 김상옥이 남산을 벗어나 경성 시내로 들어갔다고 판단했습니다. 장충단과 가까운 동대문, 왕십리 일대와 본가가 있는 창신동 일대에 경찰 병력과 밀정을 풀어서 검문검색을 한층 강화했죠.

이렇게 해서 신출귀몰 귀신 같은 김상옥과 한번 문 먹이는 절대로 놓지 않는 미와의 일대일 대결이 벌어진 겁니다.

수색대와 체포대는 이미 남산을 벗어나고 있는데, 미와는 처음부터 다시 시작했습니다. 따로 수색대를 꾸려 삼판통에서 김상옥의 발자국을 따라간 거죠. 발자국을 따라가면서 주변 2, 3미터까지 현미경으로 들여다보듯이 수색했습니다. 수색대원들은 개처럼 쿵쿵거리면서 네발로 기었습니다. 현미경이라도 있었다면 들이댔을 겁니다.

성과가 있었습니다. 뜻밖의 단서였죠. 총이요? 총은 발견을 못 했습니다. 대신 더 엄청난 걸 발견했죠. 총이야 발견해 봤자, 그게 무얼 말해 주겠습니까? 그건 단서가 아니고 물증일 뿐이잖아요. 편지였습니다. 내용물은 없고 봉투만 있었죠. 사실 내용물보다 봉투가 더 중요하죠. 그게 김상옥이 흘린 거라고 단정할 수는 없지만 말입니다. 하지만 눈이 많이 내렸는데 묻히지 않고 글씨가 살짝만 번져 있었다는 것, 그게 말해 주는 게 뭐겠습니까?

미와는 극비리에 부하들을 풀어서 봉투의 주인공을 수소문했습니다. 봉투에 적힌 주소는 이미 이사 간 자의 것이어서 이웃집 사람들을 탐문해 새 주소를 알아냈습니다. 동대문서 관할 효제동 73번지였습니다. 네, 바로 이혜수 집입니다. 김상옥이 이혜수와 비밀리에 주고받던 편지 봉투였던 거죠. 미와는 이혜수의 신상을 완벽하게 조사해 놓았더군요.

부모는 이태성, 고성녀. 둘 다 63세. 이태성은 구한국 시대에 활을 잘 쏘던 한량으로 이선달이라고도 불리었음. 맏딸 이혜수는 28세로 무직이며 미혼, 둘째는 한강보통학교 교사, 셋째는 대전에 있는 소학교에 발령받았으며, 넷째는 한성여고생, 막내는 11살임.

저에게 호출이 왔습니다.

"자네 이혜수 알지?"

"네, 잘 압니다."

"전에 한동네에 살았더군. 그리고 자네 동생하고 이혜수 동생이 한성여고 동창이라지?"

깜짝 놀랐습니다. 이혜수의 집은 저의 관할이라서 가끔 들르곤 했죠. 그런데 그날은 순전히 미와의 명령 때문이었습니다. 그 집에 들어선 순간 직감했습니다. 이혜수가 그렇게 다정한 여자가 아니거든요. 어릴 때야 뭐 그럭저럭 지냈지만, 제가 형사가 된 후에는 노골적으로 무시하고 말대꾸도 잘 안 했거든요.

이혜수는 내가 자기 친절에 감동해서 쩔쩔맨다고 느꼈겠지만, 천만의 말씀이죠. 저는 그 집 안에 감도는 야릇한 긴장감을 감지했어요. 곧바로 미와에게 보고하고, 미행과 잠복에 들어갔죠. 오후가 되니 경성우체국에 가서 전우진과 함께 들어가더군요. 전우진에게도 미행이 따라붙었습니다. 밤늦게 이혜수 집을 나온 전우진이 다음 날 날도 밝기 전에 무슨 궤짝을 운반하는 것도 목격했죠.

궤짝을 운반하고 돌아가는 전우진을 조용히 덮쳤습니다. 곧바로 취조에 들어갔습니다. 그런데 이자가 얼마나 완강하게 버티는지 한마디도 하지 않는 거예요. 당연히 고문을 했죠. 아예 입을 벌리지도 않아요. 그러고는 잠깐 한눈을 팔면 책상이고 벽이고 머리를 들이박으면서 자해를 하는 거예요.

미와가 전화를 몇 번 해 대더니 직접 나타나더군요. 요시노라고 하는 악명 높은 고문 기술자를 데리고 왔더라고요. 심문은 밤 8시에 시작해서 12시쯤 끝났습니다. 결국 자백을 받아 냈죠.

미와는 침착하게 작전을 짰습니다. 삼판통 때처럼 서두르다가 막판에 일을 그르치면 안 되니까요. 종로서에 먼저 정보를 주는 것도 포기했죠. 효제동은 동대문 관할이니까 종로서가 단독으로 작전을 벌일 수도 없었죠. 상부로부터 경고를 받는 것도 한 번으로 족했겠죠.

미와는 우마노 부장에게 보고했습니다. 경찰부장이 직접 지휘하면 실패하더라도 쓸데없는 잡음은 생기지 않을 테니까요.

1923년 1월 22일 새벽 5시.

다시 작전이 개시되었습니다. 목표 지점은 효제동 73번지. 한 발도 더 물러설 수 없는 자존심 싸움이었죠. 그건 정말이지 전 일본 경찰의 자존심이 걸린 문제였던 겁니다. 우마노가 총지휘를 맡고 현장까지 직접 출동했습니다. 전무후무한 일이었죠. 그건 누구의 관할을 따질 사건이 아니었던 겁니다. 그러기에는 사건의 파장이 너무 커져 버린 거죠. 총독부뿐 아니라 본토에서도 주목하고 있었거든요. 또 놓친다면 우마노 부장도 자리보전하기 어려울 테니까요.

우마노 부장의 총지휘 아래 후지모토 보안과장이 부지휘를 맡았습니다. 왕십리, 청량리, 망우리의 비상경계망을 풀고 병력을 이동시켰습니다. 무장 순사들을 잔뜩 실은 트럭과 기마대가 종로 대로를 가로질렀습니다. 각 경찰서에서 차출된 순사들도 효제동으로 속속 집결, 이혜수 집을 겹겹이 포위하기 시작했습니다. 이혜수 집에서 가까운 곳으로부터 제1진은 권총으로 무장한 형사대, 제2진은 장총을 든 집총대, 제3진은 기마순사대, 제4진은 헌병대와 경찰차들이 최종 저지선을 짜고 겹겹으로 둘러쌌습니다. 4중 포위망. 그야말로 미꾸라지 한 마리 빠져나갈 수 없을 것 같은 그물망이었죠.

권총으로 무장한 선발 1진 형사대는 종로서와 동대문서 형사들로 구성됐습니다. 그런데 형사대 구성이 쉽지 않았죠. 지원자를 받으니 아무도 선뜻 나서려고 하지 않는 겁니다. 당연했죠. 삼판통에서 죽은 형사에 대한 소문이 좍 퍼져 있었으니까요.

"내가 맡겠다!"

미와가 나섰죠. 자기 탓에 김상옥을 놓쳤으니 자기가 잡겠다는 거였죠. 고등계 요시노 경부보와 수십 명이 미와 뒤를 따랐습니다. 그뒤 안전한 곳에서 우마노 부장, 후지모토 보안과장, 모리 서장 등이 지휘본부 격으로 통솔했죠. 이렇게 동원된 경찰이 천 명이 넘었습니다. 마치 적의 대부대를 포위하고 일대 접전을 기다리는 형국이었죠. 그것도 경성 시내 한복판에서 말입니다.

그날 새벽, 경성의 밤하늘에는 진눈깨비가 날리고 있었습니다. 길은 질척거리고 어두웠습니다. 경찰들은 어둠 속에서 소리 죽여 자리를 찾았습니다. 포위진이 완전히 배치된 건 새벽 4시 반경이었습니다.

우마노는 마침내 첫 명령을 내렸습니다.

"1진은 지붕 위로 올라가 김상옥이 있는 방을 감시하라."

1진에 섰던 형사대 중 체포조 십여 명이 사다리를 타고 지붕 위로 올라갔습니다. 눈이 내린 탓에 기와가 몹시 미끄러웠죠. 이들은 지붕 위에서 집 안 동정을 살피다가 별다른 움직임이 없는 걸 확인하고 지휘부에 신호를 보냈습니다.

　모든 준비가 끝난 거죠.

하얀 나비

　온 세상이 하얗다. 폭설이라도 내린 걸까. 세상이 눈에 덮인 듯 하늘도 땅도 분간되지 않았다. 그런데 자세히 보니 나비였다. 하얀 나비. 헤아릴 수도 없이 많은 나비가 하늘과 땅을 빼곡히 뒤덮으며 날갯짓을 하고 있었다. 그들 사이에 사람들이 있었다. 모두 흰옷을 입은 사람들이었다. 하얀 나비 사이에서 흰옷 입은 사람들은 보일락 말락 희미했다. 무슨 잔치라도 벌이는지 둥그렇게 둘러앉아 웃고 떠들고 있었다. 등을 보이고 있던 사람이 고개를 돌렸다. 그건 분명히 김원봉의 얼굴이었다. 그는 크게 웃고 있었다. 얼굴은 웃고 있는데 눈에서는 눈물이 흘렀다. 비수로 찔린 것처럼 가슴이 아팠다. 그에게 모든 걸 털어놓고 이야기하고 싶었다. 그런데 발이 떨어지지 않았다. 아무리 그에게 다가가려고 해도 꼼짝도 할 수 없었다. 말도 나오지 않았다. 그의 이름을 소리쳐 부르려고 해도 입이 떨어

지지 않았다. 내 몸은 마치 투명한 유리병에 갇힌 것처럼 꼼짝달싹
도 할 수가 없었다.

나를 족쇄에서 풀어 준 건 혜수였다.

"경찰이에요. 어서 피해요."

정신이 번쩍 들었다. 나는 벌떡 일어났다. 일어나는 것과 동시에
양손에는 늘 이불 속에 넣고 자는 총을 들고 있었다. 엎드려서 문
틈을 내다보았다.

"나가면 안 돼요. 지붕 위에 새까맣게 올라가 있어요. 일단 이쪽
으로 숨어요."

혜수가 가리킨 곳은 반침이었다. 반침 안에는 병풍이 있고 이 집
선조 대대로 내려오는 고서들이 높이 쌓여 있었다. 그 뒤로 몸을
숨겼다. 마음은 놀랄 만큼 평온했다. 마치 이 순간을 기다리기라도
한 것처럼 아무 두려움도 없이 담담했다. 나는 양손에 권총을 꼭 잡
고 바깥의 움직임에 촉각을 곤두세웠다.

지붕 위에서 발자국 소리가 어지럽더니 휙휙 바람을 일으키며 마
당으로 뛰어내리는 소리가 들렸다. 적막을 깨는 총소리가 이어졌
다. 위협사격이었다.

"뭐냐?"

혜수 아버지 목소리였다. 부모님들이 놈들에게 맞는지, 어이쿠
하는 비명 소리가 들리더니 놈들이 소리쳤다.

"이혜수 어디 있나? 이혜수 빨리 나와라. 방에 있는 것들 다 끌

어내!"

혜수와 동생들까지 다 끌려 나온 것 같았다.

"김상옥이 없다고? 나를 속여?"

철썩철썩 뺨을 갈기는 소리가 나면서 악을 쓰는 게 김창호가 분명했다. 일본말로 떠드는 소리와 발소리들이 뒤섞였다.

"김상옥, 저 방에 있지? 빨리 말하지 못해?"

"방문 열라고 해!"

나는 반침문 너머로 놈들을 노려보며 총을 다시 그러잡았다. 그런데 고함 소리만 요란할 뿐 방문은 열리지 않았다.

"이혜수, 빨리 방문 열지 못해?"

놈들은 방문 여는 것을 혜수에게 떠밀고 있었다. 그러고도 한동안 잠잠하다가 문이 벌컥 열렸다. 정적이 감돌았다. 이윽고 군홧발소리와 함께 불빛이 일렁거리며 다가왔다. 방 안이 비었다는 걸 발견하면 반침문도 곧 열릴 것이다. '열어' 하는 소리와 함께 반침문이 열렸다.

놈과 눈이 마주쳤다. 놈의 총이 나보다 한발 빨랐다. 그러나 총알은 고서 더미를 맞추고 튕겨 나갔고, 나의 총알은 그의 어깨를 관통했다. 그가 비명을 지르며 어깨를 잡고 쓰러지는 것과 동시에 방 안에 있던 형사들은 마당으로 뛰쳐나갔고 그도 뒤따라 몸을 굴렸다.

짧은 순간 횃불을 밝히고 마당을 포위한 놈들이 보였다. 좁은 마당 가득 장총이 번쩍거렸다. 총알을 맞고 쓰러진 놈이 굴러떨어지자 삽시간에 흩어지는 것도 보였다. 막다른 골목이었다. 뭘 따질 수 있는 상황도 아니었다. 곧바로 집중사격이 이어졌다. 얼마나 많은 총알을 퍼부어 대는지 귀가 따가웠다.

그때 이미 나는 옆집 마당에 있었다. 지레 놀란 놈들은 아무도 없는 빈방을 향해 총을 쏘아 댄 것이다.

놈이 반침문을 열기 전이었다. 이대로 문을 박차고 나가면서 선제공격을 할 것인지 아니면 문이 열리기를 기다려 반격할 것인지, 짧은 순간 번개처럼 여러 생각이 교차했다. 그때 등을 기대고 있던 벽이 뒤로 쑥 밀리는 것이었다. 두드려 보니 돌이나 흙벽이 아닌 얇은 널빤지였다. 발로 찼더니 구멍이 뻥 뚫렸다. 집중사격은 내가 옆집 마당을 가로질러 담을 타고 넘을 때까지 이어졌다.

두 손을 담장에 얹고 한쪽 다리를 올리던 나는 숨이 턱 멎었다. 효제동 주변 밭 일대가 횃불로 훤했다. 여기저기 타오르는 모닥불 빛에 순사들과 기마병들까지 빼곡히 둘러서서 포위하고 있는 게 보였다. 이제는 정말 끝이구나. 나는 담을 내려와 안방 문을 열었다.

중늙은이가 얼이 빠진 것처럼 어두운 방 안에 앉아 있었다.

"어르신, 이불 한 채만 빌려 주시오. 일본놈들에게 쫓기고 있소이다. 어차피 죽을 몸, 놈들을 한 놈이라도 더 죽이려고 합니다."

노인은 벌떡 일어나 나를 밀치더니 밖으로 뛰어나갔다.

"도둑이야! 도둑이야!"

김창호, 1949년 반민특위 재판정

　노인은 도둑이야, 하면서 맨발로 뛰쳐나왔어요. 김상옥이다, 직감했죠. 그런데 노인이 뛰쳐나온 곳은 이혜수의 뒷집이었단 말입니다. 여섯 집이 서로 등을 마주 대고 붙어 있기 때문에 대문이 서로 다른 방향으로 나 있었죠. 하지만 섬처럼 모여 있는 집을 천 명이 넘는 군경이 포위하고 있는데 노인이 못 봤을 리가 없죠. 노인은 흠칫했지만, 재빨리 상황을 판단한 것 같아요. 자기가 방금 본 그자가 엄청난 병력을 끌어들인 자이며 자기는 그놈을 인계해야 살 거란 판단 말입니다. 총소리도 못 들었을 리가 없죠. 노인은 우왕좌왕하다가 더 큰 소리로 외치며 우마노 쪽으로 달려왔어요. 말을 타고 있는 그들이 지휘관이란 건 누구나 알 수 있으니까요.

　"저쪽이에요, 저쪽. 범인이 우리 집에 있어요."

　아마 그때 우마노 등골이 서늘했을 겁니다. 다들 김상옥이 73번지 이혜수 집 다락에 있다고 생각하고 있었거든요. 물론 온몸에 벌집처럼 총알 구멍이 숭숭 뚫린 시체로 누워 있을 거라고 생각하고 있었죠. 그런데 73번지 담벼락을 뚫고 옆집 그 옆집으로 넘어간 겁니다. 노인이 소리치며 나왔을 때는 어느새 모퉁이의 72번지로 넘어간 뒤였죠.

　미와도 나중에 실토하더군요. 자기를 그렇게 골탕 먹인 놈은 지금까지 없었고, 앞으로도 없을 거라고요. 반침 앞에서 구리다 순사가 총을 맞고 나뒹굴 때는 오싹 소름이 끼치면서 김상옥 이놈이 사람이 맞나 싶더랍니다. 자기도 모르게, 대단한 놈이다, 감탄을 했다더군요.

우마노는 당장 여섯 집의 퇴로를 모두 막고 경계망을 좁혔습니다. 그리고는 지휘관들을 모두 불러 모으더군요. 그야말로 식겁을 했나 봅니다. 그는 코가 석 자는 쑥 빠진 얼굴로 묻더군요.

"이제 어떻게 하면 좋겠나? 무슨 묘책이 없나?"

다들 입을 꾹 다물고 눈만 끔뻑거리기에 제가 말했죠.

"남은 건 육탄전밖에 없습니다."

"누가 그걸 모르나? 어떻게 육탄전을 할 것이냐 이 말이다."

"일단 투항을 권해 보면 어떨까요? 김상옥도 최후의 일전밖에 남지 않았다는 걸 알 겁니다. 이때 항복을 권유하면 의외로 순순히 나올지도 모릅니다."

우마노 얼굴이 확 밝아졌습니다.

"요시! 그렇게 하자."

우마노는 다른 지휘관들에게 더 물어보지도 않고 저를 데리고 72번지 앞으로 가더군요. 제가 소리쳤죠.

"김상옥, 항복해라. 더 이상 저항하면 너만 다친다."

저는 말을 타고 다니면서 외쳤습니다.

"김상옥, 너는 독 안에 든 쥐다. 지금이라도 항복하면 목숨만은 살려 준다. 순순히 항복해라. 30분 여유를 주겠다."

우마노도 보고만 있지 않고 한 번씩 소리치더군요.

"긴소오교꾸, 고오산시로!(김상옥 항복하라!)"

"김상옥 총을 버리고 투항하라."

하늘이 서서히 밝아 오고 있었습니다. 어느새 사람들이 잔뜩 몰려나와 있더군요. 동상처럼 꼼짝 않고 선 채 얼어붙은 표정으로 입을 꾹 다물고 있지만 다 알고 있었을 겁니다. 삼판통에서 형사와 총격전을 벌이고 도망친 자가 의열단원이란 소문이 이미 퍼져 있었거든요. 그러니 새벽에 경성 한가운데서 총격전을 벌이고 있는 게 그자와 관련 있다는 걸 직감했겠죠.

효제동 일대가 침묵 속에 가라앉았습니다. 침묵의 중심에 김상옥이 있었죠. 그의 침묵은 무겁고, 무서웠습니다. 시간이 흐를수록 침묵은 깊어만 갔습니다.

우마노가 손목시계를 보더군요. 이미 30분이 흘렀지만 아무 대꾸도 없었죠. 부지휘관 후지모토가 우마노에게 사격 재개를 요청했습니다. 초조하고 불안했죠. 더 이상 시간을 주면 김상옥이 무슨 수를 쓸지 알 수 없었거든요. 머리 회전이 얼마나 빠르고 담력이 큰지, 천 명이 넘는 병력조차 허를 찌를 수 있는 자라는 걸 이미 뼈저리게 경험했으니까요. 바로 좀 전만 해도 엉뚱한 집에 집중사격을 하다가 놓칠 뻔했으니까요.

우마노가 고개를 끄덕였습니다.

"사격!"

후지모토의 명령이 떨어지자마자 경관들의 장총이 72번지를 향해 불과 연기를 뿜었습니다. 그런데 놀랍게도 김상옥의 반격도 만만치 않았습니다. 소나기처럼 퍼붓는 총알을 뚫고 날아온 총탄에 경관들이 부상을 입었으니까요. 76번지는 지붕과 담벼락에 가려 어두침침했기 때문에 김상옥의 모습을 확인하기 어려웠습니다. 무차별적인 총격이 별 효과가 없었던 거지요.

우마노는 기지를 발휘했습니다. 옆집 지붕 위로 올라가 72번지를 내려다보면서 총을 쏘라는 것이었죠. 높은 곳에서 시야를 확보하면 유리할 거란 계산이었죠.

후지모토는 동대문서 형사대를 북쪽 지붕 위에 올라가게 하고 종로서 형사대를 동쪽 지붕 위로 올라가게 했습니다. 나머지는 73번지와 76번지 지붕 위로 올라가게 했는데, 문제는 누구 하나 선뜻 나서는 놈이 없었다는 겁니다. 지붕 위에 올라가면 시야는 확보되겠지만 그건 자신도 노출된다는 의미니까요. 형사들이 겁을 먹고 주저하자 후지모토가 총으로 떠밀었습니다. 형사들이 마지못해 사다리를 놓고 지붕 위로 올라가기 시작했습니다. 역시나, 형사 하나가 총을 맞고 고꾸라졌습니다. 단 한 방에 말입니다. 나도 몰래 감탄사가 터지더군요. 뒤따라 지붕에 올라간 형사들은 머리를 수그린 채 옴짝달싹 못하는 신세가 됐죠. 우마노가 기세를 올리기 위하여 허공에 대고 엄호사격을 하게 했지만 눈 깜짝할 사이에 두 명의 형사가 또 굴러떨어졌습니다. 우마노는 분해서 이를 악물고 주먹을 부르르 떨더군요. 압도적인 화력과 병력을 가지고 단 한 명을 당해 내지 못해 쩔쩔매고 있으니 분하지 않겠습니까.

생포고 뭐고 없었죠. 죽든 살든 총격전으로 제압하는 수밖에 방법이 없다는 걸 깨달았죠. 우마노는 72번지 앞뒤 양쪽을 집중사격하라고 명령했습니다. 38식 장총을 든 경관 무리가 76번지 뒤에 있는 74번지 집 앞으로 재빨리 이동했습니다. 74번지는 72번지와 널빤지로 된 벽으로 가로막혀 있었죠. 경찰은 74번지 대문 앞에서 그 벽에다 일제사격을 퍼부었습니다. 그리하여 이번에는 74번지 즉 72번지 뒷집에서 판자벽에다 대고 또 한 패거리의 형사대가 대문을 열 것도 없이 발길로 차서 부셔 버리고 거기를 통하여 38식 장총 사격을 퍼부었습니다. 마당 안팎에 연기가 자욱하고 장독, 유리창 할 것 없이 살림살이들이 쉴 새 없이 깨지고 파편이 사방으로 튀었습니다. 그런 중에도 김상옥의 총알에 쓰러지는 경찰들이 적지 않았습니다. 저도 그때 부상을 당했죠. 오른쪽 팔에 총알을 맞고 쓰러지면서도 인정이 되더군요. 저 정도 솜씨라면 내가 맞아도 창피하지는 않다, 뭐 이런 생각 말입니다.

작전은 효과가 있었습니다. 그야말로 독 안에 든 쥐였으니까요. 그런 상태에서 앞뒤 좌우 사방에서 무차별로 난사를 하는데, 귀신이 아니고서야 당해 낼 재주가 있겠습니까? 김상옥의 맞대응이 전만큼 민첩하지 못하고 이리저리 엄폐물을 찾아 도망 다니는 게 느껴졌습니다. 대응이 현저히 약해지고 있었죠.

때를 놓치지 않고 앞문과 뒤 판자벽을 차면서 형사들이 동시에 협공에 들어갔습니다. 경관들이 엄호사격을 하는 가운데, 앞문, 뒷문, 지붕으로 형사대가 진입했죠. 김상옥이 어디에도 보이지 않아 처음엔 잠깐 당황했지만, 이내 변소에 숨었다는 걸 알아챘습니다. 곧바로 변소를 두 겹 세 겹으로 둘러싸고 위협사격을 하면서 투항을 권유했죠.

이번에는 정말로 그가 두 손을 들고 나올 거라고 생각했습니다. 좁디좁은 변소 안에서 뭘 어쩌겠습니까. 그런데 역시 김상옥이더군요. 그자가 다시 한 번 우리를 놀래켰죠. 변소 문을 열고 뛰쳐나온 겁니다. 그것도 쌍권총을 갈기면서 말입니다. 형사들이요? 제대로 응사 한 번 못 하고 우르르 도망쳐 나오더군요. 나중에 들은 얘기지만, 양손의 권총을 자유자재로 돌리면서 총을 쏘는데 그 모습이 번개처럼 민첩하고 총알은 마치 우박처럼 쏟아져 인간의 능력으로는 보이지 않더라고 하더군요.

김상옥이라는 자, 경악할 만큼 대담한 인간입니다.

빛

"항복하라, 김상옥. 항복하면 목숨만은 살려 주겠다."
투항을 권유하는 소리가 연이어 들렸다. 30분간의 여유. 그 정도면 충분했다. 이제 날이 완전히 밝았다. 우선 두 자루의 권총에 탄알을 장전했다. 브라우닝 9연발과 모제르 7연발, 두 자루의 권총은 뜨겁게 달궈져 있었다. 얼얼한 손을 바지에 부비며 다시 한 번 권총을 그러잡았다. 그리고 엄폐물을 염두에 두며 집의 구조를 살피고 내 몸 상태도 살펴보았다. 다리 이곳저곳에 탄환이 스쳐 피가 흘렀다. 생포하겠다는 뜻이리라.

투항을 권유하는 소리는 계속 들렸다. 입술 한쪽이 찌그러지면서 피식, 비웃음이 새 나왔다. 놈들은 곧장 집중포화를 퍼붓기 시작했다. 화력만 믿고 무차별적으로 난사하는 것이었다. 이내 소용없다는 걸 깨달았는지 이번에는 지붕 위로 기어올라 가기 시작했다. 기왓장 위로 솟아오른 머리통을 명중시켰다. 그래도 기어오르는 두 놈을 더 명중시켰더니 그것은 포기한 것 같았다. 곧이어 눈을 밟는 발자국 소리들이 들렸다. 병력을 대거 이동시키는 것 같았다. 특별한 작전이라도 펼치는 줄 알았는데 또 집중사격이었다.

무차별적으로 쏟아지는 총알에 집 안의 가재도구가 산산이 부서졌다. 한 뼘의 엄폐물도 찾기 힘들었다. 쏟아지는 총알을 피해 대응사격을 하는데, 몸 곳곳이 불에 덴 것처럼 뜨거웠다. 숨을 곳을 찾지 못해 허둥대는데 양쪽 집의 무너진 벽과 대문으로 체포조가 동시에 진입했다. 별 저항이 없으니 마음 놓고 들어온 것 같았다. 오른손 총으로는 대문 쪽을 왼손으로는 벽 쪽을 동시에 쏘았다. 앞에 선 두 놈이 연발로 쏜 총탄에 맞고 쓰러져 뒹굴자 뒤따르던 놈들이 후다닥 도망쳤다.

변소가 눈에 띄었다. 몸을 날리듯 변소로 뛰어들어 갔다. 문틈으로 내다보니 다행히 대문이든 벽 쪽이든 직선거리로 총알이 닿지 않는 위치였다. 그러나 소용없었다. 놈들은 내 숨통을 겨누며 벌 떼처럼 몰려들었다. 내 몸을 벌집으로 만들고도 벌 떼의 행렬은 끝나지 않을 것이다. 밀려갔다가 다시 밀려올 때는 산처럼 커다란 파도가 되어 밀려올 것이다. 놈들은 마지막 일격이 남았을 뿐이라는 듯 조금도 틈을 주지 않고 몰아붙였다. 변소 문을 왈칵 열어젖히고 총알 세례를 퍼부었다. 튕기는 총알 사이로 서로 도망치려고 팔다리가 뒤엉켰다. 놈들의 기세가 제아무리 등등한들 그것은 찬물 한 바가지에도 푹 꺾여 버리는 기세였다.

아무리 생각해도 변소간은 나의 무덤인 듯했다. 판자 틈새로 새어 든 싸늘한 한겨울 빛살이 칼날처럼 내 몸을 난도질하고 있었다. 내 몸은 처참했다. 몇 개의 총알이 박혔는지 셀 수도 없었다. 그중에서도 가슴과 오른편 넓적다리에 박힌 총알이 빠르게 몸을 마비시키고 있었다. 피는 어디서 쏟아지는지도 모르게 온몸을 적시고 있었다. 동상에 걸린 왼발에서는 발가락 하나가 떨어져 나가고 없었다. 극한의 고통이 엄습했다. 이제 남은 탄알은 세 발뿐이었다.

나는 흙벽에 기대 가쁜 숨을 골랐다. 너무나 분했지만 더 이상은 어찌해 볼 수가 없었다. 입안 가득 피가 고인 듯 비릿했다. 허탈함인지, 슬픔인지 모를 감상이 몰려왔다. 그러나 마음은 이미 정해져 있었다. 조국의 독립을 보지 못하는 것만이 원통할 뿐이었다. 내 아들, 후손들에게 독립된 조국을 물려주지 못하는 것이 부끄러울 뿐이었다. 그동안 함께했던 동지들 얼굴이 스쳐 지나갔다. 조국의 독립이라는 제단에 자신의 피를 뿌린 선배들. 그들은 죽어서도 조국이 독립되는 그날 덩실덩실 춤을 추며 노래를 부르리라 했다. 이제 나도 그들을 따라 혼백이나마 조국의 독립을 위한 투쟁을 멈추지 않을 것이다. 그 어떤 권력도 누구를 지배할 수 없다. 다른 누군가를 지배할 권위를 부여받은 자는 그 누구도 없다. 평화, 그것만이 영원한 진리인 것이다.

그리고 상하이를 떠날 때 약산과 맹세한 것을 떠올렸다.

"생사가 이번 거사에 달렸소이다. 만약 실패하면 내세에서나 만납시다. 나는 자결하여 뜻을 지킬지언정 적의 포로가 되지는 않겠소."

오늘이 그 약속을 지킬 날인 것이다. 바깥에서 투항하라는 소리가 연이어 들린다. 그사이로 지축을 흔들며 전차 지나가는 소리가 희미하게 들린다.

나는 깊은 숨을 내쉬며 눈을 감고 관자놀이로 권총을 가져갔다. 짧은 생애가 파노라마처럼 눈앞을 스쳐 갔다. 마지막으로 조국의 독립과 번영을 빌었다. 그리고 모제르총의 방아쇠를 힘껏 당겼다.

섬광 같은 한 줄기 빛이 뇌리를 갈랐다.

시대가 어두울수록
더욱 아름다운 영혼들의 이야기

시작은 반민특위였다. 그건 꼬일 대로 꼬인 우리 역사에서 잘못 꿰어진 첫 단추 같은 것이니까. 실마리는 거기에서부터 찾아야 될 것이었다. 그러다가 만난 게 김상옥이다.

히스테리에 가까운 일제의 감시와 탄압을 피해 대부분의 독립운동이 해외에서 이루어지던 시절이었다. 경성에서, 적진이나 다름없는 종로 한복판에서, 그것도 단신으로 천 명에 이르는 일제의 군경과 맞서 총격전을 벌였다는 사실이 놀라웠다. 더욱 놀랍고 감동적인 건 독립을 향한 그의 열망이었다. 그토록 뜨겁고 순정한 영혼이라니.

그리고 또 한 사람, 종로경찰서 경부 황옥. 국내에서 독립운동을 하는 것도 어려운데, 일제의 경찰 조직에 들어가서 독립운동을 한다? 강철 심장이 아니고서야 상상도 하기 어려운 일이다. 그러나 그럴 수만 있다면 얼마나 든든할 것인가.

이쪽저쪽 경계를 넘나들어야 하는 이중스파이는 외줄 곡예처럼 위태로운 일이다. 생사의 경계에서 줄타기를 하는 일이다. 경계를 넘나들다 보면 애매해지는 지점이 반드시 생기고 의심의 눈초리를 받게 된다. 그것은 양쪽으로부터 버림받는 것을 의미한다.

실제로 폭탄 거사가 발각된 후 재판정에서 피고인석에 나란히 서 있던 의열단원들은 그에게 배신자라고 비난하고 소리치며 오열했다. 그의 최후진술 때문이었다. '경찰 관리로서 의열단 검거 작전이 성공을 거두면 장차 경시까지 시켜 줄 거라고 굳게 믿었다'면서 눈물까지 흘리며 자신은 죄가 없다고 비굴하게 변명한 것이다.

그에 대한 공식적인 평가는 지금도 괄호가 쳐진 상태다. 그러나 당시에 함께 활동했던 여러 인물들의 회고록과 해방 후 반민특위에 나와서 친일경찰 김태석(사건 당시에 종로경찰서 직속상관이었다), 김덕기 등에 관해 증언한 일, 대한민국 수립 후 민주국민당 상임위원 등으로 활동한 것으로 미루어 그가 경찰 내부의 독립운동가였다는 것은 너무나 분명한 사실이다. 그렇다면 일제의 재판정조차 콧방귀를 뀌며 믿어 주지 않는 눈물의 읍소를 한 건 무엇 때문이었을까.

그건 김원봉과의 약속 때문이었다. 재판정에서 독립운동가로서의 기개를 펼쳐 보이고 싶지 않은 사내가 어디 있을까. 하지만 그는 무덤까지 가져가겠다는 김원봉과의 약속을 지키기 위해 동지들과

온 국민의 모멸에 찬 비난과 손가락질을 감수한 것이다. 그걸 생각하면 가슴이 먹먹하다.

이런 공식적인 재판 기록과 경찰 행적 때문에 그는 지금도 독립유공자로 인정받지 못하고 있다. 물론 그는 그런 것에 연연할 사람도 아니지만.

이런 인물을 놓치기 아까웠다.

황옥이 체포된 건 김상옥이 자결하고 약 50일쯤 후의 일이다.

김상옥이 경성으로 잠입하던 1922년 12월, 비슷한 시기에 의열단에서는 또 다른 작전을 추진하고 있었다. 황옥이 깊숙이 가담한 바로 그것이었다. 김원봉이 김시현으로부터 황옥을 추천받은 후 직접 만나고 싶어 했지만 경찰인 그는 자기 마음대로 중국까지 갈 수 있는 몸이 아니었다. 두 사람이 톈진에서 만날 수 있었던 건 김상옥 사건 덕이었다.

종로경찰서 폭탄 투척 사건은 유력한 용의자로 추적하던 김상옥이 자결함에 따라 미궁에 빠지게 되었다. 황옥은 이 사건에 대해 한 점 의혹 없이 배후를 밝히라는 명령을 받고 중국 출장길에 오를 수 있었다. 그러니 황옥이 폭탄 반입 작전에 가담한 것은 김상옥 사후의 일이다.

김상옥이 국내 거사를 위해 경성에 잠입할 때도 황옥 사건과 비숫한 폭탄 반입 작전이 있었다. 이 작전을 주도한 건 경성에서 '무산자동맹'을 조직해서 사회주의운동을 벌이고 있던 김한이란 인물이었다. 김한은 의열단이 중국 안둥현까지 폭탄을 갖다 놓으면 거기서부터 무산자동맹 동지들과 폭탄을 경성으로 비밀리에 들여와 거사 일정에 맞춰 단원들에게 지급하겠다고 김원봉과 약속했다. 그런데 뜻밖의 소식이 김원봉의 귀에 들어왔다. 김한이 경찰에 매수됐다는 소문이었다. 사실 여부를 확인할 여유는 없었다. 조직과 조직원의 안전이 최우선이었다. 만주 안둥현까지 운반된 폭탄 상자는 다시 톈진으로 돌아갔다. 폭탄만 기다리던 김상옥은 김한의 매수설을 듣고 화가 머리끝까지 치밀어 직접 처단하려는 생각까지 했다. 훗날 밝혀진 바에 따르면 김한은 밀정이 아니었다. 당시 조선총독부 경무국은 의열단의 움직임에 대해 비상하게 촉각을 곤두세우고 있었다. 요소요소에 깔린 밀정들로부터 의열단의 위험인물이 곧 경성으로 잠입할 거라는 첩보를 입수하고 요시찰 인물에 대한 경계와 감시를 한층 강화했다. 그런 와중에 김한이 갑자기 경찰에 잡혀가 취조까지 받았으나 뚜렷한 혐의가 발견되지 않아 금방 풀려났다. 당시 상황에서 그것은 충분히 의심을 살 만한 일이었다.

    김상옥과 황옥이 직접 만났다는 이야기는 전해지는 게 거의 없다. 1920년 암살단 사건 때 예비검속을 알려 주어 피신하게 한 것이 황옥이란 한 줄 기록이 전부다. 그러나 그건 두 사람이 소통하고 있었다는 분명한 증거이기도 하다. 경성, 그것도 종로 바닥에서 오직 조국 독립을 위해 자신의 생을 던진 사나이 중의 사나이들이 교류하지 않았을 리 없다는 추정과 황옥이라는 드라마틱한 인물에 대한 강력한 끌림이 역사 속에서는 만날 수 없었던 두 사건을 소설이란 장치를 빌려 연결하게 만들었다. 목숨을 건 두 사건은 별개이지만 내겐 별개로 느껴지지가 않았기 때문이다.

두 사람의 거사는 실패로 끝났다. 그러나 인간적으로는 절대로 실패하지 않았다고 나는 믿는다. 그래서 가슴이 먹먹하지만 슬프지는 않다.

친일청산을 위한 특별법이 처음 제정된 것은 1947년이었다. 그러나 친일경찰, 친일관료, 친일정치인 들을 파트너로 삼은 미 군정은 이 법안의 인준을 거부했다. 친일파 청산은 대한민국 정부가 수립될 때까지 기다려야 했다.

반민족행위처벌법이 통과된 것은 1948년 9월이었다. 이 법에 의하면 국권피탈에 적극 협력한 자는 사형 또는 무기징역, 일제로부터 작위를 받거나 제국의회의원이 된 자, 독립운동가 및 그 가족을 살상·박해한 자는 최고 무기징역 최하 5년 이상의 징역, 직·간접으로 일제에 협력한 자는 10년 이하의 징역이나 재산 몰수에 처하도록 하였다.

1949년 1월 5일 반민특위는 친일 갑부 박흥식을 체포하는 것을 시작으로 군인, 검찰, 경찰 그리고 정·관계, 종교·문화계 등의 친일파 인사들을 속속 검거했다. 총 688명을 체포했는데, 이 중 경찰 출신이 37퍼센트를 차지했다. 친일파들에게는 절체절명의 위기였다. 대통령 이승만은 반민특위가 남북 대치의 위태로운 국가 안보 상황에서 경찰을 동요시킨다는 담화까지 발표하며 견제하기 시작했다. 미 군정의 통치 구조를 그대로 이어받은 이승만의 정권 장악과 유지에 친일파들은 없어서는 안 될 존재들이었다. 이승만 정권은 수단과 방법을 가리지 않고 반민특위활동을 무산시키기 위한 집요한 방해 공작을 벌였다. 친일경찰이 반민특위 위원들과 사무실을 습격하는가 하면 암살 시도까지 이어졌다. 결정타는 국회프락치사건이었다. 친일파 척결을 주도해 왔던 소장파 의원들에게 간첩 혐의를 뒤집어씌워 모조리 체포해 버린 것이다. 결국 1년여 만에 반민특위는 해산되고 말았다.

친일파 청산에 대한 국민들의 염원은 무참하게 짓밟혔고 역사 청산은 실패했다. 역사 청산의 실패는 곧 한국 사회의 지배 세력이 앞으로도 죽 친일세력들로 이어지리란 의미이기도 했다.

김태석은 밀항선을 이용하여 일본으로 도피하려다가 반민특위에 체포되었다. 재판정에서 그는 조선 민족을 위해 애썼으므로 부끄러울 게 없다고 우겼다. 뻔뻔하고 철면피 같은 그의 진술에 검찰관은 감정을 조절하지 못하고 분통을 터뜨렸다.

"피고인의 진술내용만 보면 참으로 성인군자 같고 이보다 더한 애국자가 없는 것 같다. 재판을 제대로 진행하려면 무엇보다 피고인의 정신감정부터 해야 될 것 같다."

방청석에서도 연일 어처구니없는 실소와 비웃음이 터져 나왔다. 그래도 그는 아랑곳하지 않고 끝까지 뻔뻔했고 발뺌하기에만 바빴다.

"제가 뭘 알겠습니까? 저야 시키는 대로 그저 츠카이(심부름꾼) 노릇만 했지요."

그는 반민특위 최초로 사형을 구형받았으나 항고와 재심을 청구한 끝에 결국 감형, 일 년도 채 못 된 1950년 봄에 석방되었다.

김덕기는 반민특위에서 유일하게 사형 판결을 받았다. 그때 방청석에서는 우레와 같은 박수가 터졌다고 한다. 그는 너무나 억울하다면서 옥중에서 재심을 신청했으나 기각, 사형이 확정되었다. 그러나 6·25전쟁 직전 감형으로 풀려났다.

동시대를 살면서, 정의를 위해 목숨 걸고 싸우는 이는 누구이며 현세의 안위를 위해 영혼마저 파는 이는 누구인가. 어디에서 이렇게 길이 갈리는 걸까? 이 작품의 밑바탕에는 그런 궁금증에 대한 질문이 깔려 있다. 그래서 나는 독립운동가의 투쟁기에 앞서 삶에 대한, 또는 역사에 대한 두 사내의 태도와 순정한 영혼의 궤적에 초점을 맞추고자 노력했다.

지난겨울, 서울대 도서관에서 자료 조사를 하고 나오던 나는 어떤 비석 앞에 우뚝 멈춰 섰다.

민주열사 고 황정하 추모비
1960년 12월 부산출생
1983년 11월 시위 중 사망

도시공학과 4학년 황정하는 전두환 군사독재에 항거하여 교내 시위를 주도, 경찰과 대치하던 중 도서관 6층 창문을 통해 밧줄을 타고 내려가다가 추락하였다. 졸업을 불과 두세 달 앞두고 있던 때였다.
비석 뒤에는 이렇게 씌어 있다.

투사는 단 한 번 깨져 천년을 사는 것
투사는 단 한 번 깨져 새날을 빚는 것
아, 그 함성 그 혼백은 다시 살이 되어
벗이여 일어나라 벗이여 일어나라

황정하는 황옥의 손자이다.

2014년 봄, 전두환 집이 바라보이는 연희창작촌에서

김상옥 연보

1890년 **1월 5일 (출생)** 서울 동대문 안 어의동(현재 종로구 효제동 72번 지)에서, 영문을 지키는 군인이었던 아버지 김귀현과 어머 니 김점순의 둘째 아들로 태어남. 형 춘옥은 요절하고 아 우 춘원, 누이동생 아기가 있음.

1894년 **2월 15일** 동학농민운동 일어남.

7월~11월 제1차 갑오개혁 실시됨. 신분제·과거제·고문·연좌법이 없어 지고 과부가 개가하는 것을 허락했으며 조혼을 금지함.

8월 1일 청일전쟁 일어남.

1895년   4월 17일 일본이 청일전쟁에서 이기며 시모노세키조약을 맺음. 이 조약
으로 청은 조선에 행사하던 '군신관계'를 포기하고 일본이 조선 지배권
을 주장할 수 있게 됨.

10월 8일 민왕후가 일본 자객에게 죽임을 당함. 일본은 을미사변 직
후 을미개혁을 실시함. 이때 단발령이 내려져 많은 조선 남성들이 상
투를 자르게 됨.

11월 충청도의 제천과 유성에서 유인석·문석봉 등이 의병을 일으킴. 이
'을미의병'은 1896년 1월까지 전국 각 지역에서 일어남.

1896년   2월 11일 을미사변으로 신변에 위협을 느낀 고종이 러시아 공사관으로
피신함.

4월 7일 서재필 등이 독립신문을 창간함.

1897년   (8세) 체의 그물을 짜는 쳇불 직공 일을 배워 13살까지
일함.

10월 12일 대한제국 수립, 고종이 초대 황제로 등극함.

1903년 (14세) 대장간에서 16살까지 편자 만드는 일을 함. 하지만 공부를 향한 열망을 놓지 않음.

1904년 **2월 8일** 만주와 조선의 지배권을 놓고 러일전쟁 일어남. 조선은 중립적인 입장을 보이려고 애씀.

2월 23일 러일전쟁 중 조선은 일본과 한일의정서를 체결함. 이 조약으로 일본은 조선의 군사적 요충지를 사용할 수 있게 됨.

1905년 **7월 29일** 미국과 일본이 비밀리에 가쓰라—태프트밀약을 맺음. 이 협약으로 미국이 일본의 조선 지배를 묵인하는 대신, 일본은 미국의 필리핀 지배를 인정하기로 함.

8월 12일 영국과 일본이 제2차 영일동맹을 맺음. 1902년에 합의한 제1차 영일동맹을 개정하고 일본은 영국의 인도 지배를, 영국은 일본의 한반도 지배를 인정함.

9월 5일 러일전쟁에서 일본이 승리한 후 러시아와 일본은 포츠머스조약을 맺음. 러시아는 이 조약으로 일본의 조선 지배를 인정함.

11월 17일 미국, 영국, 러시아로부터 조선 지배를 인정받은 일본은 조선에 을사조약을 강요함. 이 조약으로 조선의 외교권이 일본에 넘어갔고 일본에서는 조선에 통감부를 세워 행정권을 빼앗음.

11월 30일 을사조약에 반대하며 민영환 자결.

1906년 **(17세)** 예배당 안에 신군야학교을 세우고 대장간 일이 끝나면 야학에서 공부함. 재정난으로 야학교가 폐지되자 어의동공립보통학교를 다니지만 가정 형편이 어려워 19살 때 학교를 중퇴함.

1907년 **7월** 을사조약의 부당함을 알리기 위해 고종이 네덜란드 헤이그에 특사를 파견함. 일본은 특사들이 뜻을 이루지 못하게 방해하고 고종에게 책임을 물어 강제 퇴위시킴.

1908년 **12월 28일** 일본이 동양척식주식회사를 세움. 이 회사는 일제가 조선의 곡식·산림 등 여러 자원을 수탈하는 역할을 함.

1909년 **(20세)** 동흥야학교를 세우고 형편이 어려워 학교를 가지 못하는 청소년들을 도우며 자신도 학생이 되어 공부함.

10월 26일 안중근이 만주 하얼빈에서 이토 히로부미를 사살함.

1910년　**(21세)** 국제 정세 보는 눈을 길러 일본의 억압에서 벗어나고자 기독교청년회관에 있는 경성영어학교 입학시험에 합격함. 하지만 가장이라는 책임 때문에 1년도 채 다니지 못하고 학교를 그만둠.

8월 22일 한일강제병합조약이 체결됨. 7일 뒤인 29일, 이 조약이 공포되어 조선은 일본의 식민지가 됨.

9월 일본은 조선인들에게서 토지세를 거두기 위해 본격적으로 토지조사사업을 실시함. 이 과정에서 주인이 확실하지 않은 땅은 대부분 동양척식주식회사로 넘어감.

10월 1일 조선총독부 설치. 총독부는 조선의 입법·행정·통수권 등 전 분야를 아우르는 권력을 바탕으로 민족운동을 탄압함.

1911년　**(22세)** 훗날 3·1운동 때 민족대표 33인 중 기독교 대표를 맡은 이필주 목사 덕분에 경성기독교청년회관 청년부장을 역임함. 이때의 인연으로 이필주 목사는, 독립운동을 하며 도피 생활을 하는 김상옥을 숨겨 주기도 함.

1월 데라우치 총독이 암살될 뻔하자 일본이 신민회 간부를 포함한 민족 지도자 600명을 잡아들여 혐의를 조작하고 그중 105명을 투옥시킴.

1912년   **(23세)** 영덕철물점을 세웠지만 경성영어학교를 중퇴한 것 등이 한스러워 마음을 잡지 못함. 아우 춘원에게 철물점을 맡기고 3개월 동안 행상을 다님. 삼남 지방을 다니며 광복단으로 활동함.

1913년   **(24세)** 대동단 주역이었으며 김상옥과 같은 교인이던 정희종의 딸 정진주와 결혼함. 부부는 슬하에 아들 태용과 딸 의정을 두었지만 아들 태용은 25살의 나이로 요절함. 정진주 여사는 1946년 조카 태운을 양자로 들임.

1917년   **(28세)** 물산장려운동에 앞장서며 말총모자·장갑·말편자·농기구를 만들어 보급함. 특히 그가 직접 발명한 말총모자는 가볍고 위생적이며 값도 싸서 큰 인기를 얻음. 이때 공장 직공이 50명으로 늘어나자 스스로 '공인조합'을 만들어 노동자들의 권리를 보호하고 '동업조합'을 만들어 동업 경영자들의 이익을 위해 애씀.

1919년   **1월 21일** 고종황제 붕어.

3월 1일 3·1운동 일어남. 민족대표 33인이 태화관에 모여 독립선언서를 읽고 자진해 끌려가자 오히려 학생과 아낙네 등 민중이 주체가 됨. 3·1운동을 계기로 일본은 무단통치를 문화통치로 바꿈. 김상옥은 일본 헌병이 여학생을 칼로 내리치려는 것을 막고 이때 빼앗은 장검을 간직함.

1919년   **4월 (30세)** 박노영·윤익중·신화수·정설교 등과 항일운동 조직 '혁신단' 결성. 지하신문인 『혁신공보』를 비밀리에 펴내 일제 식민통치를 비난하고 상하이 등에서 들어오는 독립운동 소식을 알림.

4월 13일 상하이에서 대한민국임시정부 수립.

9월 2일 강우규가 서울역에서 제3대 조선총독인 사이토 마코토에게 폭탄을 던졌지만 암살에 실패함.

10월 『혁신공보』를 펴낸 것이 발각되어 일제에 검거됨. 잔인한 고문이 이어졌지만 함께 활동한 동지들이 누군지 끝내 말하지 않음. 결국 40여 일 만에 증거불충분으로 석방됨.

11월 9일 만주 길림성에서 김원봉이 의열단 결성.

12월 일제를 무너뜨리려면 무력 투쟁을 해야 한다고 생각하고 '암살단'을 조직함. 조선총독을 비롯해 조선총독부 고위 관직자와 친일 매국노 들을 암살하겠다고 결의.

1920년   6월 홍범도가 이끄는 대한독립군이 봉오동전투에서 크게 승리함. 의열단원 곽재기가 조선총독부와 동양척식주식회사 폭탄 투척 의거를 계획하지만 검거됨.

1920년   8월 (31세) 암살단은 미국 국회의원단들이 제암리 학살 사건을 조사하러 온다는 소식을 듣고 의원단 입국 날짜인 8월 24일에 맞춰 총독과 고위 관리들을 암살하고 경찰서 등을 폭파할 계획을 세움. 하지만 거사 하루 전 발각되어 그해 10월, 김상옥은 상하이로 망명길을 떠남.

9월 14일 의열단원 박재혁이 부산경찰서에서 폭탄 투척 의거를 일으킴.

10월 2일 일본은 만주에서 활약하는 독립군을 토벌할 계획으로 중국 마적단을 매수해 일본공사관을 파괴하도록 함. 이 '훈춘사건'을 핑계 삼아 일본은 만주에 군대를 보냄.

10월 북로군정서와 대한독립군이 청산리에서 일본군에게 대승을 거둠.

독립군과의 전투에서 타격을 입은 일본은 간도로 군대를 보내 무차별적으로 조선인을 학살함. 간도참변으로 독립군은 조선인 피해를 줄이고 전열을 가다듬기 위해 러시아 자유시로 들어감. 당시 러시아에서는 혁명을 주도하는 적군과 황실을 지키려는 백군이 싸우고 있었고 일본군은 백군을 지원하며 독립군을 토벌하려 함. 독립군은 적군을 도움.

11월 (31세) 10월 말 상해로 망명하던 길에 중국 봉천에서 발길을 돌림. 이종암 등과 밀양에 가서 비밀리에 폭탄 2개를 만들어 최수봉에게 건넴.

12월 27일 의열단원 최수봉이 밀양경찰서에 폭탄을 던짐. 특별한 사상자를 내지 못하고 거사는 실패로 돌아감.

1921년   **1월 (32세)** 유럽에서 열린 사회당대회에 대표로 참석하고 돌아온 조소앙을 처음으로 만남. 망명 생활 중 조소앙과 함께 호를 '한(漢)지'라고 지음. 김원봉·이종암·서상락 등과 함께 의열단을 재조직함.

6월 28일 간도참변으로 독립군이 자유시에 모이자 일본은 시베리아에 주둔하고 있는 일본군이 물러나겠다는 조건으로 소련이 독립군을 무장해제시키길 요구함. 소련은 그 요구를 받아들여 적군이 무장해제를 거부하는 독립군에게 공격을 퍼부음. 그 와중에 독립군 내부에서도 군권을 차지하려는 싸움이 일어나 서로 총을 겨눔. 이 '자유시참변'으로 독립군은 막대한 피해를 입음.

7월 김상옥은 국내로 잠시 들어와 충청도·전라도를 돌면서 임시정부에서 쓸 군자금을 얻어 감. 자신이 망명해 있는 동안 가족들이 무자비하게 고문당한 것을 보고 분노하며, 몸이 쇠약해져 있던 장규동을 데리고 상하이로 감.

9월 12일 의열단원 김익상이 조선총독부 폭탄투척의거를 일으킴.

1922년   **3월 28일** 의열단원 오성륜·김익상·이종암이 상하이 황포탄의거를 일으켰으나 실패함.

1922년   **5월 (33세)** 동지들과 가족들에게 도움을 받아 장규동을 극진히 치료했지만 결국 그녀를 떠나보냄. 이때 백범 김구가 관을 사라며 보낸 돈으로 7연발 모제르총을 삼.

11월 14일 일제의 총독과 고위 관직자들을 암살하고 주요 관공서를 파괴할 임무를 안고 상하이를 떠남. 12월 초 국내로 들어와 며칠 동안 동지들 집을 전전하다가 고봉근과 혼인한 여동생 아기의 집에 머무름.

1923년   1월 12일 (34세) 조선총독부를 파괴하기 전에 폭탄 성능을 알아볼 겸 독립운동 지사들을 탄압하기로 유명한 종로 경찰서에 폭탄을 던짐. 김상옥은 폭탄을 던지고 매부 집에 피신함. 매부 집에서, 일본 국회에 참석하러 도쿄로 떠나는 총독을 암살할 계획을 세움.

1월 17일 새벽 4시. 종로서 고등계 경찰들이 고봉근 집을 불시에 덮침. 김상옥은 고등계 형사 한 명을 죽이고 두 명에게 부상을 입힌 후 맨발로 눈 쌓인 남산을 넘어 왕십리 안장사로 감. 승복으로 갈아입고 짚신을 거꾸로 신은 뒤 산을 내려와 경찰들을 따돌림. 이후에는 효제동 이혜수 집에 머물며 전우진·정설교 등과 거사를 논의함.

1월 21일 동대문경찰서에서 전우진을 잡아감. 전우진은 고문에 못 이겨 김상옥이 있는 곳을 알려 줌.

1월 22일 새벽 3시 30분. 서울 4대 경찰서가 이혜수 집을 4중으로 에워싸고 김상옥을 잡기 위해 나섬. 김상옥은 동대문경찰서 고등계 주임 구리다 경부를 총으로 쓰러뜨리고 담을 넘어 이웃집으로 들어감. 일경은 총을 쏘며 항복을 요구했지만 김상옥도 지지 않고 맞섬. 닥치는 대로 총을 쏘는 일본 경찰들에 대항하다 마지막 한 발로 자결함. 3시간에 걸친 총격전 동안 김상옥은 총을 11발 맞은 상태였고 이 시가전으로 일본 형사 16명이 죽거나 다침.

글 이성아

1998년 『내일을 여는 작가』에 단편 「미오의 나라」를 발표하면서 작품 활동을 시작했습니다. 소설집으로 『태풍은 어디쯤 오고 있을까요』, 『절정』이 있으며 청소년 역사테마소설집 『벌레들』(공저, 「빼앗긴 죽음」 수록), 동화 『누가 뭐래도 우리 언니』, 『작은 씨앗이 꾸는 꿈, 숲』, 『까치 전쟁』과 평전 『최후의 아파치추장, 제로니모』를 썼습니다.

역사인물도서관 3

경성을 쏘다 — 김상옥 이야기

1판 1쇄 발행일 2014년 4월 7일 | **1판 2쇄 발행일** 2016년 5월 27일
1판 2쇄 발행부수 1,000부 | **총 3,000부 발행**
글쓴이 이성아 | **펴낸곳** (주)도서출판 북멘토 | **펴낸이** 김태완
편집장 이희주 | **편집** 이슬 | **디자인** 안상준 | **마케팅** 이용구 | **관리** 윤희영
출판등록 제6 – 800호(2006. 6. 13)
주소 03990 서울시 마포구 월드컵북로 6길 69(연남동 567-11), IK빌딩 3층
전화 02 – 332 – 4885 | **팩스** 02 – 332 – 4875

ⓒ 이성아, 2014

ISBN 978-89-6319-100-3 03990